REVISTA DE FINANÇAS PÚBLICAS E DIREITO FISCAL

Ano 1 • Número 2 • VERÃO

ARTIGOS
COMENTÁRIOS DE JURISPRUDÊNCIA
RECENSÕES
CRÓNICA DA ACTUALIDADE

ÍNDICE

Editorial – **Eduardo Paz Ferreira** 5

ARTIGOS

Pedro Soares Martinez – A essência do fenómeno financeiro. 11

Gary Clyde Hufbauer/Jisun Kim – International tax competition: tree big issues 19

António Martins – Uma nota sobre o conceito de fonte produtora constante do artigo 23.º do CIRC: sua relação com partes de capital e prestações acessórias 29

Carlos Loureiro/António Beja Neves – Breve comentário ao recente regime de combate ao planeamento fiscal abusivo 51

Cláudia Dias Soares – A articulação de instrumentos fiscais com o Sistema Europeu de Comércio de Licenças de Emissão 69

António Beja Neves/Afonso Arnaldo – O sector imobiliário e o IVA – perspectivas de uma relação conturbada 95

Alexandra Martins – Grupos de IVA. 129

Manuel Teixeira Fernandes – A reforma da tributação do automóvel 165

Rita Calçada Pires – Notas de reflexão: acordos para evitar e para eliminar a dupla tributação no direito internacional fiscal do século XXI 179

Rita de la Feria – Evolução do conceito de abuso do direito no âmbito do direito fiscal comunitário 197

COMENTÁRIOS DE JURISPRUDÊNCIA

João Miranda – A ordem de reversão no processo de execução fiscal contra administradores e gerentes de sociedades: acto inserido em processo judicial ou em procedimento administrativo executivo? – Anotação ao Acórdão do Tribunal Constitucional n.º 160/07, de 6 de Março de 2007 229

Rui Laires – Anotação ao Acórdão do TJCE, de 8 de Fevereiro de 2007 (Processo C-435/05/Caso INVESTRAND) 239

Isabel Marques da Silva – Compensação inconstitucional por iniciativa da Administração Fiscal – Anotação ao Acórdão do STA, de 23 de Abril de 2008 249

Síntese dos principais **Acórdãos do Tribunal de Justiça das Comunidades Europeias** em matéria fiscal proferidos desde Fevereiro de 2008 255

Síntese dos principais **Acórdãos do Supremo Tribunal Administrativo** (Fevereiro – Maio 2008) 260

RECENSÕES

Good Capitalism/Bad Capitalism and the Economics of Growth and Prosperity, William J. Baumol, Robert E.Litan, Carl J. Schramm, por Eduardo Paz Ferreira 271

Understanding America. The Anatomy of an Exceptional Nation, Peter H. Schuck, James Q. Wilson (org.), por Guilherme d`Oliveira Martins e José F.F. Tavares 277

US Taxation of Foreign Income, Gary Clyde Hufbauer, Ariel Assa, por Ana Paula Dourado 281

Supercapitalism, the transformation of business, democracy and everyday life, Robert B. Reich, por Eduardo Paz Ferreira 287

The Three Trillion Dollar War. The true cost of the Iraq conflict, Joseph Stiglitz e Linda Bilmes, por Eduardo Paz Ferreira 291

Fiscalidade, Manuel Henrique de Freitas Pereira, por Ana Paula Dourado e Gustavo Lopes Courinha 295

As Taxas de Regulação Económica em Portugal, Sérgio Vasques (org.), por Nuno Cunha Rodrigues 299

CRÓNICA DE ACTUALIDADE

Ponto de situação dos Trabalhos na União Europeia e na OCDE – Principais iniciativas entre 1 de Janeiro e 15 de Maio de 2008 – Brigas Afonso, Clotilde Celorico Palma e Manuel Faustino 303

1. Fiscalidade Directa 303
2. Imposto sobre o Valor Acrescentado 313
3. Impostos Especiais de Consumo Harmonizados/Imposto sobre veículos e União Aduaneira 314

A propósito do "dia da libertação dos impostos" – Eduardo Paz Ferreira 319

Acordos Prévios sobre Preços de Transferência – alguns comentários ao projecto de portaria – Paula Rosado Pereira 321

Responsabilidade Subsidiária – Artigo 24.º da Lei Geral Tributária – Isabel Marques da Silva 327

Concurso de Contra-Ordenações Tributárias – Isabel Marques da Silva 330

Na "última aula" de Sérvulo Correia: A arte do bem e do justo – Eduardo Paz Ferreira 333

Lançamento da Revista de Finanças Pública e Direito Fiscal 337

O IDEFF na Guiné-Bissau 341

Pós-Graduações do IDEFF 343

IDEFF organiza Conferência Internacional sobre as Relações Económicas Portugal/União Europeia – Estados Unidos da América 345

EDITORIAL

Eduardo Paz Ferreira

Como prometido, aqui estamos com o Verão. É com grande alegria e orgulho pela recepção que acolheu o primeiro número – e que nos constituiu na obrigação de mantermos e reforçarmos a qualidade da Revista –, que damos à estampa o segundo. A quantos nos dirigiram comentários e sugestões ou manifestaram o seu interesse num empenho mais profundo neste trabalho conjunto vai o nosso sensibilizado agradecimento. Com grande alegria assinalamos, ainda, o acordo com a Câmara de Técnicos Oficiais de Contas, que assegura um acesso facilitado às dezenas de milhares de associados da CTOC.

Este número da Revista é publicado num momento em que o aumentos dos preços dos alimentos e dos combustíveis, a par com a manutenção da crise financeira, coloca desafios decisivos quer quanto à fiscalidade, quer quanto à própria intervenção do Estado e ao equilíbrio público/privado.

Os tempos felizes e descuidados em que o desenvolvimento económico e o aumento do bem-estar, pelo menos para uma parte significativa dos cidadãos, pareciam garantidos, estão a acabar. Mesmo sem ser profeta da desgraça, porque há que acreditar que o sistema de economia de mercado ainda não esgotou as suas virtualidades, certo é que iremos assistir a profundas modificações nos próximos tempos, conducentes a novos equilíbrios e arranjos económicos.

Como sucede normalmente em períodos com estas características, multiplicam-se as propostas de natureza pontual ou global. Em torno da fiscalidade, discute-se a possibilidade de agravamento ou desagravamento dos impostos. Em termos mais gerais, a extensão da regulação pública e os efeitos da globalização.

A actual disputa em torno dos preços dos combustíveis e da sua componente fiscal apresenta-se como um dos aspectos mais visíveis desse debate. Em Portugal, como noutros países europeus, são os pescadores, agricultores e camionistas, a face mais visível de um mal-estar difuso entre os consumidores. Nos Estados Unidos, a questão revestiu-se de aspectos especialmente polémicos e politizados através das propostas de John Macain e Hillary Clinton de redução dos impostos sobre os combustíveis durante o verão e da oposição de Barack Obama que, com o apoio da totalidade dos economistas, privilegia o aumento dos impostos sobre os grandes produtores para financiar o desenvolvimento de energias limpas. Acessoriamente, esta questão acabou, por outro lado, por reabrir as antigas feridas entre economistas e políticos quanto ao respectivo papel nas decisões de política económica

O IDEFF tentou contribuir para este debate, promovendo um *workshop* sobre economia e fiscalidade do carbono, que encontrou uma resposta entusiástica do público e continuará a seguir a matéria.

Em Portugal, onde não existe um movimento organizado de contribuintes, o mal-estar fiscal teve expressão, do ponto de vista político, nas propostas de redução do IVA e, do ponto de vista da sociedade civil, no estudo liderado por António Pinto Barbosa sobre a relação entre impostos e tempo de trabalho dos contribuintes. Nos Estados Unidos ouviram-se, sobretudo, as vozes daqueles que pretendem a supressão dos benefícios fiscais às empresas e grandes fortunas em benefício de um desagravamento nos escalões inferiores ou daqueles que, como Stiglitz, entendem que o esforço militar no Iraque deve ser pago por impostos e não por endividamento, como agora sucede.

A percepção da importância do debate em curso nos Estados Unidos e da sua inevitável repercussão na Europa levou-nos, aliás, a organizar uma grande conferência internacional, que decorre no momento em que esta número da Revista é publicado, e em que se procede ao levantamento do "estado da arte" em ambos os lados do Atlântico.

Em todo o caso, num momento em que a União Europeia parece continuar agarrada a um Pacto de Estabilidade surdo e alheado das grandes questões da sociedade e da reflexão sobre o futuro, e em que nos Estados membros as propostas são igualmente dominadas pelo equilíbrio orçamental e pouco fecundas - com a excepção francesa do Relatório Atali, ao qual voltaremos no próximo número - é dos Estados Unidos que vêm as análises mais estimulantes oferecendo diferentes alternativas para o futuro.

Há que ponderar, de novo, o equilíbrio dos benefícios entre os consumidores, investidores e os cidadãos em geral, através de mecanismos de total transparência, o que envolve alterações significativas no processo eleitoral e de decisão político-financeira. A acomodação ao actual estado de coisas é, seguramente, a pior das respostas a um mundo em modificação.

A verificação de que esse mundo globalizado tem permitido o desenvolvimento espectacular de algumas novas potências como a China e a Índia e beneficiado os consumidores com uma maior variedade de produtos e preços mais baixos não pode, de resto, fazer esquecer o elevado preço, em termos de desemprego e de abaixamento do nível de protecção social, que funcionou como um factor de coesão social e de aumento da produtividade. Há que dizer não a soluções de nivelamento por baixo que representam retrocessos históricos e, no médio e longo prazo, se traduzirão em elevados custos de produtividade.

2. Neste número da Revista têm um especial relevo recensões de obras norte-americanas que abordam de diferentes maneiras as questões anteriormente colocadas. Robert Reich, num livro com a sua habitual, qualidade, analisa de modo especialmente penetrante as relações entre política e democracia. Baumol, Litan e Schramm apreciam as diferentes formas de capitalismo e avançam com a sua convicção de que há que encontrar a melhor forma de conjugação entre alguns modelos e abandonar os restantes. Joseph Stiglitz faz o levantamento dos impressionantes custos da guerra do Iraque e dos seus efeitos na economia norte-americana e no mundo. Publicam-se ainda recensões dos estimulantes livros de Peter Schuck e James Wilson e Gary Hufbauer.

Orgulhamo-nos, particularmente, do impressionante conjunto de artigos de elevada qualidade técnica que inserimos neste número e que se espraiam quer por temas de particular actualidade, como o planeamento fiscal, a tributação automóvel e a fiscalidade ecológica, quer por novos problemas no âmbito de impostos clássicos. Gary Hufbauer honra-nos com a publicação de um artigo, em colaboração com Jisun Kim. Soares

Martinez, decano dos professores de finanças públicas e direito fiscal, chama-nos a atenção para a intemporalidade do fenómeno financeiro.

A jurisprudência continua a merecer especial atenção, quer através análise das decisões do Tribunal de Justiça da União, quer da síntese dos principais arestos proferidos recentemente, quer da apreciação crítica de alguns especialmente relevantes em acórdãos do Tribunal de Justiça, do Tribunal Constitucional e do Supremo Tribunal Administrativo.

Na crónica da actualidade, inserimos um texto de homenagem a José Manuel Sérvulo Correia, nome maior da Universidade e da vida cívica portuguesa, no momento da sua "última aula" na Faculdade de Direito de Lisboa, damos conta das principais iniciativas do IDEFF já em curso ou para o próximo ano lectivo, registamos as iniciativas da Comissão e da OCDE em matéria tributária, analisamos algumas interpretações da DCCI.

Foi também este o local que encontrámos para recordar o momento alto e emocionante que foi o lançamento da nossa Revista e o encontro de amigos e profissionais do mesmo ofício que ele permitiu. O espírito com que nele estivemos continua a ser o que caracteriza a Revista. Continuaremos a fazê-la com a mesma alegria e entusiasmo e de braços abertos a todos quantos vêm até nós.

Para já vamos para férias. Com a sensação de que as merecemos, tal como todos os nossos leitores, a quem desejamos um Verão intenso. Quando se virar mais uma página do calendário das estações, aqui estaremos.

ARTIGOS

Pedro Soares Martinez

A essência do fenómeno financeiro

Pedro Soares Martinez

Doutorado em Ciências Político-Económicas pela Faculdade de Direito de Lisboa (1953) regeu as disciplinas de Economia Política, Finanças, Direito Fiscal, Direito Corporativo, Direito do Trabalho, História Diplomática, História das Relações Internacionais e Filosofia do Direito. Tem extensa colaboração em revistas e jornais, portugueses e estrangeiros. Director da Secção de Economia da Enciclopédia «Verbo», membro de numerosas instituições científicas e culturais é, também, professor da Universidade Católica Portuguesa.

RESUMO

A necessária destrinça entre os elementos essencias e os elementos acidentais de qualquer realidade, e do correspondente conceito, também terá de estabelecer-se no plano da análise do fenómeno financeiro. Por isso, as alterações operadas no campo das Finanças Públicas não justificariam o esquecimento de tudo quanto é da própria essência, ou seja, da própria natureza, do fenómeno financeiro. Assim, será dessa essência a cobertura do custo das "forças produtivas" não directamente criadoras de riqueza. E será também dessa essência uma rigorosa repartição daquele custo global pelos diversos factores directamente produtivos e pelos múltiplos agentes produtores. Também não poderá deixar de ser da essência do fenómeno financeiro a definição rigorosa das exigências pelo que respeita ao emprego dos dinheiros públicos alcançados por via financeira, de harmonia com regras próprias e seguras respeitantes à hierarquização dos gastos e à utilização hedonística das receitas públicas, incluindo a independência dos órgãos fiscalizadores do referido emprego.

Palavras-chave:

fenómeno financeiro
despesa pública
controlo financeiro

ABSTRACT

Public finance needs to consider the essential and accidental facts. Therefore, the recent changes don't allow forgetting what is essential to public finance. That is the case i.a. of public goods and the questions of allocation and also the strict control of public spending in respect of pre-established rules to obtain the maximum social welfare. Independent controllers are therefore necessary.

Keywords:

economic phenomena
public spending
financial control

1. Necessária destrinça da essência e do acidente

Muitas das incompreensões e dificuldades dos tempos que correm resultam de uma renúncia, bastante generalizada, à destrinça entre a essência e o acidente. Para essa renúncia terão contribuído os entendimentos existencialistas acerca da vida e do homem. Refiro-me aos entendimentos propriamente existencialistas, e não àqueles que, por vezes são tidos por existencialistas apenas por adoptarem metodologias tendo por objecto a análise de sucessivas vivências, sem, contudo, negarem a essência das coisas e dos homens. Mas para a referida renúncia contribuirá, sobretudo, uma falsa cultura dominante, assente em escassos conhecimentos básicos, tidos por indispensáveis para a formação de operários especializados, desprovidos de sentido crítico, conforme interessa a todas as opressões totalitárias, que sempre tendem a tentar transformar as próprias universidades, núcleos de conservação da cultura, em centros de formação profissional. É indiscutível que através do século XX, sobretudo, múltiplos condicionalismos se alteraram profundamente. Sobretudo pela rapidez e pela facilidade de comunicações, que, a par das comodidades oferecidas, suscitam novos perigos e apreensões. Designadamente a nível da convivência entre povos muito diversos, quase apenas ligados por uniformidades tecnológicas. Mas a reflexão obriga a reconhecer que a profunda alteração de condicionalismos, circunstancial, acidental, não afecta, nem poderia nunca afectar, a natureza, a essência, das coisas.

2. Permanência essencial do fenómeno financeiro

Naturalmente, compreensivelmente, também os especialistas de Finanças, submersos no "mare manum" de novos esquemas financeiros, de novas leis de contabilidade pública moldados na fidelidade ao gosto da modernização, supostamente inovadora e progressista, hão-de experimentar a tentação de renunciarem a qualquer tentativa de destrinça entre a essência e os acidentes do fenómeno financeiro. Contudo, estou em crer que semelhante destrinça continua a ser fundamental para que os especialistas de finanças – respeitantes ao sector público, de harmonia com a tradição do Continente europeu – se não percam por completo nos meandros daquele "mare magnum". Sem dúvida que o fenómeno financeiro admite grandes transformações, que o tornem quase irreconhecível, mas isso não implicará qualquer perda dos seus elementos essenciais. Até ao limite, concebível, do seu desaparecimento, da sua destruição, verificando-se a hipótese de o sector público tudo absorver. Porquanto, em tal caso, o fenómeno financeiro confunde-se com o fenómeno económico. E, através dessa confusão, perde individualidade e fundamento.

3. Sector público e fenómeno financeiro

Mas, enquanto se mantiver a separação entre o sector privado e o sector público, o fenómeno financeiro conservará a sua individualidade, as suas características próprias, a sua essência, em suma. Sejam quais forem as mutações políticas, económicas e legislativas. É próprio do sector público a integração, a criação e a manutenção de "forças produtivas" – segurança externa e interna, conservação e elaboração do Direito, jurisdições – "forças produtivas" das quais depende a realização do bem comum das nações. Mas não dispõe o sector público, ou, pelo menos, o sector público "stricto sensu" de factores produtivos, de cuja utilização conjugada dependem os rendimentos e, através deles, os consumos e as capitalizações. Daí resulta que, quando os Estados incorporam no sector público unidades directamente produtivas, criam para a sua gestão mecanismos próprios do sector privado, ou mecanismos híbridos. E o regime estabelecido, nalguns países, relativamente às "nacionalizações", propriamente ditas, reflecte essa necessidade, e até o entendimento de que, ao menos formalmente, conviria separar todas e quaisquer unidades produtivas da esfera estadual. Em princípio, essas unidades produtivas deveriam alcançar receitas próprias suficientes para sua sustentação, sem prejuízo dos subsídios estaduais que, eventualmente, fossem julgados justificados, conforme, aliás, muitos outros subsídios frequentemente prestados pelos listados a actividades privadas, para incentivar empreendimentos de interesse geral e comum.

4. Necessária absorção de bens do sector privado para o sector público

Assim, o fenómeno financeiro mantém-se como realidade característica do sector público, que, não produzindo directamente bens económicos, ao sector privado tem de recorrer a fim de garantir a sua própria sustentação. E certo que, em todos os tempos e latitudes, mais ou menos, aconteceu ser essa sustentação assegurada por rendimentos parecendo provenientes do próprio sector público. E isso permitia que os fenómenos financeiros, e, entre eles, os impostos, tivessem reduzido relevo. Os bens da Coroa, com alguma frequente confusão do património dos príncipes e do património comum, permitiam, muitas vezes, a cobertura das despesas públicas. Os impostos, muitas vezes confundidos com rendas prediais, que cabiam a diversas entidades, e com taxas, quase apenas se destinavam à sustentação das autarquias locais, a não ser quando votados pelos povos com destino às despesas da guerra. E mesmo então raramente o peso dos impostos atingiria 10% dos rendimentos nacionais dos Estados.

5. Elementos essenciais do fenómeno financeiro

Todos os elementos essenciais do fenómeno financeiro derivam da circunstância referida. Ou seja, o fenómeno financeiro visa cobrir as despesas próprias de um sector que não é directamente produtivo. E, com o legítimo fundamento de que, desprovidos da protecção das entidades públicas, os factores produtivos não lograriam qualquer rendimento, ou não lograriam rendimentos tão elevados, a esses factores é exigível uma parte da riqueza criada. Assim, mantém-se, a nível financeiro, o princípio jurídico básico do "do ut des". Parece razoável e justo que o sector público, não sendo directamente produtivo, tenha também parte numa produção que não seria obtida sem a cobertura das "forças produtivas" que ao sector público cabe manter, criar e desenvolver. Estabelecido tal princípio, levantam-se, relativamente ao fenómeno financeiro, questões de extrema delicadeza. Uma respeita ao "quantum" da produção nacional que cabe, com justiça e equilíbrio, ao sector público. Fixado esse "quantum" questão também de extrema delicadeza respeita à distribuição do total apurado pelas unidades produtivas. E as dificuldades são de ordem objectiva como de ordem subjectiva. Trata-se de saber em que termos e proporções os diversos sectores produtivos – trabalho, capital, factores produtivos e organização empresarial – hão-de concorrer para sustentação do sector público. E, em relação a todos os sectores produtivos, imporia sempre definir critérios mais ou menos seguros, de justiça e de rentabilidade, para repartir a carga global entre todos. Este é o ponto de maior delicadeza, pois por esta via se torna fácil agravar ou aligeirar a contribuição dos diversos grupos sociais, muitas vezes na base de razões alheias a preocupações de justiça ou de equilíbrio económico. Esta repartição pode tornar-se mais complexa ainda quando não assenta apenas nos quantitativos dos rendimentos. No passado, foi corrente que, em alternativa, as contribuições para o sector público tivessem natureza pecuniária ou consistissem na prestação de serviços, com particular relevo para o serviço militar. Mas a criação dos exércitos permanentes, característicos do século XVIII, aligeirou muito, de facto, o chamado "tributo de sangue", sem que, muitas vezes, se lhe substituísse o "tributo de dinheiro". E isso deu realce à injustiça dos privilégios, como tais injustificados, que por tal via se formaram. Este aspecto respeitante à repartição, objectiva e subjectiva, dos encargos, há-de respeitar sempre a um dos elementos essenciais do fenómeno financeiro.

6. Essência do fenómeno financeiro quanto à utilização dos dinheiros públicos

Outro elemento essencial do fenómeno financeiro respeita ao rigor no emprego dos dinheiros públicos. Esse rigor é exigível, em primeiro lugar, porque quem administra os dinheiros públicos dispõe de bens alheios. E já basta para exigências de rigor. Mas, quando se administram bens alheios pertencentes a pessoas certas e determinadas, pode geralmente confiar-se nas cautelas dos seus proprietários e credores. O caso particular dos dinheiros públicos reclama, necessariamente, mais apertadas exigências. E dessas exigências particulares, e essenciais, resulta todo o Direito orçamentado e da contabilidade pública. Curiosamente, sendo o princípio da votação do imposto pelos povos tão antigo, dominando toda a Idade Média, ou, pelo menos, a ocidental, só a partir do século XVII esse princípio foi completado pela legislação orçamental. Por se entender que os contribuintes, ou os seus representantes, não se achariam inteiramente habilitados a votar os impostos sem conhecimento prévio de toda a situação financeira, na sua globalidade. Contudo, poderá hesitar-se quanto a saber se as votações orçamentais, as exigências específicas da legislação de contabilidade pública e a fiscalização das despesas orçamentadas e das contas públicas se situarão ao nível da essência ou do acidente do fenómeno financeiro. Mas do que não se duvidará, quanto ao seu aspecto essencial, é que, sejam quais forem as formas de acautelamento e de fiscalização, o emprego dos dinheiros públicos há-de ser sempre condicionado por exigências do maior rigor, em ordem a evitar que as tentações humanas se sobreponham à realização do bem comum. E também a evitar que, mesmo em alheamento de malícia, por inexperiência ou incúria, as despesas públicas se realizem sem dependência de uma rígida hierarquização e de tal modo que os melhores rendimentos se obtenham na base dos menores custos. De harmonia com o que foi designado por emprego hedonístico das receitas públicas. Mesmo em tempos de mutação, importa sempre não esquecer o que é da natureza das coisas. Até porque as nações pagam por preços elevadíssimos os erros cometidos por ofensa à natureza essencial das coisas.

Gary Clyde Hufbauer
Jisun Kim

International tax competition: tree big issues

IDEFF Conference June 23-27, 2008

Portugal/the European Union and the USA

New economic perspectives for the transatlantic relationship

Gary Clyde Hufbauer

Gary Clyde Hufbauer is the Reginald Jones Senior Fellow at the Peterson Institute for International Economics. This paper draws heavily from the book by Gary Hufbauer and Ariel Assa, US Taxation of Foreign Income, published in 2007 by the Peterson Institute for International Economics.

Jisun Kim

Jisun Kim is a research assistant at the Peterson Institute for International Economics. Her areas of research at the Institute include international trade, international tax and climate change issues. She holds a US CPA certificate and previously worked as a tax consultant at Pricewater-houseCoopers in Seoul, Korea for five years. She received her MA degree in international relations, focusing on global market and Asia, from the Maxwell School of Syracuse University.

ABSTRACT

This paper focus on three topics that are closely related to international tax competition:

Foreign direct investment (FDI). The current US corporate tax system discourages both US-based multinational enterprises (MNEs) doing business abroad and inward FDI by foreign-based MNEs. The United States should simplify the US corporate tax regime, establish a broader tax base and enact a lower statutory tax rate – 25 percent or lower. The United States should also adopt a territorial approach to the taxation of "active income" earned by US-based MNEs doing business abroad.

Portfolio income. Portfolio income accruing to individual investors lies at the center of tax evasion. To reduce tax evasion by wealthy persons, and to buttress whatever degree of progressivity that countries choose to build into their personal tax systems, the OECD countries – starting with the United States and the European Union – should agree on a residence approach for the taxation of foreign portfolio income. Once the principle is agreed, they need to establish effective international cooperation, starting with vastly enhanced information exchange programs, backed up as needed by withholding taxes imposed at the source.

Electronic commerce (E-commerce): In 2002, the European Union adopted a directive that required all E-commerce firms to account for and collect VAT on electronically supplied services with EU consumers, regardless of the selling firm's location. The directive provoked criticism, especially in the United States, because it would impose a new tax on US firms with no reciprocity in terms of remitted tax revenues since the United States does not have a VAT system. Nevertheless, the United States should assist Europe in the collection of its VAT on B2C E-commerce sales, provided that – based on the principle of reciprocity – the European Union offers major concessions in some other dimension of trans-Atlantic commerce.

Keywords:

International tax competition, tax competition
tax haven, foreign direct investment
territorial taxation, portfolio income
residence taxation, electronic commerce

In February 2008, the German government revealed that several hundred wealthy Germans had evaded domestic tax laws through their holdings in Liechtenstein.[1] As the tax scandal rumbled across Europe, other countries launched their own investigations. While the episode provided fuel for Germany's long campaign against tax havens, some observers argue that the real problem lies not in Liechtenstein but in Germany. The core debate is whether international tax competition is a good thing or a bad thing.

Harmful Tax Competition?

The debate surrounding international tax competition divides observers into two camps. One camp contends that tax competition makes a healthy contribution to world economic growth by reducing taxation of two highly mobile factors, physical and intellectual capital, thereby enlarging the global capital stock. Seen from a purely national vantage point, competitive tax policies can attract foreign investment, and enhance the export performance of domestic firms. This camp argues that efforts to restrain tax competition don't make sense.[2]

Followers of the opposing camp – including advocates of "harmful tax projects" conducted under OECD auspices as well as German tax authorities – contend that tax competition misallocates resources to low tax jurisdictions, unfairly shifts the fiscal burden to labor, and hobbles industries in countries that maintain "normal" corporate tax practices.

The outer frontier of the tax competition debate is occupied by so-called tax haven countries, a term that includes Liechtenstein, Bermuda and the Cayman Islands, and is sometimes extended to Hong Kong,

---

[1] The Organization for Economic Cooperation and Development (OECD) has listed Liechtenstein as "uncooperative tax havens," along with Andorra and the Principality of Monaco. For more details, see the OECD website at http://www.oecd.org/document/57/0,3343,en_2649_33745_30578809_1_1_1_1,00.html.

[2] Conconi (2006) for example contends that global tax harmonization which fosters the elimination of tax competition can prompt countries to adopt higher than optimal capital taxes. Edwards and de Rugy (2002) point out that defensive responses to tax competition – such as tax rules that deter investment flows to lower tax jurisdictions – do not necessarily promote economic growth or reform inefficient tax systems.

Singapore, and Ireland. Tax havens are sometimes confused with nations that coddle money laundering and drug lords, but Dharmapala and Hines (2006) found almost no poorly governed tax havens. Indeed, tax havens score very well on cross-country indexes of governance that include measures of voice and accountability, political stability, government effectiveness, rule of law, and control of corruption.

In light of this debate, which has stretched over decades, a crusade to eliminate tax competition or shut down tax havens is neither practical nor persuasive. Both in terms of tax policy and scholarly argument, the pro-tax competition camp is gradually gaining the high ground. It seems more sensible for countries that see themselves at a disadvantage to promote competitive business tax systems at home rather than complain about excessively generous systems abroad. To the extent our prescription – namely join the global trend towards lower business taxation – seems to unduly favor the "rich," the United States and other countries can add a more progressive tilt to their personal tax systems.

In our view, the current US business tax system deserves vigorous criticism for failing to address US competitiveness in the global economy, either as a site for production of goods and services or as a headquarters location for multinational enterprises (MNEs). While the United States has many attractions for business firms – including a large market, a skilled work force, functioning infrastructure and urban amenities, the US tax system is not particularly favorable. At the same time, and somewhat paradoxically, the system facilitates tax evasion on foreign portfolio income by US citizens and residents. Each of the leading presidential candidates – Senators John McCain, Barack Obama and Hillary Clinton – has recommended changes that tangentially address these problems, but their campaign platforms are not sufficiently detailed to pass judgment.[3]

---

[3] Republican candidate John McCain proposed cutting the corporate tax rate from 35 percent to 25 percent. By contrast Democrat candidate Hillary Clinton proposed ending tax breaks for companies that "ship job overseas." Regarding tax havens, Democrat candidate Barack Obama proposed cracking down. For more details, see each candidate's campaign website; for McCain, http://www.johnmccain.com/Informing/Issues/0b8e4db8-5b0c-459f-97ea-d7b542a78235.htm,; for Clinton, http://www.hillaryclinton.com/news/release/view/?id=6887; and for Obama, http://www.barackobama.com/issues/fiscal/ObamaPolicy_Fiscal.pdf.

The following sections of this short paper focus on three topics that are closely related to the international tax competition question – foreign direct investment, international portfolio income and E-commerce.

Territorial Taxation for Foreign Direct Investment

Academic studies report that business tax competition, mostly in the form of lower tax rates, affects international investment and production behavior. For example, Mutti (2003) found that reducing the before-tax cost of capital by 10 percent boosts the level of production by local affiliates of MNEs by 6 percent. Gorter and Parikh (2003) report that firms based in one EU member state will increase their FDI stakes in another EU member state by approximately 4 percent if the second state decreases its effective corporate income tax rate by one percentage point relative to the European mean.

In a "meta-analysis" of prior empirical studies, the OECD (2008) concluded that, on average, inward FDI increases by 3.7 percent following a one percentage point decrease in the corporate tax rate (e.g., from a 25 percent rate to a 24 percent rate). However, the OECD study uncovered a wide range of estimates, finding variation that partly reflects differences between industries and countries. The more recent studies surveyed in the OECD (2008) report suggest that FDI has become increasingly sensitive to taxation, reflecting rising mobility of capital as non-tax barriers to FDI continue to decline.[4]

These findings support the proposition that corporate tax policies shape the flow of foreign direct investment: The inevitable result is tax competition between jurisdictions – whether they be states, provinces,

---

[4] Low corporate tax rates are often credited with economic success. The outstanding example is Ireland, which slashed its corporate taxes starting in the late 1970s and now has a flat rate of 12.5 percent. Low Irish corporate tax rates are credited as the magnet for attracting FDI in knowledge-intensive industries. Between 1993 and 1999, Ireland recorded a huge improvement in its main economic indicators: a 62 percent increase in real GNP; and a drop in unemployment from more than 14 percent to under 6 percent. As is well known, Ireland's tax regime attracted fire from other EU members. For more details, see Hodge (2001).

or nations. KPMG (2007) tracked trends from 1993 through 2007 in 92 countries, and found that corporate tax rates (federal and subfederal) in most countries gradually fell. On average, countries covered in the survey reduced their statutory corporate tax rates from 38 percent to 27 percent. However, the United States remained steady at 40 percent (federal plus state), while the European Union average fell from 38 percent to 24 percent, and Portugal dropped from 40 percent to 25 percent.[5]

As we have observed, the United States has many attractions as a place to do business but its tax system is not among them. For firms doing business as corporations – the legal form used by nearly all MNEs – the US tax system imposes some of the highest marginal effective rates among developed countries.[6] Unlike tax practice in the BRICs,[7] US federal taxes are seldom "tailored" to attract new investment, though this sometimes happens at the state level. The US corporate tax system has the further defect that it contains unintended incentives for US multinational enterprises (MNEs) to locate high technology production abroad and to locate headquarters activities outside the United States.

To remedy these important failings, the United States should do two things. First, it should simplify the US corporate tax regime, broaden the base, and lower the statutory tax rate to 25 percent or less. Second, the United States should adopt a territorial approach to the taxation of "active income" earned by MNE subsidiaries doing business abroad.[8]

---

[5] KPMG also pointed out that competitive forces are still driving European corporate tax rates down while indirect tax rates (adjusted at the border) are high. KPMG predicted that further reductions would occur in the United Kingdom, Germany, Spain, Singapore and China, and that international tax competition is alive and well. Some 92 countries are included in the survey. Corporate tax rates reflect federal, state and local statutory tax rates. The full report is available at http://www.kpmg.com/NR/rdonlyres/A180267A-7423-40C6-87C5-7D917585541F/0/2007CorporateandIndirectTaxRateSurvey.pdf.

[6] US business taxation is decidedly more friendly for smaller firms operating as partnerships or as subchapters S corporations. These entities are essentially taxed at the partner or shareholder level, not at the business firm level.

[7] The term "BRICs" refers specifically to Brazil, Russia, India, and China, and more generally to all large emerging countries (e.g., Indonesia and South Africa as well).

[8] The basic idea of a territorial system is that the United States would tax business income earned in the United States but not tax "active" income earned abroad. Of course close scrutiny is needed to draw the line between "active" and "passive" income. For more details, see Hufbauer and Assa (2007).

Shifting from a worldwide tax system to a territorial system would ensure that the United States remains attractive as a location for MNE headquarters – since the active business income of foreign subsidiaries would no longer be subjected to a residual US corporate tax.

Residence Taxation for Portfolio Income

As everyone knows, thanks to encrypted internet communications and many other new technologies, international capital markets have flourished. According to the IMF, flows of world portfolio investments amounted to \$2.3 trillion in 2005, while flows of direct investment amounted to only \$0.7 trillion in that year. Correspondingly, return flows of portfolio income are how a huge entry in the balance of payments. In fact, in 2005, reported earnings of US portfolio income were about the same as US direct investment income, \$218 billion versus \$251 billion. These numbers reflect the reality that skilled investors – such as pension funds and wealthy individuals – can allocate capital efficiently on a global scale, without relying on intermediation by MNEs.

At the same time, portfolio income accruing to individual investors lies at the center of tax evasion. As the volume of cross-border portfolio investment has increased, taxing return income flows on the basis of taxpayer residence has become more complicated. With gaping loopholes in reporting networks, the potential for tax evasion is substantial. Tax treaties are supposed to be the answer.[9] However, those treaties have their own loopholes (permitting, for example, hybrid entities) and in any event, they do not establish systematic reporting networks that cover substantially all payments of dividends, interests, rents and royalties. Moreover, few tax haven countries enter into tax treaties.

To reduce tax evasion by wealthy persons, and to buttress whatever progressivity countries choose to build into their personal tax systems, the OECD countries – starting with the United States and the European Union – should agree on a residence approach for the taxation of foreign portfolio income. Once the principle is agreed, they need to establish effective international cooperation, starting with vastly enhanced infor-

[9] The United States had 64 tax treaties in effect as of December 2007.

mation exchange programs, backed up as needed by withholding taxes imposed at the source.[10] With a US-EU core, the system could be gradually widened to cover other OECD countries and establish a network that substantially curbs evasion by wealthy individuals.

To jumpstart a trans-Atlantic approach, the United States might need to revise its historical preference for tax treaties with individual European nations, and instead negotiate a single treaty that contains strong reporting provisions with the entire European Union.[11] EU member states have already agreed on the exchange of information on interest payments made to recipients in other member states. As a first step, the United States should join the EU framework on interest payments.

Taxation of Electronic Commerce

As the volume of international E-commerce soars, tax authorities worldwide worry about tax base erosion. One estimate suggests that E-commerce could reach $15 trillion very soon, owing to years of double-digit growth.

Issues created by cross-border E-commerce arise with respect to various taxes: income taxes, franchise taxes, sales and use taxes, and value added taxes. In the context of Business-to-Business (B2B) transactions, E-commerce presents four main challenges to existing international income tax principles: income characterization, income source, income allocation, and enforcement.[12] However, the most severe problems arise with respect to retail sales taxes and value added taxes (VAT).

The United States has a moratorium on retail taxes that would otherwise reach E-commerce. By contrast, in 2002, the European Union adopted a directive which required all E-commerce firms to account for and collect VAT on electronically supplied services with EU consumers, regardless of the selling firm's location.[13] The adoption of the EU direc-

---

[10] See Hufbauer and Assa (2007) chapter 4, for proposed details.

[11] The United States currently has a tax treaty with each EU member state except Malta, which the US perceives as a tax haven country.

[12] For more details, see Appendix E, Hufbauer and Assa (2007).

[13] For more details, see Council Directive 2002/38/EC. The language of the Directive can be found at http://eur-lex.europa.eu. The Directive provided for a regime

tive resulted from competitive concerns resulting from the disparity of VAT treatment between B2B transactions and B2C (Business-to-Consumer) transactions. The directive set the stage for a tax conflict between the United States and the European Union.

Under the EU legal regime before the directive was adopted, if a non-EU-based-seller exported software through internet to a commercial trader in the European Union (a B2B transaction), the VAT liability was imposed on traders. However, if a non-EU-based-seller, located in a country outside the European VAT system, exported software through the internet to a private consumer in the European Union (a B2C transaction), no VAT liability would be imposed on either the seller or the consumer. Under the new directive, for sales to nontaxable persons in the European Union, a seller – whether based in the European Union or outside – is supposed to collect and remit the VAT at the applicable rate in the buyer's member states.

The directive provoked criticism, especially in the United States, mainly for two reasons: first, the United States ranks among the largest exporters of E-commerce services and US firms would face a new tax; second, the United States does not have a VAT system, and there would be no reciprocity terms of remitted tax revenues. These differences might be bridged. However, if the United States is going to assist Europe in the collection of its VAT on B2C E-commerce sales, then the European Union should offer a major concession in some other dimension of trans-Atlantic commerce. Conceivably, in the context of trans-Atlantic talks about controlling greenhouse gases (GHGs) and establishing carbon emission systems, the taxation of E-commerce might become a "balancing item" to reach a grand bargain.[14]

---

lasting only three years. Unanimous consent of the member states was required for extension, and this was achieved by Council Directive 2006/58/EC, adopted on June 27, 2006, which extended the application of Council Directive 2002/38/EC by a further six months until December 31, 2006. On December 19, 2006, Council Directive 2006/138/EC extended the application of Council Directive 2002/38/EC until December 31, 2008.

[14] For a preliminary discussion of the GHG issue, see Hufbauer, Gary Clyde and Jisun Kim. Forthcoming. *Reconciling GHG Limits with the Global Trading System.* Washington DC: Peterson Institute for International Economics.

References

Conconi, Paola. 2006. *Is Capital Tax Centralization Desirable?* Discussion Paper 5761. London: Center for Economic Policy Research.

Dharmapala, Dhammika and James R. Hines. 2006. Which Countries Become Tax Havens?. Available at SSRN: http://ssrn.com/abstract=952721.

Edwards, Chris and Veronoque de Rugy. 2002. International Tax Competition: A 21st- Century Restraint on Government. Policy Analysis No. 431. Cato Institute.

Gorter, Joeri and Arikh Parikh. 2003. How sensitive is FDI to differences in corporate income taxation within the EU? *De Economist* 151, no.2:193-204.

Hines, James R. 2004. *Do Tax Haven Flourish?* NBER Working Paper 10936. Cambridge, MA: National Bureau of Economic Research.

Hodge, Scott A. It's Not the Luck of the Irish - It's Their Low Corporate Taxes. *Tax Foundation's Tax Features* 45, no.3 (May/June):7-8.

Hufbauer, Gary Clyde and Ariel Assa. 2007. *US Taxation of Foreign Income*. Washington DC: Peterson Institute for International Economics.

Hufbauer, Gary Clyde and Jisun Kim. Forthcoming. *Reconciling GHG Limits with the Global Trading System*. Washington DC: Peterson Institute for International Economics.

KPMG. 2007. KPMG's Corporate and Indirect Tax Rate Survey 2007. London: KPMG.

Mutti, John. 2003. *Foreign Direct Investment and Tax Competition*. Washington DC: Institute for International Economics.

OECD (Organization for Economic Cooperation and Development). 2008. Tax Effects on Foreign Direct Investment. Policy Brief. February 2008. Paris: OECD.

Uma nota sobre o conceito de fonte produtora constante do artigo 23.° do CIRC: sua relação com partes de capital e prestações acessórias

António Martins

Professor da Faculdade de Economia da Universidade de Coimbra

RESUMO

O propósito deste texto é o de proceder a uma análise relativa das condições de dedutibilidade dos encargos financeiros, suportados por uma sociedade participante, relacionados com investimentos de cariz operacional e, sobretudo, financeiro.

Em particular, discutem-se as questões relacionadas com a dedutibilidade fiscal dos juros suportados com o financiamento da aquisição – por parte de sociedades que não sejam SGPS – de partes de capital, e da realização de prestações acessórias em favor de empresas participadas.

Para tal, utilizar-se-á essencialmente a exposição de um caso hipotético, a partir do qual se procurarão generalizar as respectivas conclusões.

Palavras-chave:

dedutibilidade de custos
investimentos financeiros
prestações acessórias

ABSTRACT

The purpose of this paper is to discuss the conditions for cost deduction, in the corporate income tax, regarding interest charges related to financial investments.

In particular, contentious questions arising from the deduction of interest – in the case of corporations that are not holdings – resulting from acquisitions of equity, or quasi equity, are discussed. The concept of "corporate activity" and its linkage to the nature of deductible costs is also developed.

An hypothetical example will be used as a basis for conceptual analysis, and a generalization will be presented at the end of the paper as a conclusive synthesis.

Keywords:

deduction equity
cost participations
interest charges

1. Introdução

O artigo 23.° do Código do Imposto sobre o Rendimento das Pessoas Colectivas (CIRC) estabelece, como se sabe, o princípio geral relativo à dedutibilidade fiscal dos custos suportados pelas entidades sujeitas a este imposto. Como também é conhecido, trata-se de uma área onde, não poucas vezes, surgem divergências acentuadas entre os contribuintes e administração fiscal.

Na verdade, a caracterização dos custos fiscalmente aceites como sendo os que *"comprovadamente forem indispensáveis para a obtenção de proveitos ou ganhos sujeitos a imposto ou para a manutenção da fonte produtora"* não é por vezes tarefa fácil.

As dificuldades resultantes da demonstração do requisito da indispensabilidade para a obtenção de proveitos ou manutenção da fonte produtora, bem como as questões delicadas que por vezes decorrem do processo de comprovação efectiva dos custos, são factores de complexidade na delimitação da respectiva aceitabilidade fiscal[1].

Uma das questões que tem vindo a suscitar alguma controvérsia consiste em saber se os encargos financeiros incorridos por uma sociedade, mas que estejam directamente relacionados com a realização de prestações acessórias em favor de uma outra, sua participada, devem ser ou não considerados fiscalmente dedutíveis em sede do apuramento do lucro tributável da participante.

Ainda recentemente, em Acórdão de 7-2-2007, o Supremo Tribunal Administrativo (STA) decidiu sobre o assunto no seguintes termos:

"A questão em apreço é, pois, a de se saber se os encargos suportados (...) resultantes de empréstimos bancários contraídos para fazer face a prestações acessórias efectuados a uma sua associada pelos quais não cobrou quaisquer juros devem ser ou não considerados custos fiscais à luz do artigo 23.° do CIRC.

---

[1] Ver, a este respeito, entre outros, Tomás Tavares, *Da relação de dependência parcial entre a contabilidade e o direito fiscal na determinação do rendimento tributável das pessoas colectivas: algumas reflexões ao nível dos custos*, in *Ciência e Técnica Fiscal*, n.° 396, 1999, p 7-180; António Moura Portugal, *A dedutibilidade dos custos na jurisprudência fiscal portuguesa*, Coimbra Editora, 2004; J. Casalta Nabais, *Direito Fiscal*, Almedina, 2006, e Rui Morais, *Apontamentos ao IRC*, Almedina, 2007.

Assim, os custos previstos naquele artigo 23.° têm de respeitar desde logo à própria sociedade contribuinte, isto é, para que determinada verba seja considerada custo daquela é necessário que a actividade respectiva seja por ela própria desenvolvida, que não por outras sociedades."

Este entendimento do Tribunal, e a consequente desqualificação fiscal dos encargos financeiros suportados pela sociedade participante, designadamente a exigência que resulta do Acórdão relativamente à obrigatoriedade de os ditos encargos deverem estar relacionados com uma actividade desenvolvida no seio da empresa, merece certamente desenvolvida reflexão, por suscitar não poucas perplexidades.

Emerge claramente do citado Acórdão um entendimento de actividade e de fonte produtora que, em certos casos, dificilmente se pode enquadrar na natureza e na substância das operações desenvolvidas pelas entidades de cariz empresarial na prossecução dos seus objectivos.

A verdade é que, cada vez com maior frequência, as empresas apresentam nos respectivos balanços activos financeiros cuja aquisição implica determinado suporte corporizado em diferentes origens de fundos. As suas estratégias de crescimento – no mercado nacional ou internacional – concretizam-se pela aquisição de partes de capital noutras sociedades. Em muitas situações, o meio de financiamento é o capital alheio, no caso de os sócios não aumentarem os meios próprios ao dispor da sociedade ou esta não libertar meios que, através do autofinanciamento, sustentem as aquisições daqueles activos.

Em diversas circunstâncias, o reforço do capital das participadas – com vista a dotá-las de maior fôlego financeiro – é efectuado através de realização de prestações acessórias pelas empresas participantes. Esta figura está prevista, como é sabido, no artigo 209.° do Código das Sociedades Comerciais e, como mais à frente veremos, tanto pode configurar um passivo como um reforço do capital próprio das sociedades participadas.

A análise das condições da dedutibilidade fiscal dos juros decorrentes do financiamento alheio das participações sociais – em particular da manutenção e reforço financeiro dessas participações por via de prestações acessórias – é, pois, um tema relevante na gestão fiscal das empresas participantes.

O propósito deste texto é assim o de proceder a uma análise das condições de dedutibilidade dos encargos financeiros suportados por uma sociedade participante relacionados com investimentos de cariz operacional e, sobretudo, financeiro. Para tal, utilizar-se-á essencialmente a exposição de um caso hipotético, a partir do qual se procurarão generalizar as respectivas conclusões.

2. Participações financeiras, encargos de financiamento necessários à sua aquisição e condições de dedutibilidade fiscal

A fim de explorar a questão em apreço, apoiarei a análise num exemplo concreto. Dele procurarei, depois, retirar ilações a fim de generalizar a discussão do conceito de fonte produtora e de custo financeiro indispensável para a sua manutenção, à luz do estabelecido no artigo 23.° do CIRC.

O exemplo centra-se, como não poderia deixar de ser, na análise económico-financeira, e respectivas implicações tributárias, das formas de financiamento de activos de diversa natureza, com particular destaque para o financiamento de activos financeiros através de capital alheio que vence juros.

2.1 *O cenário base*

Atentando no quadro 1, suponha-se que, num momento inicial, é criada uma sociedade, com sede em Portugal, cujo objectivo é o fabrico e venda de bolachas. Do seu escopo social também consta adquirir partes de capital noutras sociedades com actividades similares.

Os sócios afectam-lhe 1 000 unidades monetárias (u.m.) de capital próprio, sob a forma de capital social. Com esses fundos, e os provenientes de idêntico montante tomado de empréstimo a longo prazo a uma taxa de juro de 5% ao ano, a administração da dita empresa adquire bens imobilizados corpóreos (edifícios e máquinas industriais) no valor de 2 000 u.m.

O balanço inicial apresentar-se-á como se segue.

QUADRO 1 – **Balanço inicial**

ACTIVO		CAPITAL PRÓPRIO E PASSIVO	
Imobilizado corpóreo		Capital Próprio	1000
Edifícios	1000		
Máquinas	1000	Passivo	
		Empréstimo bancário	1000
TOTAL	2000	TOTAL	2000

Ao longo do primeiro período de actividade, suponha-se que a sociedade em causa obteve um resultado operacional de 50 u.m.. Como incorreu em juros de 50 u.m., o resultado tributável foi nulo[2].

Duas questões principais emergem deste cenário base, no que toca à dedutibilidade dos custos financeiros do empréstimo.

A primeira respeita ao facto de a fonte produtora ser inequivocamente constituída pelos activos fixos tangíveis afectos à exploração que constam do património da empresa, sendo tais activos suportados por fundos próprios e alheios.

Na verdade, quer as máquinas quer os edifícios devem ser classificados como "activos fixos tangíveis". Veja-se, por exemplo, que características se atribuem a tais activos no Projecto de Sistema de Normalização Contabilística – elaborado pela Comissão de Normalização Contabilística[3] como Projecto de Substituição do actual ordenamento contabilístico baseado, como se sabe, no Plano Oficial de Contabilidade (POC). Aí se refere que os activos fixos tangíveis devem ser "*detidos para uso na produção ou fornecimento de bens e serviços, para arrendamento a outros, ou para fins administrativos; e se espera que sejam usados durante mais do que um período*".

---

[2] Admite-se, por simplicidade, que não existem correcções fiscais aos resultados apurados pela contabilidade.

[3] "Sistema de Normalização Contabilística", 2008, Porto Editora

Os resultados obtidos através da produção e venda dos produtos (das bolachas, no caso vertente) resultam pois do uso dos bens imobilizados adquiridos como uma fonte produtora de rendimento. Trata-se de uma fonte operacional, ligada à actividade principal da empresa.

Uma segunda questão respeita à influência da forma de financiamento no lucro tributável. Com efeito, se o activo fosse financiado por uma maior proporção de capital próprio, os juros pagos à banca seriam menores e, *ceteris paribus*, o lucro sujeito a imposto seria positivo. Pode, nesta situação, a administração fiscal desconsiderar os custos financeiros com o argumento de que não são indispensáveis para a obtenção dos proveitos?

Por certo que o não pode fazer. A liberdade de actuação dos órgãos de gestão da sociedade na determinação da estrutura de financiamento não pode ser coarctada por uma avaliação da sua adequação por parte da administração tributária. Mais: ainda que, sempre no exemplo apresentado, a proporção de dívida fosse superior e tal implicasse um prejuízo fiscal, estaria o órgão de gestão da sociedade actuando sempre dentro da legítima margem de decisão relativa ao financiamento da fonte produtora com bem entendesse[4].

Nas palavras de Saldanha Sanches[5]: (...) *saber se um certo custo corresponde, ou não, à mais eficaz defesa dos interesses da empresa é uma questão que não pode ser resolvida mediante a atribuição de um poder de intervenção do Estado – nem na veste da Administração, nem mesmo na veste do juiz – de modo a realizar um juízo de mérito sobre uma certa opção de gestão empresarial".*

Em conclusão, e sobre este primeiro cenário, não existem dúvidas de que a fonte produtora está corporizada em activos da sociedade, que a sua particular forma de financiamento – designadamente o recurso a capital alheio – afectou o quantitativo do lucro tributável e que os juros incorridos terão de ser considerados custos fiscalmente dedutíveis. Trata-se, contudo, de uma situação onde o grau de complexidade

---

[4] Bem entendido que, como se estabelece no artigo 61.° do CIRC, o problema da subcapitalização pode originar a desconsideração fiscal dos juros pagos; mas não é disso que aqui se trata.

[5] J. L. Saldanha Sanches, *Os limites do planeamento fiscal*, Coimbra Editora, 2006, p. 215. No mesmo sentido ver Rui Morais, *Apontamentos ao IRC*, Almedina, 2007

é diminuto, e certamente não gerador de dúvidas no plano da aplicação da lei fiscal[6]. Aprofundemos então a análise, socorrendo-nos sempre do exemplo apresentado como base para ulteriores desenvolvimentos.

2.2 *Um novo cenário de investimento e financiamento: a aquisição de activos incorpóreos e de partes de capital*

Admita-se, agora, que no início do período 2, a sociedade, para além de continuar a fabricar e vender bolachas, decidiu adquirir a um laboratório de investigação uma patente de fabrico para um tipo de bolacha diferente.

A sua administração optou pela aquisição de um activo fixo incorpóreo, por certo com o fito de o utilizar na produção de novos tipos de bolacha. Suponha-se, ainda, que o valor de aquisição da patente ascendeu a 500 u.m., e que, por falta de meios próprios, a empresa obteve um empréstimo bancário a longo prazo à taxa de 6% destinado a financiar tal aquisição.

O novo balanço consta agora do quadro 2.

QUADRO 2 – **Balanço após a aquisição da patente**

ACTIVO		CAPITAL PRÓPRIO E PASSIVO	
Imobilizado corpóreo		Capital Próprio	1000
Edifícios	1000		
Máquinas	1000	Passivo	
Imobilizado incorpóreo		Empréstimo bancário	1000
Patente	500	Empréstimo bancário 2	500
TOTAL	2500	TOTAL	2500

[6] Na verdade, não se tem conhecimento de que a administração fiscal tenha negado a dedução dos juros em tais circunstâncias ao abrigo ao artigo 23.° do CIRC.

Suponha-se que, durante o período 2, não foi produzido ou vendido qualquer tipo de nova bolacha em resultado da aquisição da dita patente, e que os juros – no valor de 6%*500u.m. – foram deduzidos no apuramento do lucro tributável. Serão estes juros fiscalmente dedutíveis?

É certo que não há qualquer correspondência entre esses custos financeiros e quaisquer proveitos obtidos. No entanto, a comprovação, *a posteriori*, da ausência de proveitos directamente relacionados com o gasto não é um factor relevante para se concluir pela não dedutibilidade do custo. Se assim fosse, os encargos suportados com projectos de investimento que se revelaram não rendíveis nunca seriam custos fiscalmente dedutíveis. Semelhante posição não é, por certo, defensável.

Nem poderia – é óbvio também – a administração fundar tal decisão argumentando que a gestão da empresa não tinha que adquirir novas patentes, devendo antes concentrar os seus esforços apenas em produzir bolachas a partir dos meios físicos de que dispunha. A administração fiscal não pode imiscuir-se nestes termos na gestão de uma empresa. Não é a ela que cabe ajuizar das acções necessárias à prossecução dos objectivos do negócio, desde que, bem entendido, essas acções não extravasem as balizas que a lei tributária impõe aos órgãos de gestão das sociedades.

Será que administração fiscal pode recusar a dedutibilidade do custo, com o fundamento de que se o dito activo incorpóreo tivesse sido financiado por capital próprio os juros não existiriam? Também aqui parece evidente que o não pode fazer.

Admitir que assim pudesse proceder seria, à semelhança do que se referiu anteriormente, admitir que a liberdade de escolha nas decisões de financiamento empresarial está à mercê dos juízo de valor da administração tributária, podendo ser por esta cerceada.

E quanto ao facto, de no período 2, a patente não ter sido usada? Não será isto um indício de que ela não foi necessária para manter a fonte produtora? Vejamos.

A aquisição da patente funda-se nas expectativas dos benefícios futuros que do seu uso decorreriam[7]. Ora, esses benefícios tanto pode-

[7] Em linguagem financeira, pode dizer-se que se funda nos fluxos de caixa estimados, a serem descontados para o momento presente a uma taxa que reflicta o custo do capital empregue.

riam resultar da sua utilização, como de impedir que outro concorrente a utilizasse para conquistar quota de mercado, mantendo assim as vendas e os resultados da empresa adquirente menos expostos às acções da concorrência.

A falta de utilização da patente não implica pois a desconsideração dos custos financeiros resultantes da sua aquisição. Trata-se de uma decisão que teve na sua origem um "*business purpose*", um acto normal do giro dos negócios, e uma decisão de financiamento cuja razoabilidade ou adequação a administração fiscal não deve julgar.

A doutrina nacional é, a este respeito, bastante elucidativa[8]. No sentido geral dessa doutrina Rui Morais[9] afirma: "*A invocação da regra da indispensabilidade dos custos nunca pode ser feita para fazer substituir o juízo de conveniência e oportunidade dos encargos assumidos, tal como resultaram da decisão dos órgãos sociais, por um outro juízo, também ele de índole empresarial, feito pela administração ou pelos tribunais.*

Um custo não deixa de o ser (...) pelo facto de , numa avaliação a posteriori, se revelar inútil ou ineficaz.

Não podemos ter como boa a orientação de certa jurisprudência que recusa a aceitação fiscal de determinados custos porque não é possível estabelecer uma correlação directa com a obtenção de concretos proveitos. Levado ao extremo um tal entendimento, teríamos que os encargos com investigação só seriam fiscalmente dedutíveis quando tais pesquisas tivessem êxito."

Mas não é só a doutrina nacional que comunga desta visão acerca das condições de dedutibilidade dos custos. Também nos EUA, Scholes e Wolfson[10] referem o teste do *business purpose* com o mais importante na aceitação fiscal dos custos incorridos, sendo esta a condicionante mais precisamente avaliada pelos tribunais.

Em conclusão, e sobre esta nova situação, julgo que, de tudo o que fica dito, também resulta que os custos financeiros derivados da forma

---

[8] Veja-se, neste sentido, Rui Morais, *Apontamentos ao IRC*, Almedina, 2007 e Diogo Leite de Campos e Mónica Leite de Campos, *Direito Tributário*, 2000, p. 165

[9] Op cit, p. 86

[10] M Scholes e M Wolfson, *Taxes and busines strategy*, 1992, Prentice Hall

de financiar a aquisição da patente devem ser aceites como dedutíveis[11]. Também nas circunstâncias da situação apresentada, a administração fiscal não tem, ao que conheço, usado o artigo 23.° do CIRC como base legal para negar a dedutibilidade dos juros.

Aprofundemos então a análise e consideremos, de seguida, a aquisição e o financiamento de activos financeiros.

Continuando com o exemplo que vimos explorando, admita-se, agora, que no início do período 3 a mesma sociedade adquiriu uma quota representativa de 5% do capital numa outra empresa fabricante de chocolates, com sede em Portugal, no valor de 600 u.m.. E, uma vez mais, financiou esta aquisição com recurso a um empréstimo bancário a longo prazo a uma taxa de 6,5%. O novo balanço surge agora no quadro 3.

QUADRO 3 – **Balanço após a aquisição da patente e da primeira quota**

ACTIVO		CAPITAL PRÓPRIO E PASSIVO	
Imobilizado corpóreo		Capital Próprio	1000
Edifícios	1000		
Máquinas	1000	Passivo	
Imobilizado incorpóreo		Empréstimo bancário	1000
Patente	500	Empréstimo bancário 2	500
Imobilizado financeiro		Empréstimo bancário 3	600
Quota 1	600		
TOTAL	3100	TOTAL	3100

[11] De notar que, na gestão empresarial, os meios financeiros não estão, por norma, afectos ao financiamento de activos específicos. Os fundos totais, próprios e alheios, financiam o activo de forma agregada, sendo difícil atribuir a um bem patrimonial uma dada forma de financiamento.

A opção que se tomou neste texto, de imputar a cada activo uma fonte precisa de financiamento, radica apenas na tentativa de tornar a exposição e análise mais claras; no sentido de discutir a dedutibilidade de encargos financeiros que, por hipótese, decorrem do financiamento de um certo activo.

Admita-se que, durante o período do 3, a participação rende à sociedade adquirente dividendos no valor de 45 u.m. Os juros pagos em resultado da dita aquisição foram de 39 u.m.

Duas questões se podem, neste caso, suscitar. Primeira: será o activo financeiro um fonte produtora? Segunda: são os juros indispensáveis para a obtenção de proveitos ou ganhos sujeitos a imposto?

Quanto à primeira questão, a resposta é unívoca e segura: um activo financeiro corporizado numa participação de capital constitui uma fonte produtora de rendimento, atenta a sua característica de geração (real ou esperada) de benefícios económicos futuros.

Isso é confirmado pela própria definição de activo constante do Sistema de Normalização Contabilística, que é a seguinte:

"é um recurso controlado por uma entidade como resultado de acontecimentos passados, e do qual se espera que fluam benefícios económicos futuros para a entidade".

O mesmo Sistema define "activo financeiro" como sendo " *qualquer activo que seja:*

a)..

b)um instrumento de capital próprio de uma outra entidade

c) ...".

Ao lado de activos de natureza operacional (os equipamentos produtivos, os meios de transporte, os sistemas informáticos, etc) temos pois activos financeiros. Estes, por facultarem rendimentos provindos das entidades sobre as quais representam direitos, também não podem deixar de ser considerados fonte produtora de rendimento.

E não é a circunstância de se tratar de rendimentos potenciais ou esperados que lhes retira esse carácter de fonte produtora. A aquisição de activos físicos (como os edifícios e as máquinas que utilizámos no cenário base do exemplo) também é efectuada esperando que a taxa interna de rendibilidade *prevista* para esses activos supere o custo do capital que os financia.

Estamos, neste domínio dos investimentos, físicos ou financeiros, na situação de comparar expectativas de rendibilidade com o custo dos capitais que financiam os activos. A natureza potencial da geração de resultados é inerente a qualquer tipo de investimento e não apenas aos activos financeiros.

Quando muito, apenas se poderá destrinçar entre fonte produtora directa e indirecta. Assim, no cenário 1 deste texto – relativo à aquisição de activos físicos para a produção – a fonte produtora de rendimento resulta da actividade da própria sociedade, e teríamos uma fonte directa.

As participações sociais, consubstanciando um direito a receber rendimentos, constituem também uma fonte produtora da qual, no entanto, emerge um rédito primeiramente obtido pela actividade da participada. Sem qualquer dúvida que a participação social constituirá uma fonte produtora de rendimento, pois que se trata de um investimento ao qual está associada a obtenção de rendimentos previstos.

No tocante à segunda questão, observamos que a forma de financiamento da aquisição – por recurso ao endividamento – gerou encargos para a entidade adquirente. Note-se, também, que no exemplo apresentado, do investimento financeiro efectuado fluíram dividendos para a entidade investidora.

Ora não há dúvida que, ao abrigo do disposto no artigo 20.° do CIRC, tais rendimentos constituem proveitos sujeitos a imposto. Aliás, este preceito do CIRC contém uma definição de proveitos fiscais bastante abrangente, pois considera-os: *"(...) os derivados de operações de qualquer natureza, em consequência de uma acção normal ou ocasional, básica ou meramente acessória(...)"*.

E, no elenco exemplificativo do artigo 20.°, surgem proveitos operacionais (como as vendas), financeiros (como os dividendos) e extraordinários (como as mais-valias).

Mal se compreenderia então que os juros relacionados com o financiamento de activos financeiros que geram rendimentos sujeitos a imposto não fossem dedutíveis.

Assim, cremos que também os custos derivados do financiamento do activo produtor de rendimento devem também constituir encargos dedutíveis. Eles estão inequivocamente relacionados com a obtenção de proveitos tributáveis, e, à luz do balanceamento entre proveitos e custos, não se entenderia que fossem fiscalmente desconsiderados.

Regressando ao Acórdão do STA que transcrevemos parcialmente na Introdução, nele se afirma que os custos previstos no artigo 23.° têm de respeitar à própria sociedade contribuinte. Ou seja, para que determinado gasto seja considerado custo é necessário que a actividade respectiva seja desenvolvida pela própria sociedade que incorreu no dito gasto, e não por outras sociedades.

É certo que o Acórdão não conclui – pois não era essa a questão em análise – que os encargos financeiros suportados por sociedades (que não sejam SGPS) para a aquisição de partes sociais não são fiscalmente aceites. O que aqui merece realce é a conexão dos custos com a *actividade da própria sociedade* como uma condição para a sua dedutibilidade.

Em face da situação que analisámos anteriormente, o conteúdo do Acórdão tem subjacente uma leitura do conceito de actividade que se afigura incompreensivelmente restrita.

Fica-se com a sensação de que, para que os juros sejam dedutíveis, eles só podem ser aplicados a financiar activos operacionais...

Ora uma empresa pode participar no capital de outras, um activo financeiro é uma fonte produtora que gera benefícios económicos sujeito a imposto, e não há dúvidas de que, no exemplo que utilizamos, os juros suportados se ligam a proveitos obtidos e a expectativas de ganhos futuros. Daqui parece decorrer que os custos financeiros suportados com a sua aquisição devem ser aceites no plano fiscal[12].

Adiante, quando se tratar das prestações acessórias, voltaremos a este tema de forma mais desenvolvida

Continuando com o exemplo em que se apoia a análise, suponha-se agora que, no início do período 4, a empresa portuguesa adquire uma quota de capital numa empresa espanhola, fabricante de bolos. A sua administração pretende internacionalizar a actividade e escolheu a via da aquisição de participações.

Admita-se que o preço de aquisição da dita quota de capital foi de 700 u.m. e, uma vez mais, a forma de financiamento assentou num empréstimo bancário de longo prazo à taxa de 7%. Durante o período 4 a empresa espanhola distribuiu dividendos à participante portuguesa.

[12] Esta análise exclui as SGPS porque a lei assim expressamente o determina; cf. artigo 31 do EBF. Nestas entende-se que a não dedutibilidade dos juros incorridos com a obtenção de capitais alheios para aquisição de partes sociais nas empresas participadas tem como reflexo a não tributação dos ganhos obtidos com a alienação dessas participações.

O balanço da empresa portuguesa, após mais esta aquisição, apresenta-se como se segue[13].

QUADRO 4 – **Balanço após a aquisição da quota na empresa espanhola**

ACTIVO		CAPITAL PRÓPRIO E PASSIVO	
Imobilizado corpóreo		Capital Próprio	1000
Edifícios	1000		
Máquinas	1000	Passivo	
Imobilizado incorpóreo		Empréstimo bancário	1000
Patente	500	Empréstimo bancário 2	500
Imobilizado financeiro		Empréstimo bancário 3	600
Quota1	600	Empréstimo bancário 4	700
Quota 2	700		
TOTAL	3800	TOTAL	3800

Suscitando a questão de saber se os juros incorridos com o novo financiamento serão dedutíveis, valem exactamente as mesmas considerações que se teceram em anteriormente, concluindo certamente pela dedutibilidade. Por certo que nada impede uma empresa portuguesa de adquirir participações em empresas localizadas no exterior. Tais participações geraram dividendos, a sua aquisição implicou o recurso a crédito que, por sua vez, originou juros a pagar.

Pelas razões aduzidas aquando da análise dos encargos derivados do financiamento da aquisição da quota de capital na empresa portu-

[13] Note-se que, mesmo após todos os empréstimos contraídos, a empresa apresenta uma autonomia financeira – rácio entre o capital próprio e o activo – de 26,3%. No universo empresarial português tal indicador revela-se ainda confortável. Refira-se, a este propósito, que o Estado admite em concursos de obras públicas empresas cuja autonomia financeira supere 15%.

guesa produtora de chocolates, terá de se concluir pela aceitação fiscal de tais encargos.

E, a meu ver, mesmo que a referida participação não originasse dividendos – por virtude da ocorrência de prejuízos na participada – não constituiria tal facto motivo para a desconsideração fiscal dos encargos financeiros relativos ao respectivo financiamento. As expectativas de obtenção de benefícios poderiam não se concretizar. Esta eventualidade é inerente ao risco dos investimentos e, como já se disse, a administração fiscal não pode determinar, *a posteriori,* a recusa da dedutibilidade dos custos baseada na ausência de rendibilidade dos investimentos.

2.3 *O financiamento com prestações acessórias e dedutibilidade de encargos financeiros pela empresa participante*

Nos cenários anteriores não se abordou a questão do tratamento dos juros derivados da obtenção de meios para que a participante realize prestações acessórias como reforço do capital da participada. Aprofunde-se então o exemplo de modo a nele incluir as prestações acessórias.

Entramos agora então no ponto central deste texto, pois é o que trata da questão principal decidida no Acórdão que referimos: a dedutibilidade dos juros de financiamento alheio tomado por uma sociedade participante para efectuar prestações acessórias a uma participada.

Servindo-nos sempre do exemplo que vimos explorando como ponto de partida, admita-se agora que, no período 5, a participada espanhola, por seu lado, investe numa empresa com sede em França e necessita, para tal, de reforçar o seu capital próprio. Em consequência desta opção de gestão, não distribui dividendos, e solicita ainda à empresa portuguesa, sua participante, que efectue prestações acessórias, gratuitas, a seu favor no montante de 500 u.m.

Vejamos, em primeiro lugar, se, no plano financeiro, as prestações acessórias serão capital próprio ou alheio.

Comecemos por notar que a complexidade crescente na concepção de alguns instrumentos financeiros torna-os de difícil arrumação nos dois tipos tradicionais de financiamento empresarial. A literatura financeira internacional é unânime sobre este ponto.

No caso das prestações acessórias, a dificuldade de enquadramento financeiro não abranda quando se recorre aos manuais de finanças empresariais de autores nacionais. Estes manuais contêm geralmente a designação e funções dos vários tipos de instrumentos a que as empresas podem recorrer para se financiarem a curto ou a longo prazo.

Assim, José P. Esperança e Fernanda Matias[14] referem como fontes de financiamento as que constam do quadro 5.

QUADRO 5 – **Fontes de financiamento**

CAPITAL PRÓPRIO	CAPITAL ALHEIO DE MÉDIO/ /LONGO PRAZO	CAPITAL ALHEIO DE CURTO PRAZO
Capital social	Crédito de fornecedores de imobilizado	Crédito de fornecedores
Prestações suplementares de capital	Empréstimo bancário	Desconto de títulos
Auto financiamento	Suprimentos	Empréstimo bancário
	Locação financeira	**Factoring**
	Empréstimo por obrigações	Papel comercial
		Crédito em conta corrente

Como se vê, as prestações acessórias não constam do elenco de formas de financiamento referidas no quadro 5.[15]

O facto de tais prestações não terem menção habitual no conjunto de formas de financiamento, bem como as dificuldades de arrumação de certos instrumentos financeiros como capital próprio ou dívida não devem, no entanto, constituir impedimento para a busca de uma

[14] José P. Esperança e Fernanda Matias, 2005, Finanças Empresariais, Dom Quixote, p. 194 e segs

[15] Idêntica ausência se nota em outros manuais, como sejam: António Gomes Mota, João Pedro Nunes e Miguel Ferreira, 2004, *Finanças Empresariais,* Publisher Team; e João Carvalho das Neves, 2000, *Análise Financeira*, Texto Editora

grelha analítica que permita ordená-las financeiramente. Para tal, o esquema classificativo proposto por Aswath Damodaran[16] é de extrema utilidade.

Segundo este autor, no plano financeiro, a natureza essencial da distinção entre capital próprio e dívida decorre da natureza dos fluxos de caixa (*cash flows)* a que cada um dos meios de financiamento confere direito. A dívida confere o direito a uma série de *cash flows* contratuais (juros e reembolso), ao passo que o capital próprio confere ao investidor o *cash flow* residual, após a satisfação das restantes obrigações.

Para além desta diferença fundamental, outras têm vindo a surgir, o que leva o autor a salientar que, para determinar a posição tendencial de um determinado instrumento na panóplia de meios de financiamento através de dívida e capital próprio, deve responder-se ás seguintes questões:

1 – São os pagamentos derivados do instrumento contratuais ou residuais?
- Se contratuais, será dívida
- Se residuais, será capital próprio

2 – O instrumento tem um prazo fixo?
- Se sim, será dívida
- Se não, será capital próprio

3 – O instrumento faculta ao seu titular a participação no controlo da gestão da empresa?
- Se sim, será capital próprio
- Se não, será dívida

4 – Se a empresa entra em dificuldades financeiras o instrumento tem alta ou baixa prioridade sobre os *cash flows*?
- Se baixa, será capital próprio
- Se alta, será dívida

5 – Os pagamentos derivados do instrumento são fiscalmente dedutíveis?
- Se sim, será dívida
- Se não, será capital próprio

[16] Aswath Damodaram, 2001, *Corporate finance*, Wiley, p.389 e segs

Claro está que o autor reconhece que nem sempre a distinção será absolutamente clara, mas a lista de atributos apresentada permite efectuar um esforço de classificação objectiva dos diversos instrumentos que podem financiar uma empresa.

Admita-se que, no exemplo que vimos comentando, as ditas prestações configuram um instrumento de capital próprio[17]. Esta suposição permite afastar os problemas relativos aos preços de transferência – artigo 58.° do CIRC – que poderiam decorrer se as prestações acessórias gratuitas efectuadas fossem considerados como empréstimos. Poder-se-ia então dizer que, entre entidades independentes, tal não seria a condição normal. Esses empréstimos teriam um preço – o juro – que deveria ser reconhecido como proveito da entidade que concedia as prestações.

Assim, a empresa portuguesa, em face das expectativas de rendibilidade do investimento a realizar em França pela participada, endivida-se em 500 u.m, e transfere para a participada este montante, passando a suportar juros.

No seu balanço, e supondo que, em substância, as prestações acessórias efectuadas à participada constituem um capital próprio desta, elas devem ser registadas como investimentos financeiros, por exemplo numa conta "Outras participações de capital próprio". No balanço da participada devem estar registadas numa conta da classe 5 do POC, respeitante, como se sabe, à situação líquida ou capital próprio.

Serão os juros decorrentes o novo empréstimo dedutíveis em sede do IRC da empresa portuguesa?

Face às situações de investimento operacional e financeiro apresentadas nos momentos anteriores (1 a 4) relativos ao exemplo em apreço, o que agora se verifica é a não existência de proveitos que, no mesmo período dos juros incorridos, fluam para a entidade investidora. Verifica-se, ainda, que o capital obtido pela participante não foi agora aplicado na aquisição de uma parte de capital, mas a reforçar o capital próprio de uma participada. No entanto, como a seguir se procurará mostrar, tal não deve impedir que se possam deduzir os juros.

[17] Para que assim seja, estas prestações devem ter algumas características como sejam: não vencerem juros, não terem um prazo de reembolso definido, não terem prioridade em caso de liquidação da empresa.

Com efeito, e em primeiro lugar, o endividamento está associado ao reforço de um activo financeiro – o aumento do valor da participação na empresa espanhola. Estamos, pois, no domínio da obtenção de meios para uma actividade financeira que apesar de não se materializar na aquisição ou reforço de uma parte de capital *tout court*, traduz-se, na sua substância económica, no aumento do valor da participação da sociedade que efectua as prestações acessórias. Quer dizer: no plano económico-financeiro assiste-se a um reforço do capital próprio da participada e a um incremento do valor da parte de capital da participante.

Em segundo lugar, e como já se evidenciou, esse activo financeiro é uma fonte produtora de rendimento, ou da qual se espera que venham a fluir rendimentos futuros. Os juros suportados estão assim ligados ao financiamento de um investimento que terá associada uma determinada taxa de rendibilidade esperada. Em termos de decisão de investimento, o confronto entre o desembolso inicial e os fluxos de caixa que o mesmo se prevê originar, é idêntica á que se tomaria para investimentos em activos físicos de natureza operacional ou para a aquisição de uma parte de capital.

A lógica económica da decisão e a forma de financiamento são idênticas: por que hão-de os juros ser dedutíveis em certos casos e não em outros?

Por outro lado, a não geração de benefícios económicos imediatos por parte do activo financeiro da participante – constituído pela participação inicial de capital mais o reforço resultante das prestações acessórias – não deve impedir que se deduzam os custos associados à sua aquisição. Seria o mesmo que admitir que, na empresa participante portuguesa, uma grande reparação numa máquina de fabricar bolachas, à qual não correspondeu qualquer ganho imediato de eficiência, teria como consequência a desconsideração fiscal do acréscimo das amortizações que o aumento o valor da máquina implicaria.

A decisão de reforçar o capital próprio da participada – aumentando o investimento inicial por via das prestações acessórias – bem como a sua forma de financiamento, traduzem actos legítimos de gestão. No caso concreto, estes actos visam a manutenção de uma fonte produtora de rendimento de cariz financeiro, pelo que os custos daí resultantes deverão ser considerados custos fiscais.

E quanto ao argumento segundo o qual os custos financeiros não são dedutíveis na participante porque esta não está a financiar a sua actividade?

A actividade de uma empresa não é apenas a sua actividade operacional – normal e corrente. Será também constituída pela tomada e reforço de participações financeiras como estratégia de crescimento.

Ora nos cenários 1 a 4 que o exemplo que vimos apresentando explorou, julgamos que a admissibilidade da dedução fiscal dos juros não seria posta em causa pela administração fiscal.

Por que razão o financiamento de um outro instrumento de capital próprio – as prestações acessórias – implicaria a não dedutibilidade dos juros suportados com o capital alheio que permitiu realiza tais prestações?

A actividade, neste caso, continua ser de a de realizar (reforçando-os) investimentos financeiros geradores de proveitos. A ser assim, os custos correspondentes à forma de financiamento escolhida pela administração da sociedade participante reúnem condições de dedutibilidade fiscal.

3. Síntese conclusiva: o conceito de actividade e a dedutibilidade dos juros relativos ao suporte de investimentos financeiros

A leitura que a jurisprudência tem por vezes feito de custo indispensável para a manutenção da fonte produtora – *maxime* no caso de juros que resultam de financiamento de certos activos financeiros como as prestações acessórias – ao assentar na falta de ligação de tais juros a uma actividade de exploração da empresa que neles incorre, assenta num conceito de actividade relacionado com o uso de activos físicos produtores de rendimento.

Ora, uma sociedade de cariz empresarial que se dedica à exploração de uma certa actividade operacional, pode ter – constando ou não esta eventualidade em previsão estatutária – a possibilidade de aquisição de partes de capital noutras empresas. Esta é uma estratégia habitual de crescimento das empresas, que implica uma actividade de aquisição e gestão de investimentos financeiros. E, no âmbito dessa actividade, a realização de prestações acessórias pode ser considerada, pela administração das sociedades participantes, como uma forma desejável de reforço da participação financeira nas sociedades participadas.

A aquisição e manutenção dessas participações visam, em última instância, a obtenção de rendimentos regulares de carácter financeiro, ou a sua valorização para posterior alienação com ganhos.

Assim, ao lado de uma actividade normal e corrente, as sociedades, ao realizarem investimentos financeiros, obterão proveitos e incorrerão em custos resultantes de uma função ou actividade de natureza não operacional, mas que, em última análise, se traduzirá em ganhos ou expectativas de ganhos. Se tais ganhos são potencialmente sujeitos a imposto, não deverão os custos resultantes do suporte financeiro de tais investimentos ser fiscalmente aceites?

A exigência jurisprudencial, segundo a qual os encargos financeiros só seriam dedutíveis se os capitas alheios forem aplicados a financiar a actividade normal ou corrente da empresa que se endividou, explicita um conceito de actividade restritivo, e não atende à diversa natureza dos activos que os capitais alheios podem financiar nem aos tipos de rendimento (operacionais, financeiros e extraordinários) que as empresas podem obter.

Com efeito, desde que se mostre que os encargos são necessários para a manutenção de activos financeiros potencialmente geradores de rendimento, julgamos existirem razões para se admitir a respectiva dedutibilidade, pelo que a jurisprudência em causa não faz, em meu juízo, e ressalvado o devido respeito, uma boa aplicação da lei e uma adequada leitura do sistema de tributação do rendimento societário.

Carlos Loureiro
António Beja Neves

Breve comentário ao recente regime de combate ao planeamento fiscal abusivo

Carlos Loureiro
Partner da Deloitte

António Beja Neves
Partner da Deloitte

RESUMO

O Decreto-Lei n.º 29/2008, de 25 de Fevereiro, entrou em vigor no passado dia 15 de Maio e introduziu em Portugal deveres de comunicação, informação e esclarecimento à Administração Tributária para prevenir e combater o planeamento fiscal abusivo. Este artigo pretende apresentar sumariamente o regime e as principais questões que o mesmo suscita.

Palavras-chave:
Planeamento abusivo

ABSTRACT

Decree-Law no. 29/2008, of 25 February, in force since 15 May, establishes in Portugal specific obligations for disclosure of information in order to allow the tax authorities to prevent and oppose abusive tax planning. This article briefly discusses the new regime and the main issues it raises.

Keywords:
Tax planning disclosure

1. Introdução

Foi recentemente publicado o Decreto-Lei n.º 29/2008, de 25 de Fevereiro, especificamente destinado a "concretizar uma orientação fundamental do Programa do XVII Governo Constitucional respeitante ao reforço da eficácia no combate à fraude e à evasão fiscais". Estabelecem-se assim em Portugal deveres de comunicação, informação e esclarecimento à Administração Tributária para prevenir e combater o planeamento fiscal abusivo[1], a exemplo do que já sucede noutras jurisdições. Trata-se de um regime que se pretende alicerçar nas experiências recentes de outros países, em consonância com a norma de autorização legislativa. Contudo, acabou por ser seguida apenas a experiência anglo-saxónica, na medida em que, nos dois principais sistemas jurídicos continentais, o alemão e o francês, não foi possível fazer aprovar regulamentação semelhante, devido à polémica suscitada pelas propostas divulgadas ao público.

As razões que nortearam a aprovação do diploma português encontram-se patentes no Preâmbulo do Decreto-Lei n.º 29/2008. Atendendo à "importância crescente na definição da actuação dos sujeitos passivos de imposto" por parte dos "intermediários fiscais", *maxime* consultores fiscais e entidades financeiras, estes agentes passam a ficar obrigados a um dever especial de colaboração com as autoridades tributárias.

Não se estranha – antes se compreende e valoriza – a colaboração entre as autoridades fiscais e os contribuintes, designadamente aqueles agentes que, nomeadamente pelas suas competências específicas, pela natureza da sua actividade, ou pelo seu contacto diário com a realidade empresarial, podem auxiliar o desenvolvimento do processo legislativo ou a produção de instruções administrativas, no sentido de se conseguir um aperfeiçoamento das normas jurídico-fiscais e fundado rigor na sua aplicação.

Estranha-se, contudo, a motivação que terá presidido à aprovação do citado Decreto-Lei n.º 29/2008, expressa no mesmo Preâmbulo, ao pretender imputar-se à generalidade dos "intermediários fiscais" o desenvolvimento de esquemas de planeamento fiscal abusivo ou agres-

[1] O Orçamento do Estado para 2007 continha a autorização legislativa em que se fundamentou o novo diploma – artigo 98.º da Lei n.º 53-A/2006, de 29 de Dezembro.

sivo, classificando-se o exercício da consultoria no campo tributário como uma actividade desregulada sem preocupações com "as fronteiras da actuação ilícita".

E para o legislador, não são alguns, mas "muitos intervenientes neste sector" que concebem a sua missão como a "exploração sem limites nem peias das fragilidades da lei fiscal".

Talvez se devesse (ou pudesse) ter adoptado uma abordagem mais prudente. De facto, na medida em que apenas existirão dois tipos de esquemas de planeamento fiscal – os ilícitos e os lícitos – e pretendendo o legislador conhecer, como veremos, a específica base legal dos esquemas (lícitos) para, querendo, os poder inviabilizar ulteriormente por via da aprovação de normas adequadas, questionamo-nos se o legislador terá seguido elementares regras de lógica na exposição do seu raciocínio, mesmo cientes da dificuldade que frequentemente existe, na aplicação prática da lei, de delimitação das fronteiras definidas nesta sede.

Efectivamente, ou os esquemas são propostos de forma ilegítima e ao arrepio das normas tributárias vigentes, redundando manifestamente em ilicitude e devendo ser severamente punidos, ou, em alternativa, são esquemas perfeitamente dentro da legalidade, que resultam de aturado estudo que se traduz na utilização de estruturas, regimes, figuras, disposições (ou combinações de todos eles) dos quais legitimamente resulta um tratamento fiscal mais eficiente, acessível a todo e qualquer contribuinte, susceptível de ser escrutinado em sede judicial.

Sob pena de ilogismo, não esperará certamente o legislador que seja comunicada a base legal que norteia esquemas … ilícitos. Por isso não se compreende o porquê de lançar anátemas sobre quem cumpre a lei, mas não se limita a encará-la de forma passiva. É que se não forem ultrapassadas "as fronteiras da actuação ilícita", haverá certamente que comunicar os esquemas legítimos às autoridades, para os avaliarem, se assim o reputarem adequado ou politicamente conveniente, mas não haverá que reprovar algo que não merece reprovação[2].

O regime em apreço parece assim ter sido rapidamente aprovado a expensas de algum rigor e ponderação, como veremos, e com prejuízo

---

[2] Por outro lado, seria seguramente desejável incrementar as medidas relacionadas com o combate à economia paralela em geral e a esquemas específicos de fraude fiscal, como seja a fraude carrossel em matéria de Imposto sobre o Valor Acrescentado.

do princípio da colaboração entre a administração fiscal e os contribuintes. Adicionalmente, para além de se ter em consideração a experiência das "melhores práticas", deveria igualmente ter-se atendido ao que sucedeu em jurisdições não despiciendas como a Alemanha e a França, onde a aparente racionalidade dos modelos abstractos não conseguiu superar a realidade dos factos.

Por outro lado, o diploma faz apelo à declaração de Seoul de Setembro de 2006, aprovada na sequência de uma reunião de administrações fiscais promovida pela OCDE, mas lamentavelmente parece esquecer o conceito de "enhanced relationship" que resultou dessa reunião.

Este conceito constitui o pano de fundo inerente à aprovação de normas de "disclosure" como as agora aprovadas, segundo o qual não faz sentido estabelecer estes deveres de comunicação aos intermediários fiscais ou aos contribuintes sem, simetricamente, exigir um conjunto de condutas às próprias administrações fiscais, as quais se traduzem numa actuação de forma proporcional e transparente, garantindo certeza e confiança aos contribuintes (por exemplo, mediante respostas rápidas às questões que estes últimos formulem). Não se conhecem, certamente, "enhanced relationships" que tenham uma perspectiva ou sentido apenas unilateral.

Procuraremos efectuar de seguida uma caracterização sumária do regime, apontando as principais questões que, nesta fase, as novas regras suscitam.

2. Caracterização sumária do regime

O regime aprovado pelo Decreto-Lei n.º 29/2008, de 25 de Fevereiro, pretende estabelecer deveres de comunicação, informação e esclarecimento à administração tributária sobre esquemas propostos ou actuações adoptadas que tenham como finalidade, exclusiva ou predominante, a obtenção de vantagens fiscais, de modo a combater o planeamento fiscal abusivo[3].

[3] Os tributos abrangidos pelo diploma são o imposto sobre o rendimento das pessoas singulares, o imposto sobre o rendimento das pessoas colectivas, o imposto sobre o valor acrescentado, o imposto municipal sobre imóveis, o imposto municipal sobre as transmissões onerosas de imóveis e o imposto do selo (artigo 2.º).

Estando perante inúmeros conceitos vagos e indeterminados, o legislador define no artigo 3.º os conceitos de planeamento fiscal, de esquema, de actuação e de vantagem fiscal[4].

Os três primeiros são definidos de forma muito abrangente, podendo dizer-se que os esquemas ou as actuações são quaisquer instrumentos de planeamento fiscal, independentemente do respectivo suporte ou forma de comunicação, abrangendo qualquer realidade destinada a um fim específico: a obtenção, de modo exclusivo ou predominante, de uma vantagem fiscal.

Contudo, a intenção teleológica evidente, definida em termos tão amplos, conhece uma restrição no artigo 4.º – apenas estarão sujeitos ao regime estabelecido neste diploma os esquemas ou actuações que se reconduzam a uma das situações seguintes:

a) Impliquem a participação de entidade sujeita a regime fiscal privilegiado, considerando-se como tal a entidade cujo território de residência conste da lista aprovada por portaria do Ministro das Finanças ou quando aí não for tributada em imposto sobre o rendimento idêntico ou análogo ao IRS ou ao IRC ou ainda quando o imposto efectivamente pago seja igual ou inferior a 60% do imposto que seria devido se a entidade fosse considerada residente em território português;

b) Impliquem a participação de entidade total ou parcialmente isenta;

---

[4] Assim, "planeamento fiscal" é qualquer esquema ou actuação que determine, ou se espere que determine, de modo exclusivo ou predominante, a obtenção de uma vantagem fiscal por sujeito passivo de imposto.

"Esquema" é qualquer plano, projecto, proposta, conselho, instrução ou recomendação, exteriorizada expressa ou tacitamente, objecto ou não de concretização em acordo ou transacção.

"Actuação" é qualquer contrato, negócio ou conjunto de negócios, promessa, compromisso, estrutura colectiva ou societária, com natureza vinculativa ou não, unilateral ou plurilateral bem como qualquer operação ou acto jurídico ou material, simples ou complexo, realizado, a realizar ou em curso de realização.

"Vantagem fiscal" é a redução, eliminação ou diferimento temporal de imposto ou a obtenção de benefício fiscal, que não se alcançaria, no todo ou em parte, sem a utilização do esquema ou actuação.

c) Envolvam operações financeiras ou sobre seguros que sejam susceptíveis de determinar a requalificação do rendimento ou a alteração do beneficiário (designadamente locação financeira, instrumentos financeiros híbridos, derivados ou contratos sobre instrumentos financeiros);
d) Impliquem a utilização de prejuízos fiscais;
e) Todos os esquemas que sejam propostos com cláusula de exclusão ou de limitação de responsabilidade em benefício do respectivo promotor.

Existe assim uma enumeração taxativa das situações que objectivamente delimitam o âmbito de aplicação do diploma, substancialmente alargada na situação prevista na alínea e) supra.

Quanto ao âmbito subjectivo do mesmo, importa ter presente que, por princípio, será promotor (artigo 5.º) qualquer entidade nacional que intervenha ao nível do aconselhamento fiscal, designadamente instituições financeiras, revisores oficiais de contas, advogados e solicitadores (e respectivas sociedades) e técnicos oficiais de contas ou contabilistas. Tais entidades encontram-se sujeitas à disciplina deste diploma sempre que concebam, proponham ou acompanhem esquemas ou actuações de planeamento fiscal.

Contudo, encontram-se excluídas do âmbito do diploma (artigo 6.º):

- As situações de aconselhamento sobre esquemas ou actuações de planeamento fiscal por advogados ou solicitadores no contexto da avaliação da situação jurídica do cliente, no âmbito da consulta jurídica, no exercício da missão de defesa ou representação do cliente num processo judicial, ou a respeito de um processo judicial, bem como no âmbito dos demais actos próprios dessas profissões;

- As recomendações sobre esquema ou actuação de planeamento fiscal feitas por revisores oficiais de contas no âmbito e para os efeitos das respectivas funções de interesse público de revisão legal das contas.

A comunicação às autoridades fiscais (artigo 7.º) deverá ter lugar nos vinte dias subsequentes ao termo do mês em que o esquema ou actuação tenha sido proposto pela primeira vez. Caso os mesmos tenham sido propostos por outra entidade, o promotor que intervenha na implementação deve fazer a comunicação nos vinte dias subsequentes ao termo do mês em que o esquema ou actuação tenha passado a ser acompanhado pelo mesmo (excepto se o proponente comprovar já ter efectuado a comunicação).

A comunicação sob análise não deve mencionar a identificação dos clientes ou interessados, incluindo-se apenas a do promotor, mas as informações a transmitir às autoridades abrangem (artigo 8.º):

- Descrição pormenorizada do esquema ou actuação, designadamente a indicação e caracterização dos tipos negociais, estruturas societárias e operações ou transacções envolvidas, bem como a espécie e configuração da vantagem fiscal pretendida;
- Indicação da base legal relativamente à qual se afere, repercute ou respeita aquela vantagem.

Sempre que o esquema ou actuação não tenham o envolvimento de um promotor, ou este não esteja estabelecido em Portugal, compete ao utilizador proceder à comunicação até ao final do mês seguinte ao da adopção. Apenas se encontram abrangidos os utilizadores que sejam pessoas colectivas, ou entidades sem personalidade jurídica, ou pessoas singulares quando esteja em causa um dos esquemas previstos no artigo 4.º, contemplados nas alíneas a) e b) acima referidas (artigo 10.º), isto é, mediante envolvimento de entidades sujeitas a regime fiscal privilegiado ou total ou parcialmente isentas.

Uma vez recebidas as comunicações, caberá às autoridades estudar medidas legislativas e regulamentares para alterar a regulamentação vigente, se se entender necessário, organizar uma base de dados específica e proceder à divulgação pública do entendimento de que certo esquema ou actuação são abusivos, podem ser requalificados, objecto de correcções ou determinar a aplicação de disposições anti-abuso (artigos 13.º a 15.º). A articulação deste regime com a norma geral anti-abuso ou com normas específicas anti-abuso será, aliás, um dos aspectos que se poderão revelar mais interessantes.

O diploma prevê a aplicação de coimas em determinados casos, em especial devido à falta de comunicação ou comunicação fora do prazo legal e à não prestação (ou prestação fora de prazo) de esclarecimentos que sejam solicitados pelas autoridades (artigo 17.º).

Finalmente, importa ainda referir nesta descrição sumária do regime que existe uma disposição transitória segundo a qual os promotores que intervenham em esquemas em curso de realização à data da entrada em vigor do diploma, ficam sujeitos às obrigações de comunicação nos termos descritos, no prazo de dois meses a contar da data da entrada em vigor da portaria que aprova o modelo de declaração para cumprimento dos deveres de comunicação (artigos 21.º e 22.º). Tendo tal portaria sido publicada no dia 14 de Maio de 2008[5], e entrado em vigor no dia seguinte, tal como o próprio Decreto-Lei n.º 29/2008, estes esquemas deverão ser comunicados até 15 de Julho de 2008.

Estando apresentados os principais aspectos que caracterizam este novo regime, importa agora apontar as principais questões que o mesmo suscita, considerando o facto de algumas das suas disposições suscitarem dúvidas interpretativas.

3. As principais questões suscitadas pelas novas regras

O regime que ficou descrito não é isento de dúvidas. Por esse motivo, terão as autoridades fiscais decidido divulgar um Despacho do Gabinete do Secretário de Estado dos Assuntos Fiscais (SEAF)[6], contendo orientações interpretativas em matéria de revelação de esquemas de planeamento fiscal para prevenção e combate a situações abusivas e evasivas.

Como referem tais autoridades, a novidade do regime é susceptível de suscitar dúvidas e questões que devem ficar esclarecidas em termos de interpretação uniforme pelos seus serviços a partir da data de entrada em vigor do diploma, ainda que com o confessado objectivo de os serviços de inspecção detectarem situações de "incumprimento das obrigações de informação e comunicação" e de os directores de finanças "instaurarem e decidirem os competentes processos de contra-ordenação".

[5] Portaria n.º 364-A/2008, de 14 de Maio.

[6] Despacho n.º 14592/2008, de 27 de Maio.

Contudo, apesar do mérito inerente ao propósito subjacente à aprovação deste Despacho, quedaram ainda assim diversas questões por analisar ou em que a análise não foi totalmente satisfatória ou esclarecedora na perspectiva das entidades que, quotidianamente, terão de cumprir as normas em apreço, enquanto *promotores* ou *utilizadores*.

Iremos assim salientar algumas das principais e legítimas dúvidas e preocupações que, em nossa opinião, subsistem:

- Configuração do esquema ou actuação tendentes à criação de vantagens fiscais;
- Esquemas que implicam participação de entidades parcialmente isentas;
- Sentido da cláusula de exclusão ou limitação de responsabilidade;
- Implicações associadas à dispensa do dever de comunicação;
- Definição de esquemas em curso de realização.

a) Configuração do esquema ou actuação tendentes à criação de vantagens fiscais

De acordo com o artigo 3.º, é considerada vantagem fiscal a redução, eliminação ou diferimento temporal de imposto ou a obtenção de benefício fiscal, que não se alcançaria, no todo ou em parte, sem a utilização do esquema ou a actuação.

Contudo, para um esquema ou actuação se encontrar abrangido pelo âmbito do diploma, prevê o mesmo preceito a necessidade de aqueles determinarem (ou se esperar que determinem), *de modo exclusivo ou predominante*, a obtenção de uma vantagem fiscal.

Existindo um sentido finalístico evidente na definição, como já atrás se referiu, é introduzida contudo uma restrição: nem todos os esquemas ou actuações que determinam uma vantagem fiscal são relevantes; apenas o serão aqueles que de modo exclusivo ou predominante conduzam à obtenção de vantagens fiscais.

Compreende-se o propósito do legislador: apenas serão relevantes os esquemas ou actuações *intencionalmente* preparados, divulgados e implementados, que têm como principal razão de ser (ainda que não exclusiva) as questões fiscais. Deverão assim ser ignorados os casos em que as vantagens fiscais são secundarizadas e apenas se produzem acessoriamente, eventualmente até de modo aleatório.

Sendo provavelmente fácil encontrar os casos em que determinadas realidades serão propostas com um intuito *exclusivamente* fiscal, será certamente problemático confirmar se um esquema ou actuação são propostos com objectivo *predominantemente* fiscal.

Por exemplo, sempre que um Grupo se pretenda reestruturar por razões de eficiência económica, mas disponha de uma direcção diligente que não queira fazer os accionistas suportar custos fiscais desnecessários, decorrentes da reestruturação, e nesse sentido procure os esquemas ou actuações mais adequados para evitar tributações desnecessárias[7], pretenderá o legislador receber uma comunicação nestes casos? Existirá um objectivo predominantemente fiscal? Parece-nos que não.

Contudo, a fronteira entre as operações motivadas pela estrita racionalidade económica e outras, igualmente legítimas, mas que têm um propósito predominantemente fiscal, não será fácil de descortinar em muitas situações, porque as esferas envolvidas não são estanques.

De facto, é possível encontrar reestruturações empresariais inicialmente motivadas por questões económicas, mas em que é normal – e certamente recomendável – que as matérias fiscais sejam cuidadosamente acauteladas numa fase mais adiantada do processo (e talvez com um nível de pormenor inicialmente nunca pensado). Porém, também é perfeitamente comum um determinado Grupo querer começar por encontrar o enquadramento que lhe possibilita a maior poupança fiscal possível, nos termos da Lei, mas sem nunca perder de vista as essenciais questões económico-financeiras, determinantes para a implementação de qualquer solução.

Assim, as autoridades fiscais, os promotores e os utilizadores de esquemas ou actuações, irão provavelmente deparar-se com situações em que apenas a interpretação própria de cada agente, fazendo apelo à sua sensibilidade sobre a realidade fáctica, permitirá obter uma conclusão sobre o conceito de *predominância fiscal* de determinadas estruturas[8].

---

[7] As quais poderão surgir ao arrepio do princípio da neutralidade, impondo-se na maior parte das vezes a sua eliminação.

[8] Correndo-se o risco de determinados agentes excessivamente prudentes ou receosos dos processos de contra-ordenação atribuírem involuntariamente um objectivo predominantemente fiscal a realidades que não mereceriam tal classificação numa análise mais ponderada.

Atendendo às dificuldades que se perspectivam, receia-se que o bom senso não predomine em todos os agentes responsáveis. Contudo, entendemos que deverão ser excluídas do âmbito de aplicação do diploma, evitando-se a comunicação, todas as propostas de alterações motivadas por razões (*predominante* e comprovadamente) económicas, tendo em conta a alínea a) do artigo 3.º do Decreto-Lei n.º 29/2008.

Uma outra questão que importa assinalar é a de saber se a simples utilização de figuras jurídicas consagradas na legislação, que potencialmente atribuem vantagens fiscais aos sujeitos passivos, será relevante para efeitos de comunicação. Cremos que não.

Não nos parece, por exemplo, que a simples utilização do regime especial de tributação de grupos de sociedades (RETGS), a constituição de sociedades gestoras de participações sociais (SGPS) ou a utilização do regime de renúncia à isenção de IVA em operações imobiliárias, constituam por si só factos relevantes para efeitos de comunicação, ainda que se obtenham vantagens fiscais da utilização dos mesmos.

Tratando-se de situações em que a pura e simples aplicação directa da Lei permite a obtenção de tais vantagens, em que o "aproveitamento" é criado e certamente sancionado pelo legislador, em que não existe qualquer intervenção no sentido de *planear* seja o que for, nada haverá que comunicar.

Questão diversa será a combinação de algumas dessas figuras ou regimes, da qual resulte uma nova realidade que crie vantagens fiscais, não ilícitas, que autonomamente não se produziriam sem a actividade de planeamento, sem a concepção e articulação de algo distinto das partes de que se compõe, sendo evidentemente aceitável nestas situações a obrigação de efectuar a comunicação legalmente exigida.

b) Esquemas que implicam participação de entidades parcialmente isentas

Uma outra situação que oferece dúvidas ao intérprete é a da qualificação como esquemas comunicáveis, na alínea b) do número 1 do artigo 4.º, dos esquemas ou actuações que impliquem a participação de entidade parcialmente isenta.

Configure-se o caso das instituições financeiras que possuam sucursais financeiras exteriores (SFE) na Zona Franca da Madeira. É inequívoco que parte da sua actividade é isenta, em razão do regime específico que regula essas entidades. Deverá tal significar que têm de ser comunicadas todas as operações realizadas entre essas sucursais e os seus clientes?

E se pensarmos em matéria de IVA, que dizer das entidades que estejam abrangidas pelo regime especial de isenção de imposto em razão do volume de negócios das actividades desenvolvidas? Pretenderá o legislador considerar estas entidades relevantes para efeitos deste diploma?

Ainda quanto ao mesmo imposto, que dizer mesmo das instituições financeiras, em geral, ou de entidades que se dediquem à prática de operações imobiliárias, enquadradas pelas autoridades fiscais como sujeitos passivos mistos, atendendo às operações parcialmente isentas que desenvolvem? Todas as operações em que participem terão de ser escrutinadas para aferir se existem esquemas ou actuações comunicáveis?

Entendemos que estas questões deveriam ser oportunamente clarificadas. O carácter eventualmente teórico – para não dizer aparentemente absurdo – de algumas das hipóteses aqui levantadas não deverá dispensar o futuro rigor da lei na concreta definição do seu escopo.

c) Sentido da cláusula de exclusão ou limitação de responsabilidade

Se considerarmos o Anteprojecto de diploma que foi disponibilizado sobre esta temática, poderíamos encontrar no número 2 do artigo 4.º a sujeição a este novo regime dos esquemas de planeamento fiscal "que sejam propostos com cláusula de confidencialidade em face dos demais promotores ou com cláusula de exclusão ou de limitação da responsabilidade em benefício do respectivo promotor".

Não obstante, a versão definitiva do diploma, que se consubstanciou no Decreto-Lei n.º 29/2008, perdeu a referência à cláusula de confidencialidade, permanecendo apenas a cláusula de limitação ou exclusão de responsabilidade.

Aceitamos que tal cláusula de confidencialidade poderia fazer sentido na economia do diploma, especialmente à luz de determinadas considerações expressas no Preâmbulo. De facto, o Preâmbulo deixa entrever a necessidade de enquadrar os esquemas ou actuações que sejam propostos, não em função de cláusulas contratuais que salvaguardem a responsabilidade, mas sim ao abrigo de disposições que impeçam a livre comunicação do conhecimento transmitido.

Contudo, o legislador surpreendentemente manteve apenas a cláusula de limitação ou exclusão de responsabilidade como o último crivo para enquadrar as situações de planeamento fiscal que deverão ser objecto de comunicação, facto que cria dificuldades de interpretação.

Efectivamente, caso um promotor ofereça a um cliente um determinado esquema de planeamento fiscal que não se enquadre nas quatro alíneas do número 1 do artigo 4.º mas conduza inequivocamente a vantagens fiscais, o mesmo apenas terá de ser comunicado caso exista a citada cláusula que restringe a responsabilidade do promotor.

Assim, caso por hipótese um promotor proponha um esquema de agressividade elevada, em função, por exemplo, da interpretação adoptada de determinadas disposições legais, mas que não se inclua nas citadas quatro alíneas e também não seja acordada entre as partes cláusula de exclusão ou limitação de responsabilidade, nada terá de ser comunicado.

Já se se tratasse de um esquema por demais conhecido das autoridades fiscais, atendendo à sua experiência na análise da questão ao longo dos anos, amplamente conhecido e proposto no mercado, que não se incluísse nas quatro alíneas, mas em que existisse uma cláusula de exclusão ou limitação de responsabilidade do promotor, o mesmo teria de ser prontamente relatado.

Espera-se que, apesar desta incongruência, não se criem constrangimentos desnecessários aos operadores que, por exemplo, incluam nas condições genéricas das suas propostas de prestação de serviços cláusulas gerais de limitação de responsabilidade para qualquer trabalho que realizem aos seus clientes.

De facto, entendemos que o objectivo do legislador (abstraindo a hipótese de se tratar de um lapso, que não recusamos) poderia ser apenas o da comunicação de esquemas ou actuações que sejam acompanhados de cláusulas específicas de restrição da responsabilidade, em configuração da natureza própria do esquema e a ele intimamente associadas, não se pretendendo abranger realidades que estão cobertas por cláusulas gerais que regulam a relação entre o cliente e o promotor.

Efectivamente, estas cláusulas gerais mais não visam do que salvaguardar eventuais consequências inerentes ao risco técnico da actividade profissional do promotor, actividade essa encarada de forma genérica e não em função de esquemas específicos (que até podem nunca existir), em grande parte resultante da incapacidade de limitação da responsabilidade profissional, pessoal e ilimitada, imposta pela lei aplicável a algumas das profissões abrangidas.

d) Implicações associadas à dispensa do dever de comunicação

Uma das situações que criou dúvidas e para a qual é proposta uma interpretação clara no Despacho emanado do Gabinete do SEAF[9], respeita às implicações associadas à dispensa do dever de comunicação dos promotores.

Contudo, apesar do carácter aparentemente pacífico da interpretação, esta questão merece ser destacada autonomamente, pela sua relevância, atendendo às dúvidas que já se suscitaram.

Como vimos, de acordo com o artigo 6.º do diploma, não se aplicam as obrigações previstas no Decreto-Lei aos advogados e solicitadores, quando se esteja perante a avaliação da situação jurídica do cliente ou no âmbito dos actos próprios dessas profissões. Não obstante, conforme refere o Despacho, quando, por exemplo, o advogado, por sua iniciativa e independentemente de qualquer relação específica, "procede à criação ou configuração de um esquema de planeamento fiscal para, posteriormente, o comunicar, oferecer ou comercializar junto de outros promotores ou de clientes", será necessário proceder à comunicação nos termos gerais.

O mesmo se diga dos revisores oficiais de contas (ROC), já que não se aplicam as obrigações de comunicação quando estejam em causa recomendações emitidas no âmbito e para o efeito das respectivas funções de interesse público de revisão legal das contas. Já se existir uma actividade concreta e autónoma de consultoria em sede de planeamento fiscal por parte de ROC, aplicam-se normalmente os deveres de comunicação antes descritos.

[9] Cfr. citado Despacho, pontos 31. a 39.

Como corolário, sempre que um advogado, solicitador ou ROC ficar dispensado de realizar a comunicação às autoridades competentes, comunicação essa que teria de ser efectuada em termos genéricos, sem identificação do cliente, terá então de o fazer o utilizador, em nome próprio, identificando todos os elementos necessários à concretização do esquema ou actuação.

e) Definição de esquemas em curso de realização

Como se referiu, o Decreto-Lei n.º 29/2008 contém uma disposição transitória – artigo 21.º – estabelecendo regras específicas para os esquemas em curso de realização, quais sejam aqueles que estejam a ser objecto de acompanhamento por promotores à data de 15 de Maio de 2008.

Neste caso, encontram-se abrangidas realidades definidas há vários anos e que continuam a produzir os seus efeitos, sem intervenção actual do promotor, ou abrange apenas esquemas ou actuações que estão a ser objecto de análise ou implementação no momento presente?

Parece-nos ser necessária a existência de uma intervenção activa na actualidade, uma implementação em curso de realização, pois caso contrário poderiam surgir situações de flagrante anacronismo. Assim, por exemplo, não deverá ser comunicado um esquema proposto em 1990 para um cliente, que continua a ser aplicado no presente atendendo aos seus resultados, relativamente ao qual não há qualquer intervenção actual do promotor (até porque o cliente pode já ter abandonado a relação contratual de prestação de serviços).

Já assim não será caso o promotor decida rever o esquema para confirmar a sua adequação à realidade actual ou porque determinadas componentes do mesmo necessitam de ser modificadas por outros motivos.

Neste aspecto, o citado Despacho do Gabinete do SEAF menciona [10] a necessidade de "o promotor que presta assessoria ao cliente no âmbito da implementação do esquema" ter de informar a Direcção-Geral dos Impostos. Ou seja, entendemos que terá de existir uma prestação

[10] Em concreto, o exemplo referido no ponto 45. do Despacho.

de assessoria no momento presente, uma implementação específica, um acompanhamento, um qualquer apoio em curso de realização sobre o esquema em concreto, não podendo a actividade de promotor ter simplesmente cessado ou subsistir apenas um acompanhamento genérico de natureza fiscal.

4. Conclusões

Encontram-se apresentados os traços gerais do novo regime e apontadas algumas questões que, para já, se suscitam, atendendo ao objectivo de identificar esquemas ou actuações de planeamento fiscal que, sendo legais, o legislador pretende conhecer e avaliar, no sentido de confirmar se pretende manter inalteradas as normas envolvidas.

Como se referiu, não se tiveram em consideração as válidas ressalvas de algumas jurisdições que nos são próximas, como a francesa e a alemã, onde não se conseguiu fazer aprovar semelhante regime, em face da enorme polémica que suscitou, por o mesmo não se adequar à realidade dos países envolvidos (não obstante as tentativas governamentais nesse sentido). E tememos que a experiência anglo-saxónica nesta matéria, que nos serviu de modelo, seja provavelmente ainda mais distanciada da realidade portuguesa do que da francesa ou alemã. Será certamente fundamental avaliar o impacte da introdução deste diploma, pelo menos dentro de três anos, como o próprio Decreto-Lei impõe.

Por outro lado, esperamos que se assinale com a aprovação deste regime a intenção de seguir países como os Estados Unidos da América, o Reino Unido ou a Nova Zelândia noutros aspectos significativos da relação com os contribuintes, onde existem "melhores práticas" e onde já se verifica uma "enhanced relationship".

De facto, a tradição vigente nesses países, onde é possível desenvolver uma estreita colaboração entre órgãos e agentes tributários e os contribuintes, onde a flexibilidade existente permite chegar facilmente (e rapidamente) a soluções discutidas e negociadas, sem prejuízo da aplicação das disposições legais em vigor, mas sem comprometer a concretização das operações por não existir uma incompreensível inércia, será seguramente um modelo a observar sem hesitações.

Para não ficarmos apenas pela cómoda importação de modelos legislativos abstractos, seria de saudar que a prática das autoridades fiscais portuguesas procurasse seguir integralmente o exemplo dos seus homólogos destas jurisdições que nos serviram agora de paradigma. Nesta, como noutras situações, não basta um empenho puramente teórico.

Cláudia Dias Soares

A articulação de instrumentos fiscais com o Sistema Europeu de Comércio de Licenças de Emissão

Cláudia Dias Soares

Professora auxiliar da Universidade Católica Portuguesa. Doutorada em Direito. Mestre em Integração Europeia. Pós-Graduada em Gestão. Licenciada em Direito. Docente do CEDOUA (Faculdade de Direito da Universidade de Coimbra) e da U. de Århus (Dinamarca). Co-coordenadora dos Programas em Direito e Economia da Regulação e da Concorrência (Formação de Executivos, UCP). Investigadora visitante no Ministério do Ambiente dinamarquês (Divisão de Análise Política), Harvard Law School, London School of Economics and Political Science, Sveriges Lantbruksuniversitet, U. de Bremen, Vermont Law School e U. de Leiden. Responsável pela International Encyclopedia of Energy Law – Portugal (Kluwer Law International). Membro do Conselho Científico da Associação Fiscal Portuguesa. Consultora da Comissão Europeia.

RESUMO

Alguns Estados Membros têm vindo a adoptar medidas de natureza fiscal para lidar com os problemas que a dupla regulação dos sectores energeticamente intensivos através de impostos sobre a energia e o Sistema Europeu de Comércio de Licenças de Emissão coloca à prossecução da Estratégia de Lisboa. Neste artigo expõem-se diversos argumentos de natureza legal e económica para explicar porque tal tipo de abordagem ao nível nacional não é aconselhável. Em alternativa sugere-se a adopção de uma solução a nível comunitário, que pode passar quer pela isenção obrigatória de tributação relativamente ao consumo energético nos sectores abrangidos pelo Sistema Europeu de Comércio de Licenças de Emissão quer pela criação de um imposto comunitário que grave tal consumo.

Palavras-chave:
Energia
PNALE
Isenções

ABSTRACT

Some Member States have taken fiscal measures to deal with double regulation of EU energy intensive sectors through energy taxes and the EU Emission Trading System as this raises concerns as for the implementation of the Lisbon Strategy. This paper presents legal and economic arguments to sustain that such kind of national approaches through energy tax exemptions for covered sectors should be abandoned in favour of general guidelines. The coordination of the two instruments can then take the form of a block energy tax exemption or an EU energy tax for undertakings covered by the EU ETS.

Keywords:
Energy
Emissions
Exemptions

1. Despesa Pública, Competitividade e Ambiente

Competitividade e Ambiente convergem e lideram a actual agenda europeia, em especial no domínio energético. A realização dos objectivos comunitários requer uma estratégia política activa de redução dos subsídios ambientalmente perversos. Realidade exemplificada pelos subsídios ao consumo de energia, sob a forma de políticas de controlo de preço, de regimes fiscais mais favoráveis do que os gerais e de falta de internalização das externalidade negativas. Estas formas implícitas de subsidiação devem merecer especial atenção, por tenderem a ser mais perversas ou propícias à perversão, persistentes e preferidas pelos agentes políticos e económicos, especialmente nos países ricos e desenvolvidos, liderando a União Europeia as regiões com maior potencial para as gerar.[1]

Uma reforma das finanças públicas no sentido da eliminação destes subsídios tem potencial para reduzir os níveis de poluição, libertar recursos públicos a aplicar em programas geradores de externalidades positivas, permitir a ultrapassagem de *lock-in* tecnológicos e aumentar a competitividade da economia europeia, expondo os sectores subsidiados à concorrência, forçando a sua reestruturação, e pressionando no sentido da eficiência (energética), da construção do mercado comum da energia e da garantia da segurança energética, atenuando o favorecimento institucional às fontes de energia tradicional em detrimento das endógenas e renováveis. Esta abordagem pode gerar situações de *win-win*, com o consequente aumento do PIB e melhoria do bem-estar, em consonância com a Estratégia de Lisboa.[2]

A possível perda de emprego no curto e médio prazo pode ser gerida através de medidas compensatórias, numa estratégia eventualmente menos custosas do que a actual, como demonstram alguns dados

[1] Num estudo referido a 1999, entre cinquenta e seis países, Portugal ficou colocado em vigésimo quinto lugar relativamente ao potencial para gerar subsídios perversos, estando a Austrália em primeiro lugar e o Equador em último. A região do mundo mais propícia a este tipo de subsídios foi a UE e a menos propícia foi a Ásia e a América Latina. BEERS e MOOR, *Public Subsidies and Policy Failures*, Cheltenham, 2001: 78-9.

[2] Tese defendida pela autora no II Debate Nacional para o Futuro da Europa, organizado pelo Instituto de Estudos Estratégicos Internacionais, Fundação Calouste Gulbenkian, 25-26 de Junho.

relativos à indústria alemã do carvão. Sendo os recursos públicos poupados dirigidos para a atracção de investimento, o resultado líquido observado na economia em termos de emprego dependerá da intensidade relativa no uso do factor trabalho que os sectores afectados apresentam. A progressividade que se observa na despesa em energia das famílias atenua possíveis objecções à reforma com base em argumentos de equidade social. A hipótese de a retirada destes subsídios gerar insegurança energética é questionável quando se percebe que esta não é uma ameaça credível relativamente à fonte energética mais subsidiada, o carvão, contribuindo a subsidiação dos combustíveis fósseis para o atraso no desenvolvimento das fontes renováveis onde a auto-suficiência energética se afirma.

É imprescindível a identificação *ex ante* dos potenciais obstáculos à reforma e do grau de credibilidade da sua ameaça. Entre os mais frequentes encontramos a acção dos grupos de interesse, dada a assimetria de percepção custos/benefícios, o conhecimento limitado e falta de transparência da informação disponível, a ausência de medidas transitórias de apoio aos grupos mais vulneráveis ou a falta de consensualidade relativamente às mesmas e a confusão entre danos ambientais e impactos sociais. Quando a remoção dos subsídios tem impactos significativos a vários níveis, é necessário destrinçar entre médio e longo prazo e aferir de alternativas menos custosas. A implementação de um sistema de rondas de negociação, com fixação de prazos para reduções de montantes quantificados, primeiro no âmbito da União Europeia e depois da Organização Mundial de Comércio, poderia facilitar o processo, ultrapassando resistências baseadas no receio de perda de competitividade nacional.

O potencial de ganho ambiental de uma tal reforma das finanças públicas merece reflexão. Embora se identifiquem como alvos potenciais os subsídios à produção eléctrica baseada em combustíveis fósseis, ao consumo de electricidade, ao transporte aéreo e rodoviário e ao *input* e *output* da agricultura intensiva, pode ser útil repensar alguns 'subsídios ambientais', contrapondo-se o *impacto efectivo* ao *impacto esperado*, atendendo aos efeitos de dissipação ou captura da ajuda, que a impede de atingir o grupo alvo, e aos potenciais efeitos ambientais laterais negativos (ambos presentes, por exemplo, no caso dos biocombustíveis).

Regimes fiscais mais favoráveis geram ineficiências no controlo da poluição e contrariam o princípio do poluidor-pagador. Mas é discutível se a sua remoção é sempre potenciadora de melhor qualidade ambiental, porquanto não atribui-los pode implicar níveis mais baixos de tributação para generalidade dos poluidores, devido à resistência dos grupos de interesse. A percepção pública de iniquidade na distribuição a longo prazo dos custos ambientais prejudica todavia o apoio político à tributação ambiental. Há que averiguar a medida em que a exposição à concorrência internacional combinada com elevados custos da energia gera relocalização do investimento sem ganhos ambientais. Estes efeitos não se podem generalizar, sendo necessário analisar a exposição à concorrência internacional e estrutura de custos e possibilidade da sua repercussão relativamente aos beneficiários de subsídios, bem como identificar os demais elementos determinantes na decisão de investimento.[3]

2. Necessidade de analisar algumas opções fiscais dos Estados Membros em sede de tributação energética

A oportunidade para implementar a agenda política aqui proposta está criada pelo crescendo de desafios e exigências ambientais colocados ao decisor político num tempo de contracção orçamental. Perspectivam-se algumas *janelas de oportunidade* concretas a nível comunitário para avançar com este tipo de reforma, nomeadamente a revisão do Enquadramento comunitário dos auxílios de Estado a favor do ambiente (2001/C 37/03) e da Directiva que reestrutura o quadro comunitário de tributação dos produtos energéticos e da electricidade.[4] Mas para o sucesso desta iniciativa importa assegurar uma clara e forte liderança política e definir estratégias de comunicação e de gestão dos custos de transição. Importa também analisar as opções legislativas que alguns Estados Membros têm

[3] Consultem-se as conclusões do Grupo de Trabalho sobre 'Subsídios Ambientalmente Perversos' (Ad Hoc 8), nomeado pela Comissão Europeia para dar apoio técnico ao Grupo de Alto Nível sobre Competitividade, Energia e Ambiente, disponíveis no site http://ec.europa.eu/enterprise/environment/hlg/whois.htm.

[4] Directiva 2003/96/CE do Conselho, de 27 de Outubro de 2003, que reestrutura o quadro comunitário de tributação dos produtos energéticos e da electricidade.

realizado em domínios tão sensíveis como a concessão de isenções fiscais em sede de tributação energética aos consumidores mais intensivos de energia.

Propomo-nos aqui analisar de forma muito sintética os planos comunicados por dois Estados Membros, nomeadamente a Dinamarca[5] e a Suécia[6], à Comissão Europeia para isentar de tributação energética as instalações cobertas pelo Sistema Europeu de Comércio de Licenças de Emissão, bem como a previsão de uma tal isenção na nossa Lei do Orçamento do Estado para 2008. A Suécia veio entretanto a retroceder na sua intenção de conceder o referido auxílio, ao contrário da Dinamarca, cujo plano de concessão, em Fevereiro de 2008, ainda se mantinha pendente para apreciação pela Comissão.

Em Portugal, depois de ter sido concedida uma autorização legislativa ao Governo para legislar no mesmo sentido pelo artigo 68.° da Lei do Orçamento do Estado para 2007[7], e sem que se conheça qualquer notificação à Comissão Europeia de tal intenção, surgiu na Lei do Orçamento do Estado para 2008 uma alteração legislativa ao Código dos Impostos Especiais de Consumo que consubstancia uma isenção de

---

[5] Auxílio de Estado n. C 41/2006 (ex N 318/a/2006). IP/06/1274, 28.09.2006

[6] Auxílio de Estado n. C 46/2006 (ex N 347/2006). IP/06/1525, 08.11.2006.

[7] Redacção do artigo 73.° da Lei n. 53-A/2006, de 29 Dezembro:

"Autorizações legislativas no âmbito dos IEC

1 - Tendo em consideração os compromissos assumidos pelo Estado Português no contexto do Protocolo de Quioto e tendo em vista a implementação das medidas adicionais MAi1 e MAi2 previstas no Plano Nacional para as Alterações Climáticas, aprovado pela Resolução de Conselho de Ministros n.° 104/2006, de 23 de Agosto, fica o Governo autorizado a alterar o Código dos IEC, aprovado pelo Decreto-Lei n.° 566/99, de 22 de Dezembro, com o seguinte sentido e alcance:

(...)

c) Isentar os produtos petrolíferos e energéticos classificados pelo código NC 2701, 2702 e 2704, o fuelóleo com teor de enxofre igual ou inferior a 1% classificado pelo código NC 2710 19 61 e os gases de petróleo classificado pelo código NC 2711 consumidos:

i) Em instalações que constem da listagem anexa ao Plano Nacional de Atribuição de Licenças de Emissão (PNALE);

ii) Por empresas que realizem, com a entidade competente, acordos de racionalização de consumos de energia ou de emissões de gases de efeito de estufa, nos termos de regulamentação a aprovar por Decreto-Lei;"

Imposto sobre os Produtos Petrolíferos às instalações sujeitas ao Plano Nacional de Atribuição de Licenças de Emissão (PNALE).

Segundo o artigo 61.° da Lei do Orçamento do Estado para 2008 (Lei n. 67-A/2007, 31 de Dezembro) a redacção do artigo 71.° do Código dos Impostos Especiais de Consumo, referente à isenção de tributação em sede de Imposto sobre os Produtos Petrolíferos de determinados produtos energéticos, é alterada, sendo-lhe aditada a alínea f) com o seguinte conteúdo:

> "f) Sejam fornecidos tendo em vista o seu consumo em instalações sujeitas ao Plano Nacional de Atribuição de Licenças de Emissão (PNALE) incluindo as novas instalações ou a um Acordo de Racionalização dos Consumos de Energia (ARCE) no que se refere aos produtos petrolíferos e energéticos classificados pelos códigos NC 2701, 2702, 2704 e 2713, ao fuelóleo com teor de enxofre igual ou inferior a 1%, classificado pelo código NC 2710 19 61 e aos gases de petróleo classificados pelo código NC 2711".

A tributação nacional de todos estes produtos está abrangida pela Directiva 2003/96/CE, no seu artigo 2.°, n. 1.

Os problemas que percebemos nesta disposição legislativa não existiriam caso se tivesse previsto que a isenção em causa seria concedida relativamente ao consumo dos referidos produtos petrolíferos e energéticos utilizados em instalações sujeitas ao Plano Nacional de Atribuição de Licenças de Emissão (PNALE), incluindo as novas instalações, e a um Acordo de Racionalização dos Consumos de Energia (ARCE). Todavia, essa isenção verificada que esteja apenas uma das condições suscita-nos dúvidas quer em sede de compatibilidade com o regime comunitário dos auxílios de Estado quer em sede de direito do ambiente, porquanto a mesma poderá consubstanciar uma violação do Princípio do Poluidor Pagador.

Mas mais do que a apreciação da compatibilidade de uma tal medida com o direito positivo[8], uma vez que está pendente a revisão do

[8] Esta apreciação foi realizada pela autora a propósito do auxílio de Estado notificado pela Suécia à Comissão Europeia (Auxílio de Estado n. C 46/2006 (ex N 347/2006)) nos comentários então submetidos a esta instituição.

quadro legislativo comunitário de referência, interessa-nos aqui analisar no essencial a racionalidade de uma tal intervenção. Pode ser discutida a (falta de) utilidade de uma dupla regulação do sector em causa através do Sistema Europeu de Comércio de Licenças de Emissão e de impostos sobre a energia. As críticas que é possível apontar a um tal cenário não justificam a via que agora se analisa, isto é, a da concessão de isenções fiscais às instalações sujeitas ao Plano Nacional de Atribuição de Licenças de Emissão relativamente ao consumo que estas façam de óleos minerais.[9]

A dupla regulação dos sectores energeticamente intensivos através de impostos sobre a energia e o Sistema Europeu de Comércio de Licenças de Emissão, que se observa desde Janeiro de 2005, parece criar obstáculos à implementação da Estratégia de Lisboa, que visa transformar a Europa num espaço competitivo à escala global sem por em causa a coesão social e a sustentabilidade ambiental. As abordagens nacionais nesta matéria devem, no entanto, ser preteridas em favor de uma solução aplicada a nível comunitário.

De acordo com o artigo 10.° da Directiva relativa ao Comércio Europeu de Licenças de Emissão[10], os Estados-Membros devem atribuir gratuitamente, pelo menos, 90 por cento das licenças de emissão para o período de cinco anos com início em 1 de Janeiro de 2008. Enquanto esta regra se mantiver, a coordenação a nível supranacional dos dois instrumentos poderá assumir a forma quer de uma isenção fiscal de tributação energética obrigatoriamente aplicável ao consumo de energia em instalações abrangidas pelo Sistema Europeu de Comércio de Licenças de Emissão quer de um imposto comunitário aplicado ao referido consumo que substitua os impostos nacionais.

Ambas as vias seriam aptas a satisfazer a necessidade de eliminar os custos de eficiência associados à dupla regulação. As exigências de natureza ambiental, por sua vez, seriam satisfeitas quer mediante um

---

[9] C Dias Soares, 'Energy tax treatment of undertakings covered by emissions trading', EC Tax Review 16.4, 2007: 184.

[10] Directiva 2003/87/CE do Parlamento Europeu e do Conselho, de 13 de Outubro de 2003. Esta directiva foi transposta para o direito nacional pelo Decreto-Lei n. 233/2004, de 14 de Dezembro, com as alterações introduzidas pelo Decreto-Lei n. 243-A/2005, de 31 de Dezembro.

imposto comunitário sobre o consumo de energia quer através de um mais rigoroso Sistema Europeu de Comércio de Licenças de Emissão, onde o leilão de direitos fosse a regra. Preocupações de natureza fiscal e as falhas do Sistema Europeu de Comércio de Licenças de Emissão no fornecimento ao mercado de um preço uniforme para as emissões de CO_2 podem, no entanto, favorecer a preferência por um imposto comunitário sobre o consumo de energia em detrimento da isenção fiscal.

3. A dupla regulação dos consumidores intensivos de energia

A Directiva relativa ao Comércio Europeu de Licenças de Emissão coloca um limite às emissões de dióxido de carbono geradas por determinadas instalações a operar na União Europeia.[11] O título de emissão de gases com efeito de estufa, pelo qual é permitida a emissão dos referidos gases a uma parte ou à totalidade de uma instalação, é emitido pela autoridade competente mediante prova de que o operador é capaz de monitorizar e comunicar as emissões (artigo 6.°). O operador tem a obrigação de devolver licenças de emissão equivalentes ao total das emissões da instalação verificadas, no prazo de quatro meses a contar do termo do ano em causa. Os Estados Membros devem assegurar que os operadores de instalações que não devolvam, até 30 de Abril de cada ano, licenças de emissão suficientes para cobrir as suas emissões no ano anterior sejam obrigados a pagar uma multa pelas emissões excedentárias (artigo 16.°).

A multa por emissões excedentárias será igual a 100 euros por cada tonelada de equivalente dióxido de carbono emitida pela instalação relativamente à qual o operador não tenha devolvido licenças. Este pagamento não dispensa o operador da obrigação de devolver uma quantidade de licenças de emissão equivalente às emissões excedentárias aquando da devolução das licenças de emissão relativas ao ano civil subsequente. Durante o período de três anos com início em 1 de Janeiro de 2005, os Estados-Membros devem aplicar uma multa por emissões

[11] Para maiores desenvolvimentos sobre este regime, entre nós, C COSTA PINA, '*Mercado de direitos de emissão de CO_2*', Estudos Jurídicos e Económicos em Homenagem ao Prof. Doutor António de Sousa Franco, Coimbra Editora, 2006.

excedentárias mais baixa, igual a 40 euros por cada tonelada de equivalente dióxido de carbono emitida. Também neste caso sem dispensa de devolução da quantidade de licenças de emissão equivalente às emissões excedentárias aquando da devolução das licenças de emissão relativas ao ano civil subsequente.

A Directiva que reestrutura o quadro comunitário de tributação dos produtos energéticos e da electricidade fixa níveis mínimos comunitários de tributação diferenciados em função da utilização dos produtos energéticos e da electricidade. Os Estados Membros são autorizados a introduzir ou manter diferentes tipos de impostos sobre os produtos energéticos e a electricidade, sendo-lhes permitido respeitar os níveis de tributação mínimos comunitários entrando em linha de conta com a totalidade dos impostos indirectos que tenham decidido cobrar (excluindo o IVA) (artigo 4.°/2). Qualquer redução dos níveis de tributação abaixo destes valores mínimos é autorizada apenas com estrito cumprimento das condições estabelecidas na Directiva e no Enquadramento comunitário dos auxílios de Estado a favor do ambiente.

O artigo 17.°, ns. 2 e 4, da Directiva autoriza os Estados Membros a aplicar um nível de tributação que pode descer até zero aos produtos energéticos ou à electricidade quando utilizados por empresas com utilização intensiva de energia, desde que as mesmas sejam partes em acordos, regimes de autorização negociáveis ou convénios equivalentes que permitam a realização dos objectivos ambientais ou uma melhor eficiência energética, grosso modo equivalentes ao que seria alcançado caso se tivessem respeitado as taxas mínimas comunitárias. Entendendo-se por 'empresa com utilização intensiva de energia', uma entidade empresarial cujos custos de aquisição de produtos energéticos e electricidade ascendam, no mínimo, a 3 por cento do valor da produção ou para a qual o imposto nacional a pagar sobre a energia ascenda, pelo menos, a 0,5 por cento do valor acrescentado. No âmbito desta definição, os Estados Membros podem, no entanto, aplicar critérios mais restritivos, incluindo o valor das vendas, o processo de fabrico e o sector industrial.

Com base nesta disposição legislativa, em 2006, os governos da Dinamarca e da Suécia notificaram a Comissão Europeia dos seus planos para isentar de imposto sobre o dióxido de carbono o consumo de produtos energéticos em instalações abrangidas pelo Sistema Europeu de Comércio de Licenças de Emissão. A Comissão entendeu, no entanto, que a compatibilidade dessas medidas com a legislação em vigor não era linear e abriu procedimentos formais contra os dois Estados Membros. Esta instituição afirmou o seu receio de que tal abordagem pudesse distorcer a concorrência no mercado único, ao aumentar a diferenciação da carga fiscal aplicada aos referidos produtos numa área em que a Directiva representou um importante esforço no sentido da harmonização com o intuito de reduzir a distorção observada. A Comissão questionou-se ainda se tal medida não constituiria uma violação do Princípio do Poluidor Pagador, uma vez que os operadores a quem a mesma se dirigia tinham recebido a maior parte (ou mesmo totalidade) das suas licenças de emissão de forma gratuita.

A Directiva relativa ao Comércio Europeu de Licenças de Emissão visa construir um mercado único da energia e reduzir o impacto ambiental negativo causado pela produção e consumo de energia. A Directiva que reestrutura o quadro comunitário de tributação dos produtos energéticos e da electricidade, por sua vez, não tem por objectivo introduzir um qualquer novo imposto comunitário, mas estabelecer um quadro normativo de referência que permita reestruturar e harmonizar os sistemas de tributação energética no contexto do mercado único europeu. Visando ainda alargar o âmbito do enquadramento comunitário além dos óleos minerais[12], de modo a abranger outras fontes de energia concorrentes, como o carvão, o lignite, o gás natural e a electricidade, reforçando os incentivos a um uso energético mais eficiente e menos poluente.[13]

A sobreposição parcial da lógica subjacente a estes dos instrumentos de regulação, isto é, impostos sobre o consumo de energia e o Sistema Europeu de Comércio de Licenças de Emissão, é acompanhada

---

[12] A Directiva 2003/96/CE revogou as Directivas 92/81/CEE e 92/82/CEE, ambas de 19 de Outubro de 1992, relativas respectivamente à harmonização das estruturas do imposto especial sobre o consumo de óleos minerais e à aproximação das taxas do imposto especial sobre o consumo de óleos minerais, circunscrevendo-se aos óleos minerais.

[13] Jos Delbeke (DG Ambiente, Comissão Europeia), intervenção na conferência sobre 'The challenge of implementing new regulatory initiatives: State of affairs and critical issues of EU Climate Change Policy', 18.09.2004, Faculdade de Direito da Universidade de Leuven (Bélgica); C Dias Soares, 'Critical issues in implementing energy taxation', in Marjan Peeters and Kurt Deketelaere (eds.), *EU Climate Change Policy*, Kluwer Law International, 2005: 256-275.

por uma também parcial sobreposição dos seus âmbitos de aplicação. A Directiva relativa ao Comércio Europeu de Licenças de Emissão aplica-se ao sector energético e à indústria consumidora intensiva de energia. A Directiva que reestrutura o quadro comunitário de tributação dos produtos energéticos e da electricidade impõe um nível mínimo de tributação ao consumo que esses mesmos sectores façam de determinados (e não de todos) produtos energéticos.

Assim sendo, verificam-se alguns espaços de dupla regulação. No sector da energia, os factores produtivos utilizados na geração de calor (mas não a produção de calor em si mesma, a qual não está abrangida pela Directiva 2003/96/CE – artigo 2.°/4) têm que ser tributados pelos Estados Membros com respeito pelos níveis mínimos fixados pela Directiva. Na indústria, as utilizações de produtos energéticos e de electricidade como carburantes ou combustíveis de aquecimento, mas já não a utilização como matéria-prima ou a dupla utilização (artigo 2.°/4), devem ser sujeitas a tributação nacional também com respeito pelos níveis mínimos fixados na Directiva. A Directiva não abrange a utilização de electricidade principalmente para fins de redução química e em processos electrolíticos e metalúrgicos.

No sector da energia, os Estados-Membros devem isentar os produtos energéticos e electricidade utilizados para produzir electricidade e a electricidade utilizada para manter a capacidade de produzir electricidade (artigo 14.°/1, alínea a). No entanto, por razões de política ambiental, podem sujeitar estes produtos a imposto, sem que tenham de respeitar os níveis mínimos de tributação estabelecidos na Directiva. Nesse caso, a tributação destes produtos não será tomada em consideração para efeitos da observância do nível mínimo de tributação aplicável à electricidade. Os produtos energéticos e a electricidade utilizados para a co-geração de calor e electricidade podem também beneficiar de isenções ou reduções de tributação energética (artigo 15.°/1, alínea c). O mesmo se diga relativamente à electricidade produzida em centrais de co-geração de calor e electricidade, desde que essas centrais sejam respeitadoras do ambiente.

4. A racionalidade de cumular impostos sobre a energia com licenças de emissão

Um sistema de licenças de emissão que fixe um limite máximo à quantidade de poluição gerada (*trade-and-cap system*) não carece da aplicação cumulativa de outros instrumentos para aumentar o nível de qualidade ambiental atingido. Por outro lado, o surgimento de custos de eficiência é provável quando em sectores abrangidos pelo comércio de licenças de emissão sejam utilizados instrumentos fiscais para lidar com problemas de falhas de mercado, de obtenção de receita, de equidade, de segurança de abastecimento, bem como com outras questões de natureza ambiental que não se limitem ao controlo das emissões de dióxido de carbono.

Impostos sobre energia podem ser aplicados em conjugação com um sistema de licenças de emissão com o objectivo de captar *windfall rents* advenientes da atribuição gratuita inicial de tais direitos ou de reduzir a incerteza associada aos custos de cumprimento. Estas duas funções não se excluem mutuamente. Contudo, impostos cobrados sobre o consumo de energia, na medida deste consumo, tal como é exigido pela Directiva que reestrutura o quadro comunitário de tributação dos produtos energéticos e da electricidade, não são aptos a satisfazer qualquer uma das duas finalidades referidas.

O efeito perverso associado à dupla regulação

Existirá uma dupla regulação na medida em que a tributação energética e o Sistema Europeu de Comércio de Licenças de Emissão prossigam o mesmo objectivo, isto é, a redução das emissões de dióxido de carbono ao mínimo custo. O método de atribuição das licenças e o grau de exigência observado no plano nacional de atribuição de licenças explicam porque é que o duplo estímulo fornecido através da dupla regulação não consubstancia necessariamente um duplo custo para a indústria. Só existirá tal duplo custo quando as mesmas emissões sejam atingidas pelo imposto sobre a energia e por licenças de emissão não atribuídas gratuitamente. De qualquer modo, quando o imposto sobre a energia se aplica a operadores abrangidos pelo Sistema Europeu de

Comércio de Licenças de Emissão existirá dupla regulação, a qual prejudica o funcionamento deste último.

Impostos sobre a energia são insusceptíveis de elevar o nível de cumprimento ambiental na presença de um sistema de licenças de emissão que coloca um tecto máximo às emissões autorizadas a cada operador (*trade-and-cap system*). A sobreposição regulatória não influenciará o nível de emissões de dióxido de carbono (e/ou de qualquer outra substância abrangida por um tal sistema) gerado pelas fontes poluentes reguladas, porque na ausência de restrições ao comércio de licenças qualquer redução de emissões induzida pela aplicação de impostos provocará um aumento da oferta de licenças no mercado. O efeito será então limitado ao comércio de licenças e ao fornecimento de um subsídio aos compradores líquidos de licenças, com o consequente aumento dos custos de cumprimento. Porquanto, para uma dada redução de emissões ser conseguida ao mínimo custo, todos os operadores têm que suportar o mesmo custo por unidade emitida.

Um imposto nacional sobre produtos energéticos (ou sobre as emissões de dióxido de carbono) aplicado aos operadores abrangidos pelo Sistema Europeu de Comércio de Licenças de Emissão não pode ser eficaz em termos ambientais, porquanto os níveis de emissões são fixados pelo plano nacional de atribuição de licenças. Os efeitos de uma tal tributação serão restritos ao mercado nacional (emissões domésticas) e, consequentemente, ao comércio de licenças por esses sectores. O que pode levantar uma outra questão.

Quando a Comissão Europeia aprova um plano nacional de atribuição de licenças, autoriza um determinado nível de emissões ao Estado Membro em causa. Na eventualidade de ser exigido a esse Estado Membro que mantenha em aplicação, nos sectores abrangidos pelo plano, um imposto nacional sobre produtos energéticos (ou sobre as emissões de dióxido de carbono) tal representará a imposição de facto de um nível mais reduzido de emissões a esse mesmo Estado. Contudo, será de entender que a Comissão perdeu a faculdade de proceder a essa ulterior fixação quando aceitou os níveis de emissão decorrentes da aplicação do plano nacional de atribuição de licenças através da aprovação do mesmo.

A aplicação cumulativa de um imposto nacional sobre produtos energéticos (ou sobre as emissões de dióxido de carbono) e do Sistema

Europeu de Comércio de Licenças de Emissão não influenciará o montante total de emissões geradas pelos operadores abrangidos pelo Sistema no seu conjunto. Porquanto, o nível total de emissões é determinado pela quantidade de licenças atribuídas e qualquer excedente de licenças será transaccionado no mercado, conduzindo a um aumento equivalente das emissões noutra qualquer parte do Sistema.

Apesar de o montante total de emissões não ser influenciável pela aplicação cumulativa de instrumentos fiscais, esta aplicação cumulativa é relevante na medida em que afecta o custo marginal de redução das emissões, aumentando os custos totais de atingir um determinado objectivo ambiental. Tal conduzirá a que a redução de emissões seja obtida de modo ineficiente no interior do Sistema Europeu e, consequentemente, a que os objectivos de política ambiental fixados pela União Europeia se tornem mais custosos. As emissões irão ser reduzidas a um custo que excede o valor de mercado dessa redução.

Este modo ineficiente de alocar os recursos disponíveis resulta em perdas de bem-estar, isto é, custos para a sociedade. No longo prazo, as distorções vão afectar o investimento e, desse modo, também a localização de futuras capacidades de produção dos sectores abrangidos pelo Sistema Europeu de Comércio de Licenças de Emissão. Um resultado provável deste processo será a deterioração da competitividade das empresas europeias no mercado mundial.

Enquanto subsistir a elevada disparidade observada entre os impostos sobre a energia em vigor nos Estados Membros, a eficiência do Sistema Europeu de Comércio de Licenças de Emissão estará em risco.[14] Tributar o consumo energético realizado pelos sectores abrangidos por esse sistema através de tais impostos contribuirá para que o custo associado à emissão de dióxido de carbono incorrido pelos operadores nos vários Estados Membros continue a ser diferenciado. Todavia, isenções de tributação energética conferidas aos operadores em causa que sejam decididas e atribuídas a nível nacional também não são aptas a garantir a necessária uniformidade de preço. A solução de primeiro óptimo passa pela definição de regras gerais aplicáveis a nível comunitário.

---

[14] Paul J. J. Veenendaal, *The EU-ETS and existing energy taxes*, Project Tax/benefit systems and growth potential of the EU (TAXBEN), 2006.

A relevância do método de atribuição de licenças para a utilização de instrumentos fiscais

O método de atribuição inicial de licenças de emissão não afecta o resultado ambiental obtido mas afecta a concorrência no mercado comum. Além disso, a atribuição gratuita apenas permite o respeito parcial pelo Princípio do Poluidor Pagador. Porquanto, ainda que seja fornecido um incentivo à alteração de comportamentos desde que exista um custo de oportunidade positivo associado à utilização da licença, no caso de atribuição gratuita a sociedade não será compensada pelos danos causados pela poluição. Com base neste argumento, a atribuição gratuita pode ser criticada por fornecer um sinal de preço errado aos poluidores ao mesmo tempo que lhes permite a obtenção de *windfall rents* equivalentes ao valor das licenças atribuídas.

Para recuperar parte destas *windfall rents* pode ser aplicado um imposto em conjugação com o Sistema Europeu de Comércio de Licenças de Emissão. Tal imposto deve ser aplicado como um complemento ao sistema de licenças e a qualquer penalização por não cumprimento, e não como um substituto destes, como acontece nos casos em que o imposto serve para fixar um limite ao preço das licenças. Quando o imposto visa capturar *windfall rents*, o montante pago não deve ser proporcional às emissões geradas ou à energia consumida mas ao preço de mercado das licenças, evoluindo com o preço destas no mercado. Um imposto de obrigação fixa poderá evitar a distorção das opções dos operadores em termos de comportamento marginal.

A aplicação de impostos sobre a energia em conjugação com o Sistema Europeu de Comércio de Licenças de Emissão pode ser útil em presença de danos ambientais não lineares e de incerteza quanto aos custos de eliminação.[15] Para lidar com potenciais perdas de bem-estar advenientes de uma errada previsão (por excesso ou por defeito), por parte do regulador, no que respeita à evolução dos custos marginais de eliminação das emissões, pode ser recomendável a utilização de uma política híbrida (ou 'válvula de escape').

---

[15] OCDE, *The benefits and costs of using tradable permits*, OCDE, 2002: 15-17.

O aumento da certeza relativamente aos custos pode ser conseguido no âmbito de um sistema de comércio de licenças de emissão por duas vias, ou mantendo um fundo de reserva de licenças disponível para uso na eventualidade de um aumento do preço de mercado das mesmas ou fixando um preço máximo para as emissões. Na hipótese de ser criado um fundo de reserva, a atribuição inicial deve ser rigorosa e atender à necessidade de atingir um específico objectivo ambiental. A viabilidade económica e aceitação política serão depois prosseguidas através da redução da incerteza quanto ao preço das emissões. A autoridade gestora do sistema procederá à venda de licenças caso o preço das mesmas no mercado atinja níveis inaceitavelmente elevados. Caso em que os objectivos ambientais serão relaxados devido aos excessivos custos de eliminação registados.

A via alternativa, traduzida na fixação de um preço máximo para as emissões, pode ser atingida através de um imposto que é pago em alternativa à aquisição de licenças, permitindo-se aos operadores adoptar comportamentos estratégicos legítimos, os quais podem alternar entre a devolução de licenças de emissão equivalentes ao total das emissões da instalação verificadas e o pagamento do imposto pelas emissões não cobertas por licenças.

No Sistema Europeu de Comércio de Licenças de Emissão, a certeza relativamente ao preço das licenças não é obtida através de uma reserva de licenças mas da fixação de um preço máximo (*price cap*). Na proposta inicial de directiva, a Comissão sugeriu um *price cap* de 50 EUR/ton na primeira fase (2005-2007) e de 100 EUR/ton na segunda fase (2008-2012), sendo este *price cap* fixado através da imposição de uma penalização financeira aos operadores que, no final do período de referência, não submetessem à autoridade competente um número suficiente de licenças para cobrir as emissões registadas. Foi ainda proposto que a penalização por cada tonelada em excesso fosse equivalente ao dobro do preço médio vigente no mercado na eventualidade de este valor ser superior aos montantes fixos anteriormente referidos.[16]

No entanto, esta última cláusula acabou por não ficar prevista na directiva com base no argumento de que era necessário facilitar a apli-

[16] COM(2001) 581 final, 2001/0245 COD.

cação prática do diploma legislativo e criar maior certeza relativamente ao valor da penalização, o qual acabou por ser fixado em 100 EUR/ton (artigo 16.°/3 da Directiva 2003/87/EC).[17] Com a remoção desta cláusula do texto final da directiva, a penalização transformou-se num *price cap*. Todavia, a incerteza quanto ao preço mantém-se, uma vez que os operadores não têm apenas de pagar o montante em causa. O pagamento da multa por emissões excedentárias não dispensa o operador da obrigação de devolver uma quantidade de licenças de emissão equivalente às emissões excedentárias aquando da devolução das licenças de emissão relativas ao ano civil subsequente.

Apesar da incerteza verificada, a aplicação cumulativa de impostos sobre a energia e o Sistema Europeu de Comércio de Licenças de Emissão não pode ser justificada com base no argumento de que tal sobreposição reduz a incerteza relativamente ao preço. Mesmo que os impostos sobre a energia sejam cobrados apenas no que respeita às emissões não cobertas por licenças, o que não é o caso à luz da Directiva que reestrutura o quadro comunitário de tributação dos produtos energéticos e da electricidade, esse pagamento não será um correcto indicador do preço máximo das licenças a não ser que seja eliminada a exigência de submissão de licenças equivalente às emissões excedentárias prevista no n. 3 do artigo 16.° da Directiva 2003/87/EC. Porquanto, a limitação do preço apenas funciona quando o seu uso seja explicito e o seu valor seja conhecido *ex ante*. As penalizações em montante incerto, como aquela que está prevista na Directiva 2003/87/EC, têm o efeito de introduzir incerteza no mercado. O que é exactamente o oposto do que pode motivar a cumulação de um imposto com um sistema quantitativo como é o comércio de emissões.

Problemas associados à concessão de isenções fiscais a nível nacional

A Directiva que reestrutura o quadro comunitário de tributação dos produtos energéticos e da electricidade concede aos Estados Membros

[17] COM(2002) 680 final, 2001/0245 COD.

uma grande liberdade para excluir o sector energético de tributação energética. Os parágrafos primeiro, segundo e quinto da alínea b), do n. 4 do artigo 2.° da Directiva 2003/96/CE, excluem do âmbito de aplicação da directiva os produtos energéticos e de electricidade não utilizados como carburantes ou combustíveis de aquecimento ou simultaneamente utilizados para esses fins e para outros (dupla utilização), como a redução química e em processos electrolíticos e metalúrgicos e o uso como matérias-primas. Assim sendo, quando a isenção ou redução de tributação energética dos produtos energéticos ou electricidade utilizados em instalações abrangidas pelo Sistema Europeu de Comércio de Licenças de Emissão disser respeito a tais utilizações, a mesma será um desvio ao regime regra de tributação considerado justificado pela natureza ou lógica do sistema fiscal, não sendo classificável como auxílio de Estado nos termos do artigo 87.°/1 do Tratado CE.[18] Caberá aos Estados Membros decidir sobre a tributação desses usos.

O regime previsto na Directiva que reestrutura o quadro comunitário de tributação dos produtos energéticos e da electricidade não prejudica a aplicação de quaisquer auxílios de Estado que venham a ser considerados compatíveis com os artigos 87.° e 88.° do Tratado. E a Comissão comprometeu-se politicamente a desenvolver todos os esforços para assegurar que as medidas adoptadas de acordo com a Directiva viessem a ser consideradas compatíveis com o regime comunitário dos auxílios de Estado.[19] Tendo vindo a aceitar diversos planos notificados por Estados Membros dirigidos à redução de impostos sobre a energia consumida nos sectores em causa.[20] No entanto, as propostas realizadas por alguns Estados Membros no sentido de se admitir uma

---

[18] Veja-se, por exemplo, a decisão da Comissão Europeia no caso do Auxílio de Estado N 497/2003 (Suécia), JOCE n. C 95, 20.04.2004.

[19] Docs. 14200/02 – FISC 286, 13.11.2002, 13253/03 – FISC 139, 07.10.2003, and 14140/03 ADD 1, 24.11.2003.

[20] Por exemplo, Auxílio de Estado N 253/2004 (Suécia), JOCE n. C 136, 04.06.2005, Auxílio de Estado N 506/2003 (Holanda), JOCE n. C 028, 31.01.2004. C Dias Soares, 'Coordinating energy taxes with the EU emission trading system', Chalifour *et alter* (eds.), *Critical Issues in Environmental Taxation V*, Oxford University Press, (em impressão).

compatibilidade automática (ainda que a título temporário) nunca foram aprovadas.[21]

A abordagem do problema da dupla regulação ao nível dos Estados Membros continuará a ser possível ao longo do segundo período de funcionamento do Sistema Europeu de Comércio de Licenças de Emissão. Período em que essa intervenção pode ser mais necessária devido ao aumento de rigor dos planos nacionais de atribuição de licenças. Contudo, a exclusão temporária do regime comunitário de determinadas instalações, a requerimento dos Estados-Membros à Comissão, só foi prevista até 31 de Dezembro de 2007, de acordo com o artigo 27.°/1 da Directiva 2003/87/CE. Essa capacidade de intervenção a nível nacional pode vir a ser ainda mais restringida dependendo da posição adoptada pela Comissão relativamente a planos de isenção de tributação energética de sectores abrangidos pelo Sistema Europeu de Comércio de Licenças de Emissão que foram ou venham a ser notificados por Estados Membros.

À mencionada restrição da capacidade de manobra dos Estados Membros e ao risco de incerteza jurídica associado à abertura de processos formais contra os mesmos por parte da Comissão juntam-se outros argumentos a favor de uma abordagem a nível comunitário do problema da dupla regulação. Entre esses argumentos estão a imprescindibilidade de uma intervenção a nível comunitário para que o funcionamento do Sistema Europeu de Comércio de Licenças de Emissão não seja distorcido. Uma tal intervenção pode passar pela alteração da Directiva que reestrutura o quadro comunitário de tributação dos produtos energéticos e da electricidade no sentido de esta passar a prever a isenção obrigatória de tributação relativamente ao consumo energético nos sectores abrangidos pelo Sistema Europeu de Comércio de Licenças de Emissão ou pela criação de um imposto comunitário que grave tal consumo e substitua os actuais impostos nacionais nos sectores em causa.

Uma intervenção a nível nacional é desaconselhável pela própria lógica do problema. Porquanto, a mesma não garante a uniformidade do preço das emissões, a qual é necessária para o funcionamento eficiente do Sistema Europeu de Comércio de Licenças de Emissão. Como já

[21] Doc. 13882/02 – FISC 281, 07.11.2002; Doc. 14036/02 – FISC 284, 11.11.2002.

se referiu, esta eficiência não pode justificar a justaposição regulatória. Porquanto, na presença do referido Sistema, a eficácia de outros instrumentos dirigidos à redução do mesmo tipo de emissões tende para zero. O resultado ambiental é determinado antes pela atribuição inicial de licenças e pelo rigor observado na monitorização e controlo dos planos nacionais de atribuição de licenças.[22] Impostos nacionais sobre emissões (de que os impostos nacionais sobre a energia e o dióxido de carbono actualmente em vigor nos Estados Membros são uma aproximação) aplicados no âmbito do Sistema Europeu de Comércio de Licenças de Emissão são ambientalmente ineficazes e representam subsídios aos operadores que carecem de adquirir mais licenças do que aquelas que lhes foram inicialmente atribuídas.

Isenção fiscal obrigatória versus *imposto comunitário sobre a energia*

Uma abordagem a nível comunitário pode traduzir-se numa isenção fiscal obrigatória em sede de tributação energética para o consumo realizado pelos operadores abrangidos pelo Sistema Europeu de Comércio de Licenças de Emissão. Esta via seria aceitável se se garantisse uma rigorosa atribuição inicial de licenças (eliminando-se os problemas de *hot air*) realizada segundo metodologias harmonizadas no âmbito da União Europeia, evitando-se desse modo a distorção do mercado. Alternativamente, poderia ser criado um imposto comunitário sobre o consumo de energia realizado pelos referidos operadores, o qual deveria substituir os impostos que são actualmente cobrados a nível nacional (ou infra-nacional) sobre a mesma base tributável.

Estas não têm, no entanto, que ser vias alternativas. Porquanto, caso exista no espaço da União Europeia uma completa harmonização dos elementos essenciais do imposto sobre a energia consumida nas instalações abrangidas pelo Sistema Europeu de Comércio de Licenças de Emissão e a base de tributação desse imposto coincida com o âmbito de aplicação deste Sistema, a dupla regulação não causará distorções no funciona-

---

[22] Comissão Europeia, Green Paper on greenhouse gas emissions trading within the European Union. COM (2000) 87 final, 08.03.2000.

mento do mesmo. O efeito será apenas uma redução do preço das emissões devido à menor procura e/ou maior oferta de licenças. As distorções observadas actualmente têm origem, por um lado, no facto de, no espaço comunitário, apenas parte dos produtos energéticos cujo consumo gera emissões de dióxido de carbono estar obrigatoriamente sujeita a tributação, nos termos da Directiva 2003/96/CE, e, por outro lado, no facto de subsistirem no espaço de aplicação do Sistema Europeu de Comércio de Licenças de Emissão diversas cargas fiscais sobre os consumos energéticos realizados pelos operadores abrangidos por esse Sistema.

Isentar de tributação energética todas as instalações abrangidas pelo Sistema Europeu de Comércio de Licenças de Emissão, nos moldes em que o mesmo está hoje concebido, não parece defensável. Isentar sujeitos que receberam as suas licenças de emissão gratuitamente, por vezes no âmbito de planos nacionais de atribuição particularmente generosos, constituirá uma violação do Princípio do Poluidor Pagador. E isentar de tributação energética aqueles sujeitos que têm que comprar no mercado licenças adicionais para cobrir a sua poluição extra contraria a lógica ambiental. Este desagravamento pode representar um benefício atribuído àqueles que não fizeram qualquer investimento ou esforço na redução dos seus níveis de emissões.

Tendo em atenção os objectivos concretos prosseguidos pela tributação energética, será razoável propor quer um imposto comunitário sobre a energia quer uma isenção fiscal obrigatória, aplicável a nível da União Europeia, para os consumos realizados nos sectores abrangidos pelo Sistema Europeu de Comércio de Licenças de Emissão. Os referidos objectivos, entre os quais se contam a eficiência energética, o controlo da emissão de substâncias poluentes e a criação de um *level playing field* para as renováveis, podem ser realizados através de uma atribuição inicial rigorosa de licenças de emissão. Uma isenção fiscal obrigatória aplicável em todo o espaço da União Europeia seria apta a satisfazer preocupações com a harmonização no mercado comum. Enquanto eventuais necessidades de receita pública poderiam obter resposta através da venda de licenças de emissão. O que, no entanto, exigiria a alteração do artigo 10.° da Directiva 2003/87/CE, onde se estabelece a obrigatoriedade de os Estados-Membros atribuírem gratuitamente pelo menos 90 por cento das licenças de emissão para o período de cinco anos com início em 1 de Janeiro de 2008.

Preocupações de cariz fiscal, por um lado, e a incapacidade demonstrada pelo Sistema Europeu de Comércio de Licenças de Emissão, tal como está actualmente concebido, para garantir um preço uniforme para as emissões abrangidas e para realizar os objectivos ambientais definidos a nível da União Europeia, por outro, podem favorecer a opção por um imposto comunitário sobre o consumo energético.

Considerações finais

As propostas da Comissão Europeia sobre energia e alterações climáticas constituem um elemento essencial da Agenda de Lisboa para o crescimento e o emprego. Urge coordenar as acções no âmbito da Estratégia de Lisboa e do Programa Europeu para as Alterações Climáticas. A Estratégia de Lisboa, adoptada em 2000, estabeleceu o objectivo de "tornar a UE no espaço económico mais dinâmico e competitivo do mundo baseado no conhecimento e capaz de garantir um crescimento económico sustentável, com mais e melhores empregos e com maior coesão social". A política energética foi definida em 2006 pelo Conselho Europeu como uma das quatro prioridades da Estratégia de Lisboa. O ponto 11 das orientações integradas para o crescimento e o emprego para o triénio em curso também recomenda que os Estados-Membros aproveitem o potencial das energias renováveis e da eficiência energética para o crescimento, o emprego e a competitividade.

Tal como se refere no Parecer do Comité Económico e Social Europeu sobre Alterações Climáticas e a Estratégia de Lisboa, a União Europeia tem de maximizar a eficiência e usar sinergias existentes sempre que possível.[23]

> *As alterações climáticas podem agravar as actuais distorções e fossos sociais, quer na UE quer noutras regiões. A mudança do clima põe à prova a nossa capacidade de solidariedade. O objectivo deve ser gerir a adaptação e atenuar as consequências sem aumentar o desemprego ou*

---

[23] Parecer do Comité Económico e Social Europeu sobre 'Alterações climáticas e a Estratégia de Lisboa' (2008/C 44/18), JOCE n. C 44 de 16 de Fevereiro de 2008, pp. 69-73.

as distorções sociais. O combate não pode levar ao aumento do número de cidadãos que vivem na pobreza. O CESE salienta a importância de uma Estratégia de Lisboa contínua que combine competitividade, coesão social e acção contra as alterações climáticas. (...) As repercussões para o emprego das políticas de combate às alterações climáticas serão um dos temas cruciais. O objectivo deve ser gerir a adaptação e a atenuação das consequências sem aumentar o desemprego.

Está prevista a revisão da estratégia de Lisboa pelo Conselho Europeu de Março de 2008, devendo o novo período de programação durar até 2011. Esta revisão constituirá uma oportunidade para realçar as sinergias. Entre as medidas que parecem desejáveis está a melhor coordenação dos instrumentos utilizados no âmbito das políticas comunitárias. A articulação operada entre a tributação energética e o Sistema Europeu de Comércio de Licenças de Emissão oferece um exemplo de como o actual enquadramento legislativo, quer a nível comunitário quer de alguns Estados Membros, entre os quais se conta Portugal, é passível de críticas.

Existe espaço para melhorar a articulação entre a política fiscal e a política ambiental com ganhos potenciais em sede de ambas. Os sectores energeticamente intensivos, que se contam entre os mais directamente afectados pela estratégia europeia de combate às emissões poluentes, devem ser regulados de modo a não se colocar em causa a competitividade da indústria europeia. É importante fornecer-lhes o enquadramento necessário para realizarem a transição para o novo paradigma de desenvolvimento caracterizado pela menor intensidade energética e redução das emissões de carbono e outras substâncias com efeito de estufa.

A dupla regulação actualmente existente sobre estes sectores, traduzida na aplicação cumulativa de impostos sobre o consumo de energia e o Sistema Europeu de Comércio de Licenças de Emissão é irracional pelos custos de eficiência que lhe estão associados. Porquanto, tal dupla regulação não potencia nenhum ganho ambiental extra e tem associado o risco de perda de competitividade pela economia europeia. No entanto, a concessão de isenções fiscais em sede de impostos sobre a energia aos operadores abrangidos pelo Sistema Europeu de Comércio de Licenças de Emissão, atendendo ao enquadramento legislativo em vigor, não nos parece defensável. Tal medida contraria o regime comunitário dos auxílios de Estado aprovado em 2001 e viola o Princípio do Poluidor Pagador.

De lege ferenda será de adoptar uma abordagem única a nível comunitário, a qual deve passar, por um lado, pelo fim da atribuição gratuita de licenças de emissão, como já se discute que venha a acontecer relativamente a alguns sectores para o período posterior a 2012, e o apuramento das regras de aplicação do Sistema Europeu de Comércio de Licenças de Emissão, de modo a garantir que o preço de emissão é uniforme em todo o Sistema e, por outro lado, pela isenção obrigatória de tributação energética para os sectores abrangidos por esse mesmo Sistema.[24]

Enquanto essa atribuição continuar a ser maioritariamente gratuita, a isenção de tributação energética dos sectores em causa decidida a nível dos Estados Membros, além de implicar uma perda de receitas públicas, não é apta a melhorar os resultados obtidos, quer em termos ambientais quer de competitividade. Neste cenário, preocupações de natureza fiscal e as falhas do Sistema Europeu de Comércio de Licenças de Emissão no fornecimento ao mercado de um preço uniforme para as emissões de dióxido de carbono podem favorecer a preferência por um imposto comunitário sobre o consumo de energia em detrimento da isenção fiscal.

Quer um imposto comunitário sobre o consumo de energia em instalações abrangidas pelo Sistema Europeu de Comércio de Licenças de Emissão que substituísse os impostos nacionais sobre a energia actualmente em vigor quer a isenção fiscal obrigatória de tal consumo seriam aptos a satisfazer os objectivos ambientais caso fossem superadas as falhas deste Sistema, entre as quais se contam os problemas de *hot air* e de atribuição gratuita das licenças. Em qualquer caso, a certeza jurídica e a lógica de funcionamento do Sistema Europeu de Comércio de Licenças de Emissão requerem que a eliminação da dupla regulação se faça através de uma abordagem a nível comunitário, e não a nível nacional.

---

[24] As diferentes possibilidades que se oferecem para melhorar a articulação da tributação energética com o funcionamento do Sistema Europeu de Comércio de Licenças de Emissão são analisadas em C Dias Soares, *Shaping the EU climate change policy for energy-intensive sectors considering the Lisbon Strategy*, RevCEDOUA (para publicação).

António Beja Neves

Afonso Arnaldo

O sector imobiliário e o IVA
Perspectivas de uma relação conturbada

António Beja Neves

Partner da Deloitte responsável pela Divisão de IVA e outros impostos indirectos em Portugal, a qual é parte integrante da Divisão de Consultoria Fiscal. É licenciado em Organização e Gestão de Empresas pelo Instituto Superior de Economia. Tem uma larga experiência profissional de 27 anos, destacando-se a consultoria fiscal, em particular o IVA, e a auditoria. Publicou diversos artigos em jornais e revistas especializadas em fiscalidade. É Revisor Oficial de Contas

Afonso Arnaldo

Partner da Deloitte da Divisão de IVA e outros impostos indirectos em Portugal, integrada na Divisão de Consultoria Fiscal. É licenciado em Direito pela Faculdade de Direito da Universidade Católica Portuguesa. Tem 11 anos de experiência na prestação de serviços profissionais na área da tributação indirecta. Publicou diversos artigos em jornais e revistas especializadas em fiscalidade e participou ainda na coordenação do estudo "IVA: 21%, 21 Anos, 21 Temas", editado em 2007

RESUMO

Os agentes económicos que desenvolvem operações com bens imóveis têm de ter em consideração o IVA. Essa é uma realidade que se acentuou após a aprovação do novo regime de imposto aplicável ao sector imobiliário, em 2007. Este artigo pretende apresentar a evolução do imposto desde 1986 e as principais questões que actualmente se colocam, tendo presente a experiência de outros Estados-membros da UE.

Palavras-chave:
IVA
Sector Imobiliário

ABSTRACT

Entities dealing with real estate should bear in mind the respective VAT implications. Following the recent legislative changes in the VAT area, which took place in 2007, those implications can even be more relevant. This article intends to present the changes occurred since 1986 and the main issues currently at stake, considering as well the experience of other EU member States.

Keywords:
VAT
Real estate

1. Introdução

O Imposto sobre o Valor Acrescentado ("IVA") constitui um dos principais factores a ter em consideração pelos agentes económicos que realizam operações que envolvem imóveis, em particular por aqueles que fazem do sector imobiliário o seu ramo principal de actividade.

De facto, a aplicabilidade de isenções de imposto às operações de venda ou de arrendamento de imóveis origina a realização de *outputs* não tributados por parte dos sujeitos passivos, o que impede a recuperação do IVA incorrido nos *inputs*, nas suas aquisições (*v.g.*, na compra do próprio edifício, nos materiais de construção ou em custos acessórios de diversa natureza).

Deste modo, pensando especificamente num cenário de construção de edifícios, atendendo ao facto de o IVA onerar a grande maioria dos recursos necessários à concretização de tais trabalhos, duas soluções poderão ser implementadas pelas entidades que pretendem vender ou arrendar os imóveis em questão:

- Considerar o IVA não recuperável como um custo adicional no modelo do seu negócio;
- Optar pela tributação das suas operações activas (venda ou arrendamento de imóveis), conforme se encontra previsto na legislação comunitária aplicável a esta matéria [1], a qual foi transporta para o Código do IVA português.

A opção pela tributação, que se consubstancia numa *renúncia* à isenção de imposto consagrada nos números 30 e 31 do artigo 9.º do Código do IVA, constitui assim uma forma de permitir o cumprimento de um princípio basilar em que assenta este imposto, o da neutralidade tributária, no âmbito do desenvolvimento de operações imobiliárias.

De facto, sendo possível liquidar IVA nos *outputs* que serão desenvolvidos (em concreto, no preço de transmissão do imóvel ou nas rendas a pagar pelos locatários), torna-se possível recuperar o imposto suportado nos diversos recursos necessários à prática dessas operações.

---

[1] Actualmente o artigo 137.º da Directiva n.º 2006/112/CE, de 28 de Novembro de 2006, a qual reformulou a Directiva n.º 77/388/CE, de 17 de Maio de 1977.

Assim, a renúncia à isenção de imposto contribuirá, na maioria dos casos[2], para a neutralidade das operações, na medida em que os agentes económicos, sujeitos passivos do imposto, não ficam com o ónus de suportar o custo inerente ao IVA ou, mais plausivelmente, repercutirem esse custo potencial como *IVA oculto* a incorporar no preço. Os princípios em que assenta o imposto exigem, de facto, que apenas os consumidores finais sejam, por regra, onerados com a carga tributária. Por via da opção pela tributação das operações imobiliárias garante-se esse objectivo.

Encontram-se assim brevemente enunciados os termos da matéria que será objecto de análise no presente artigo - a busca do ponto de equilíbrio entre os benefícios das isenções e os prejuízos provocados pelas mesmas, tendo obviamente em atenção eventuais situações abusivas.

Importa esclarecer que o artigo 12.º do Código do IVA, nos seus números 4 a 6, ainda que autorizando a opção pela tributação, oferece detalhe insuficiente para poder cabalmente tratar as inúmeras situações que a realidade das transacções económicas oferece quotidianamente.

Por esse motivo, tornou-se necessário fazer aprovar logo em 1986, ano da introdução do imposto em Portugal, um regime especial estabelecendo as formalidades e os condicionalismos a observar pelos sujeitos passivos que decidiam optar pela tributação das operações imobiliárias. Em vigor durante cerca de vinte anos, o Decreto-Lei n.º 241/86, de 20 de Agosto, constituiu a principal referência nesta matéria, tendo sido adaptado ao longo do seu período de vigência para dar resposta a novas necessidades (ainda que por vezes sem grande acerto ou respeito por elementares princípios comunitários que regem este imposto).

Recentemente, foi aprovado o Decreto-Lei n.º 21/2007, de 29 de Janeiro, que estabeleceu um novo regime de renúncia à isenção de IVA nas operações relativas a bens imóveis (revogando o anterior regime, para além de alterar o Código do IVA em diversos aspectos), no sentido de se introduzir na legislação deste imposto "um conjunto de medidas destinado a combater algumas situações de fraude, evasão e abuso que se vêm verificando na realização das operações imobiliárias sujeitas a tributação, seguindo, nesta matéria, a experiência anteriormente adquirida e as melhores práticas adoptadas em outros Estados-membros da União Europeia".

[2] Ainda que possam existir determinadas operações imobiliárias em que a renúncia à isenção de IVA não seja eficiente.

O propósito deste artigo é simples: descrever brevemente as soluções consagradas pelo Decreto-Lei n.º 241/86, de 20 de Agosto, criticáveis já em boa medida atendendo às restrições impostas ao direito à dedução, e apresentar com algum detalhe as novas normas estabelecidas pelo Decreto-Lei n.º 21/2007, de 29 de Janeiro, assinalando as profundas distorções que este novo regime veio estabelecer (através do agravamento das restrições ao direito à dedução e da criação de dificuldades à própria opção pela tributação).

Aliás, a pretexto de introduzir as soluções que uma perspectiva comparativa poderia revelar como sendo mais adequadas, tal como é mencionado no preâmbulo deste último diploma, contrariaram-se diversas disposições comunitárias tal como são interpretadas pelo Tribunal de Justiça das Comunidades Europeias ("TJCE"), criaram-se soluções incongruentes, tecnicamente desajustadas e prejudiciais ao normal desenvolvimento das actividades económicas levadas a cabo neste sector. Por isso importa também esclarecer o que nos dizem o TJCE e as melhores práticas comunitárias.

2. Considerações genéricas

a) A Directiva n.º 2006/112/CE e os termos da sua transposição

A Directiva n.º 2006/112/CE, de 28 de Novembro, introduziu importantes alterações na estruturação da antiga Sexta Directiva do IVA (Directiva n.º 77/388/CEE, de 17 de Maio).

Contudo, os principais aspectos constantes da anterior Directiva em matéria de regras relativas ao sector imobiliário não foram alterados.

Assim, segundo o artigo 135.º da nova Directiva, os Estados-membros devem isentar de IVA o seguinte:

- As entregas de edifícios ou de partes de edifícios e do terreno da sua implantação, que não sejam as referidas na alínea a) do número 1 do artigo 12.º [3];

[3] O artigo 12.º da Directiva estabelece que os Estados-membros podem considerar sujeito passivo qualquer pessoa que realize, a título ocasional, uma das seguintes operações:

– As entregas de bens imóveis não edificados, que não sejam as entregas de terrenos para construção referidas na alínea b) do número 1 do artigo 12.º;
– A locação de bens imóveis.

Por outro lado, de acordo com o número 1 do artigo 137.º da mesma Directiva, os Estados-membros podem conceder aos seus sujeitos passivos o direito de optar pela tributação das entregas de edifícios ou de partes de edifícios e do terreno da sua implantação e as entregas de bens imóveis não edificados (que não sejam os casos referidos no artigo 12.º), bem como a locação de bens imóveis.

De acordo com o número 2 do mesmo preceito, os Estados-membros determinam as regras de exercício deste direito de opção, podendo restringir o seu âmbito.

No que respeita à origem e âmbito do direito à dedução conferido à generalidade dos sujeitos passivos, os artigos 167.º e seguintes da Directiva erigem esse direito num alicerce fundamental do imposto. A regra geral constitui, efectivamente, o direito a deduzir do montante de imposto de que se é devedor o IVA pago em relação aos bens ou serviços adquiridos, desde que sejam utilizados para os fins das operações tributadas [4].

---

a) Entrega de um edifício (qualquer construção incorporada no solo) ou de parte de um edifício e do terreno da sua implantação, efectuada antes da primeira ocupação;
b) Entrega de um terreno para construção (terrenos, urbanizados ou não, definidos como tal pelos Estados-membros).

Esclarece ainda o número 2 do artigo 12.º que os Estados-membros podem estabelecer regras de aplicação do critério referido na alínea a) às transformações de imóveis e, bem assim, à noção de terreno da sua implantação. Podem igualmente aplicar outros critérios para além do critério da primeira ocupação, tais como o do prazo decorrido entre a data de conclusão do imóvel e a da primeira entrega, ou o do prazo decorrido entre a data da primeira ocupação e a da entrega posterior, desde que tais prazos não ultrapassem, respectivamente, cinco e dois anos.

[4] Artigo 168.º da citada Directiva. Por outro lado, estabelece-se a possibilidade de determinadas despesas serem excluídas do direito à dedução, mas em circunstâncias muito limitadas (artigo 176.º) – despesas sem carácter profissional, tais como despesas sumptuárias, recreativas ou de representação.

Por outro lado, os artigos 184.º e seguintes da Directiva estabelecem a necessidade de regularização das deduções inicialmente efectuadas quando forem superiores ou inferiores à dedução a que o sujeito passivo tinha direito.

Os artigos 187.º e 188.º abordam em particular as regularizações referentes aos bens de investimento imobiliário, estabelecendo-se designadamente que o período que serve de base ao cálculo das regularizações pode ser prolongado até vinte anos.

Encontrando-se sumariamente descritas as principais regras de IVA aplicáveis ao sector imobiliário ao nível comunitário, importa esclarecer que as isenções foram transpostas para o ordenamento jurídico português nos números 30 e 31 do artigo 9.º do Código do IVA [5] e a possibilidade de opção pela tributação consta dos números 4 a 6 do artigo 12.º do mesmo diploma [6].

Adicionalmente, o conteúdo destas normas foi inicialmente desenvolvido pelo Decreto-Lei n.º 241/86, de 20 de Agosto, como se referiu.

Apesar de não pretendermos alongar-nos excessivamente com um regime que já não se encontra em vigor, entendemos conveniente

---

[5] Segundo estes preceitos, estão isentas de IVA a locação de bens imóveis e as operações sujeitas a Imposto Municipal sobre as Transmissões Onerosas de Imóveis. Contudo, no caso da locação, esta isenção não abrange:

a) As prestações de serviços de alojamento, efectuadas no âmbito da actividade hoteleira ou de outras com funções análogas, incluindo parques de campismo;

b) A locação de áreas para recolha ou estacionamento colectivo de veículos;

c) A locação de máquinas e outros equipamentos de instalação fixa, bem como qualquer outra locação de bens imóveis de que resulte a transferência onerosa da exploração de estabelecimento comercial ou industrial;

d) A locação de cofres-fortes;

e) A locação de espaços para exposições ou publicidade.

[6] Assim, os sujeitos passivos que arrendem prédios urbanos ou fracções autónomas destes a outros sujeitos passivos que os utilizem, total ou predominantemente, em actividades que conferem direito à dedução, poderão renunciar à isenção prevista no número 30 do artigo 9.º (número 4 do artigo 12.º).

Já os sujeitos passivos que efectuem transmissões do direito de propriedade de prédios urbanos, fracções autónomas ou terrenos para construção, a favor de outros sujeitos passivos que igualmente os utilizem, total ou predominantemente, em actividades que conferem o direito à dedução, poderão renunciar à isenção prevista no número 31 do artigo 9.º (número 5 do artigo 12.º).

analisar de seguida aspectos específicos consagrados nesse diploma, revogado há cerca de um ano, tendo em vista uma melhor compreensão da evolução das regras portuguesas.

b) As duas décadas de vigência do anterior regime de IVA

Algumas das soluções constantes no anterior regime de IVA aplicável ao sector imobiliário merecem ser brevemente descritas – de facto, existem até determinadas normas do referido Decreto-Lei n.º 241/86 que, não obstante ser evidente a sua desconformidade face aos princípios comunitários, chegam a parecer disposições razoáveis quando confrontadas com algumas das novas regras consagradas no Decreto-Lei n.º 21/2007.

As principais disposições constantes do Decreto-Lei n.º 241/86 que merecem ser salientadas e comentadas são as seguintes:

- Não se encontrava prevista a permissão para os sujeitos passivos efectivarem a dedução do imposto suportado relativo a cada imóvel ou parte autónoma, nem solicitar o respectivo reembolso, antes da celebração da escritura de transmissão ou do contrato de locação dos imóveis [7];
- Quando a renúncia à isenção tivesse sido precedida de uma locação isenta, o direito à dedução do imposto suportado era limitado na proporção do número de anos em que o imóvel estivesse afecto a uma actividade ou sector tributado. Esta proporção resultava de uma fracção que comportava, no numerador, a diferença entre o número de anos a que alude o número 2 do artigo 91.º do Código do IVA (4 anos) e o número de anos em que a locação tivesse estado isenta e, no denominador, o número de anos previsto naquela disposição [8]. Para efeitos destes cálculos, quando, ao longo do mesmo ano civil, o imóvel tivesse sido objecto de realização de operações isentas e de operações tributadas, tomava-se em conta o maior dos dois períodos e, sendo

[7] Artigo 4.º, número 2.

[8] Artigo 4.º, números 4 e 5.

estes iguais, considerava-se que o imóvel tinha estado afecto a uma actividade totalmente tributada [9].

i) Requisitos temporais para se proceder à dedução de IVA

Em primeiro lugar, existiam regras que estabeleciam um conjunto de restrições ao exercício do direito à dedução. Se as normas que continham aspectos meramente burocráticos podiam ser tecnicamente questionáveis, como sejam a da apresentação de um pedido de emissão de certificado de renúncia à isenção no serviço de finanças competente e um prazo de 30 dias para o mesmo ser objecto de resposta, outras disposições revelavam-se totalmente desproporcionadas.

Era o caso das normas que consagravam especiais requisitos temporais para se proceder à recuperação do IVA incorrido pelos sujeitos passivos que realizavam operações de transmissão ou arrendamento de imóveis. Entre esses requisitos constava o da necessidade de celebrar contratos de arrendamento ou escrituras públicas de transmissão para recuperar a totalidade do IVA suportado a montante (ainda que fosse possível proceder a recuperações parciais com base na existência de contratos-promessa).

Qual a especificidade do sector imobiliário para introduzir uma tão gravosa restrição quanto ao momento em que é possível aos agentes económicos recuperarem o imposto suportado para desenvolver a sua actividade? Ignoraria o legislador que normalmente se está perante operações de valor significativo e que, por isso mesmo, importa assegurar que os sujeitos passivos rapidamente recuperam o IVA incorrido nos investimentos efectuados, normalmente necessário para a continuação desses investimentos? Qual a especial *ratio* para diferir a recuperação do imposto facturado pelos fornecedores para o momento em que os espaços podiam ser cedidos aos clientes?

Em especial, qual a diferença face a outros sectores onde é possível renunciar à isenção de imposto, como o da saúde ou o agrícola, onde não existem semelhantes limitações temporais ao exercício da dedução?

---

[9] Artigo 4.º, número 6.

E qual a diferença face a um promotor que se dedique à construção de hotéis (o qual poderá recuperar o IVA incorrido à medida que procede à edificação dos mesmos), que justifique a desigualdade de tratamento? Esta significativa restrição foi inclusivamente agravada com o novo regime, como se verá (por via da eliminação das recuperações parciais de IVA com base na existência de contratos-promessa). Mas de assinalar que durante vinte anos foi necessário aos agentes económicos do sector imobiliário fazerem um esforço financeiro exagerado, desproporcionado e contrário aos princípios e regras comunitárias que regem o funcionamento do imposto noutros sectores de actividade.

ii) Limitação do montante de IVA recuperável em função das utilizações anteriores do imóvel

Como se referiu, quando a renúncia à isenção tivesse sido precedida de uma locação isenta, o direito à dedução do IVA suportado era limitado na proporção do número de anos em que o imóvel estivesse afecto a uma actividade ou sector tributado.

Esta norma foi introduzida apenas em 2000, através da Lei n.º 3-B/2000, de 4 de Abril, e a proporção estabelecida resultava de uma fracção que comportava, no numerador, a diferença entre o número de anos a que alude o número 2 do artigo 91.º do Código do IVA (4 anos) e o número de anos em que a locação tivesse estado isenta e, no denominador, o número de anos previsto naquela disposição.

Assim, caso uma determinada entidade tivesse construído um imóvel para posteriormente o dar de arrendamento a terceiros e não tivesse podido liquidar IVA logo nos primeiros contratos celebrados (porque, por exemplo, os mesmos foram firmados com uma entidade que desenvolve operações isentas que recusou liquidação de IVA), tendo de recorrer a arrendamentos isentos de imposto no primeiro ano de utilização do edifício, tal simples facto significaria que 25% do IVA incorrido na construção se transformaria automaticamente num custo.

Faria sentido tão gravosa restrição? Caso apenas existissem arrendamentos isentos durante os primeiros quatro anos de actividade, o IVA recuperável tornar-se-ia simplesmente inexistente, com o impacto económico inerente a esse facto.

Em 2007, entendeu o legislador agravar ainda mais a desproporcionalidade das soluções existentes, já de si perfeitamente desajustadas, contrariamente aos princípios comunitariamente estabelecidos, como veremos infra.

Muitas outras questões se suscitaram durante a vigência do Decreto-Lei n.º 241/86, principalmente ao nível das dificuldades de natureza burocrática que os sujeitos passivos tiveram de enfrentar para obter a aprovação dos seus requerimentos de renúncia à isenção. Mas as restrições que ficaram descritas constituíram provavelmente as situações mais significativas de deficiente transposição das normas comunitárias relevantes nesta matéria, com inevitável prejuízo dos princípios estruturantes que regem o funcionamento do imposto ao nível europeu.

Importa agora analisar com algum detalhe as regras introduzidas no início de 2007.

3. A reformulação das regras em 2007 – as inúmeras dificuldades

A aprovação de um novo regime de IVA aplicável ao sector imobiliário, plasmado no Decreto-Lei n.º 21/2007, de 29 de Janeiro, constituiu um factor de grande instabilidade para os sujeitos passivos que operam neste sector.

Seja porque as novas regras introduziram alterações técnicas significativas, seja porque as expectativas dos agentes não foram devidamente acauteladas pelo legislador, aquele diploma traduziu-se numa fonte de incerteza técnica, tendo-se justificado já a introdução de alterações com o Orçamento do Estado para 2008 [10] (infelizmente ainda insuficientes para atenuar a desestabilização criada).

As medidas introduzidas em 2007 criaram um número considerável de obstáculos à possibilidade de renúncia à isenção de IVA em operações imobiliárias, com o nobilíssimo propósito de "combater algumas situações de fraude, evasão e abuso que se vêm verificando na realização das operações imobiliárias sujeitas a tributação".

---

[10] Aprovado pela Lei n.º 67-A/2007, de 31 de Dezembro, pelo que a alteração processou-se menos de um ano depois da introdução das regras.

Contudo, as restrições são de tal monta que não se combateram *algumas* situações de fraude... Antes se coarctou ferozmente a possibilidade de optar pela tributação no que respeita à grande maioria das operações anteriormente levadas a cabo pela generalidade dos sujeitos passivos, com prejuízo não só para os próprios, mas para a própria neutralidade do sistema de imposto sobre o valor acrescentado.

Assim, introduziram-se condições objectivas (relativas aos imóveis objecto de transacção), subjectivas (inerentes aos participantes no negócio projectado) e relativas ao valor das operações, que vieram cercear extraordinariamente o âmbito de aplicação da opção pela tributação.

Estabeleceu-se igualmente a aplicação de uma regra de autoliquidação às situações de aquisição de imóveis, sendo que esta norma parece ser perfeitamente ajustada.

Vejamos então as principais alterações estabelecidas no *Regime de renúncia à isenção do IVA nas operações relativas a bens imóveis* [11], publicado em anexo ao citado Decreto-Lei n.º 21/2007, apontando-se de imediato algumas dificuldades inerentes às novas disposições:

1 – **A renúncia à isenção de imposto apenas é possível nos casos em que o imóvel objecto da operação seja um prédio urbano, uma fracção autónoma ou um terreno para construção** [(artigo 2.º, número 1, alínea a)].

O anterior regime exigia apenas que estivesse envolvido um imóvel ou parte autónoma. Atendendo à redacção da nova norma, como proceder em situações em que o imóvel se encontre dividido em diversos espaços que funcionem autonomamente (*v.g.*, escritórios instalados em parte de uma fracção autónoma), mas em que não foi solicitada a constituição da propriedade horizontal?

Parece não ser possível a opção pela tributação do arrendamento, por exemplo, de parte de um piso de um prédio urbano - não constituído em propriedade horizontal devido às exigências de organização de espaços que este último regime impõe - ao arrepio da realidade de inúmeros imóveis existentes no mercado disponíveis para locação empresarial.

---

[11] Salvo indicação expressa, os artigos mencionados seguidamente constam deste regime.

E refira-se que o novo regime não prevê qualquer disposição transitória nesta matéria.

Pense-se assim nos constrangimentos ao funcionamento do imposto que poderão resultar desta situação e no caso específico de um agente económico que construiu um edifício nos últimos anos composto por vários pisos para utilização como escritórios e se encontra em prospecção de mercado para a sua ocupação.

Terá, à partida, quatro alternativas: a) não se dirige a uma parte significativa de potenciais clientes, que pretendem parte de uma fracção; b) procede a profundas reformulações na organização espacial do edifício, de modo a obter a propriedade horizontal, com todos os custos que isso implica; c) suporta o custo referente ao IVA não recuperável, cabendo às condições de mercado decidir se tal custo pode ser reflectido no preço final da locação.

Perante essas alternativas, percebe-se a dificuldade em compreender a introdução de uma norma como esta. Existirão neste caso ponderosos motivos de combate à fraude e evasão fiscal? E existindo, não teria sido preferível atacá-los directamente, ao invés de condicionar uma parte do mercado destinado a arrendamento empresarial?

2 – **O contrato tem de ter por objecto a transmissão do direito de propriedade do imóvel ou a sua locação, dizendo respeito à totalidade do bem** [(artigo 2.º, número 1, alínea c)].

Aplicando-se os comentários relativos à alínea a) do número 1 do artigo 2.º supra quanto à exigência de dizer "respeito à totalidade do bem", questiona-se ainda qual o motivo de parecer não se estender a possibilidade de renúncia aos casos em que não é transmitido o direito de propriedade sobre o imóvel, mas sim o direito de propriedade sobre realidades incorporadas no bem envolvido.

Por exemplo, caso uma determinada entidade tenha arrendado um imóvel, realizado obras de adaptação do mesmo, recuperado o respectivo IVA e posteriormente rescindido o contrato, terá de transmitir essas benfeitorias para a esfera do proprietário, se não puderem ser removidas. Caso não liquide IVA nessa transmissão, terá de regularizar a favor do Estado uma proporção do imposto recuperado nas obras efectuadas.

No regime anteriormente vigente, podia admitir-se a renúncia à isenção de IVA nas operações sujeitas a Sisa / Imposto Municipal sobre as Transmissões Onerosas de Imóveis, nas quais se incluem as transmissões de benfeitorias. Com o novo regime, uma situação como a descrita, ainda que porventura marginal, ficará com um enquadramento em IVA desajustado, já que, por impossibilidade de tributação do *output*, não será possível liquidar imposto ao adquirente das benfeitorias, tendo-se de suportar o custo inerente à realização de regularizações de IVA a favor do Estado.

3 – **Apenas é possível renunciar à isenção quando esteja em causa a primeira transmissão ou locação do imóvel ocorrida após a construção (ou após a realização de grandes obras de renovação [12]), quando tenha sido deduzido, ou ainda seja possível deduzir, no todo ou em parte, o IVA nela suportado** [(artigo 2.º, número 2, alíneas a) e b)].

Esta norma introduz provavelmente as restrições mais significativas ao normal desenvolvimento de operações no sector imobiliário.

Conforme se viu acima, em 2000 o legislador decidiu introduzir restrições sem paralelo no direito à dedução do IVA suportado na construção ou aquisição de imóveis, caso tivesse existido um anterior período onde fossem desenvolvidas operações isentas com o imóvel. Tal como referido, caso existissem arrendamentos isentos durante os primeiros quatro anos de utilização do prédio, o IVA recuperável tornar-se-ia simplesmente inexistente.

Atendendo à norma constante do novo regime agora em apreço, parece bastar que exista um qualquer período (um mês ou mesmo uma semana) em que vigore uma locação isenta de IVA para o imóvel ficar condenado à prática de operações não tributadas. De facto, uma segunda locação para vigorar na semana seguinte já nunca será a "primeira locação do imóvel ocorrida após a construção", deixando de ser possível recuperar qualquer imposto.

Terá esta solução um sentido técnico, ainda para mais tendo em consideração que o período de regularização de IVA relativo a bens imóveis é em Portugal de 20 anos?

[12] Entendendo-se como tal aquelas de que resultou uma alteração superior a 50% do valor patrimonial tributável para efeitos do Imposto Municipal sobre Imóveis.

De facto, mesmo que nos 19 anos seguintes o imóvel pudesse estar afecto a um arrendamento tributado (porque por exemplo surgiu entretanto uma nova proposta, em que o locatário aceita a liquidação de IVA), o facto de existir um arrendamento isento durante uma semana impossibilitará a recuperação de qualquer montante de imposto incorrido na aquisição ou construção do imóvel!

Se o anterior período de aferição de quatro anos parecia não ter justificação, porque se tratava da consagração de um prazo arbitrário sem qualquer ligação com o prazo genérico de 20 anos acima referido, única referência em matéria de IVA no sector imobiliário, as soluções que poderão derivar da nova regra parecem ser simplesmente aberrantes.

Curiosamente, a alínea c) do número 2 do artigo 2.º permite também renunciar à isenção na transmissão ou locação do imóvel realizada subsequentemente a uma operação efectuada com renúncia à isenção, quando esteja a decorrer o prazo de regularização previsto no número 2 do artigo 24.º do Código do IVA relativamente ao imposto suportado nas despesas de construção ou aquisição do imóvel. Trata-se de uma norma inteiramente ajustada, fazendo apelo ao citado período de 20 anos. Lamenta-se que a uniformidade técnica não reine neste diploma...

4 – **Deixa de ser permitida a renúncia à isenção de IVA na sublocação de bens imóveis** [(artigo 2.º, número 4].

A impossibilidade de renúncia à isenção de IVA na sublocação de imóveis é mais uma norma que foi produzida sem consciência das graves repercussões resultantes da sua consagração.

Pense-se apenas em dois exemplos:

a) O Grupo económico X detém um vasto património imobiliário e pretende explorá-lo através da celebração de contratos de arrendamento com terceiros.
Pretendendo liquidar IVA em tais contratos de modo a ser-lhe reconhecida a possibilidade de recuperar o imposto suportado na construção ou aquisição dos edifícios, será acordada com o Grupo Y, potencial interessado, a disponibilização de diversos espaços para ocupação imediata. Admitindo que o Grupo Y prefere concentrar a relação contratual numa única entidade (por exemplo, que gere os aspectos relacionados com operações imo-

biliárias do Grupo), já não será realisticamente possível sublocar às diversas entidades operacionais os citados espaços (excepto se se admitir a plausibilidade de a locatária assumir como custo o IVA liquidado nas rendas cobradas pelo Grupo X).

E mesmo que as entidades operacionais entrem em relação directa com o proprietário para evitar essa questão, deixa igualmente de ser possível a essas empresas cederem em arrendamento a outrem determinadas fracções, em função das suas necessidades conjunturais de espaço...

b) Uma outra situação porventura mais gravosa é a das entidades que operam no sector da locação financeira.

Caso o Grupo X decida adquirir um novo imóvel em regime de *leasing* para o afectar a destino idêntico àqueles que já compõem a sua carteira, ou seja, o arrendamento a terceiros, constatará a impossibilidade de utilizar essa figura contratual, sob pena de sofrer consideráveis prejuízos.

De facto, neste exemplo, a locação financeira constitui por si só a única locação admissível para efeitos de renúncia à isenção de imposto, ficando prejudicada a possibilidade de o Grupo X ceder o imóvel a terceiros, no âmbito de uma sublocação, de forma economicamente viável.

É assim fácil reconhecer, a partir deste pequeno exemplo que poderia ser multiplicado em diversos outros cenários, as dificuldades que o novo regime tem criado a empresas que se dediquem à locação financeira imobiliária.

As restrições sem precedentes, aparentemente arbitrárias, que resultam destas normas, combaterão certamente eventuais situações de fraude que poderão ter ocorrido com o recurso à figura da sublocação, mas prejudicam o normal desenvolvimento de um maior número de operações lícitas.

Para combater situações pontuais que merecem inquestionavelmente a devida atenção, fará sentido este nível de resposta técnica, com inevitável reflexo na competitividade dos agentes económicos nacionais? Mais fácil para prevenir pontuais fraudes seria então proibir a possibilidade de renúncia à isenção de IVA em Portugal...

5 – **No que respeita às condições subjectivas para a renúncia à isenção, refere-se que a opção pela tributação só é permitida quando as partes sejam sujeitos passivos de imposto que, entre outros requisitos, pratiquem operações que confiram direito à dedução ou, no caso de sujeitos passivos que exerçam simultaneamente operações mistas (que conferem e não conferem esse direito), quando o conjunto das operações que conferem direito à dedução seja superior a 80% do total do volume de negócios** [(artigo 3.º, número 1].

Esta percentagem mínima não se aplicará caso os sujeitos passivos tenham por actividade habitual a construção, reconstrução ou aquisição de imóveis para venda ou para locação [(artigo 3.º, número 3].

Em primeiro lugar, não se compreende tecnicamente como a percentagem de 80% de operações que conferem o direito à dedução possa ser imposta ao vendedor ou ao locador do imóvel que, em caso de renúncia à isenção de imposto, exercerão necessariamente um *output* totalmente tributado, o que os legitimará a recuperar o IVA incorrido nos recursos adquiridos.

Já no que respeita ao adquirente/locatário, a imposição de tal percentagem poderia aparentemente fazer sentido, de modo a evitar que entidades com uma percentagem de dedução pouco significativa pudessem recuperar a totalidade do IVA facturado numa venda ou nas rendas devidas pela utilização de um imóvel. Contudo, mesmo neste âmbito entendemos que poderiam existir outras formas de controlo diversas da introdução de uma percentagem cega de operações tributadas.

De facto, admitindo que o adquirente ou o locatário não vão ceder o imóvel a terceiros (o que acarretaria a necessidade de adopção do método da afectação real e a possibilidade de recuperar a integralidade do IVA suportado independentemente da percentagem de dedução utilizada na sua actividade genérica, desde que liquidassem IVA nessa cedência posterior), será o critério das operações normalmente desenvolvidas na sua actividade a determinar a extensão do imposto recuperável.

Assim, se uma dada entidade dispõe de uma percentagem de dedução que não excede 70%, atendendo aos seus concretos *outputs*, o IVA liquidado pelo proprietário que seria susceptível de recuperação nunca poderia ser superior a essa mesma percentagem, sendo naturalmente o diferencial de 30% um custo do locatário.

Esta foi a solução vigente durante cerca de 20 anos e deveria ainda vigorar, na medida em que assegurava o respeito pela neutralidade do imposto. E caso surgissem situações em que a percentagem de dedução era apenas de 1%, apenas 1% do IVA facturado ao locatário do exemplo descrito poderia ser recuperado [13].

Talvez pudessem surgir estruturas em que o valor debitado na renda ou o prazo do contrato podiam ser manipulados para diferir ao máximo a carga tributária, quando a recuperação do IVA da construção / aquisição já se tinha processado (eventualmente em outras entidades do mesmo Grupo empresarial). Contudo, a terem existido abusos, os mesmos deveriam uma vez mais ter sido directamente combatidos e contestados em sede própria, nunca se devendo coarctar genericamente a possibilidade de intervenção em operações de opção pela tributação a agentes que sempre desenvolveram operações perfeitamente transparentes mas não chegam a atingir a citada percentagem de 80%.

Pense-se, por exemplo, num Fundo de Pensões que deseja desenvolver operações imobiliárias, ou de instituições financeiras em geral, os quais podem não conseguir atingir a citada percentagem de 80% e ficam, por esse facto, excluídos de operar neste mercado, já que não existe a prática de tais operações com carácter de habitualidade.

Qual o motivo de se ter estipulado 80% e não, por exemplo, 90% ou 70%? Quais os pressupostos subjacentes à fixação dessa percentagem?

Deste modo, mais uma vez estamos perante uma alteração artificial, ainda que motivada por um propósito justificável em teoria, mas cujas consequências subvertem o funcionamento normal do sistema de tributação.

6 – **Quanto ao valor das operações, estabelece-se que, no caso de locação, o valor da renda anual deverá ser igual ou superior a vinte e cinco avos do valor de aquisição ou construção do imóvel** [(artigo 2.º, número 1, alínea e)].

Ainda que o Orçamento do Estado para 2008 tenha já corrigido a regra inicial, que previa um valor de renda anual igual ou superior a

[13] Ainda que neste caso específico a renúncia à isenção não fizesse provavelmente sentido, de um ponto de vista económico, atendendo a uma tão pequena capacidade de recuperação de IVA por parte do locatário.

quinze avos do valor de aquisição ou construção, o que conduzia a *yields* perfeitamente desajustados à realidade do mercado, a fixação de normas deste género causa alguma perplexidade.

Não se duvida que o valor pudesse ser um dos factores mais manipuláveis por entidades empenhadas em defraudar as autoridades fiscais. Contudo, ao invés de limitar a liberdade contratual de todos os agentes do sector imobiliário, não teria sido preferível criar uma *presunção de valor*?

Por exemplo, ascendendo o valor do imóvel a 1.000.000 €, as novas regras impõem uma renda anual de 40.000 € (1/25 avos do valor do imóvel).

Contudo, nem sempre as condições contratuais são compatíveis com esta exigência. Pode, por exemplo, existir um período de carência nos pagamentos iniciais, ou rendas mais baixas nos primeiros anos de vigência do contrato, realidades que não comprometem em nada o enquadramento global da operação em IVA.

A exigência de um valor mínimo das rendas conduz a que estas tenham de ser fixadas num valor que pode não ser o que as partes pretendem, quando esta questão poderia facilmente ser obviada se se tivesse estipulado a necessidade de liquidação de IVA sobre um valor anual de 1/25 avos do valor do imóvel, independentemente do montante efectivamente pago. No exemplo acima descrito, seria assim necessário liquidar IVA sobre 40.000 €, entregando-se ao Estado 8.400 € (40.000 € × 21%), mas não seria obrigatória a estipulação do citado valor de 40.000 € a título de renda anual.

Estas presunções existem noutras operações em matéria de IVA, por exemplo ao nível da exigibilidade do imposto [14], pelo que não seria difícil a sua consagração no novo regime relativo ao sector imobiliário.

Por outro lado, ainda quanto ao valor das transacções, consagra-se no artigo 7.º que, na transmissão ou locação de bens imóveis efectuadas com renúncia à isenção de IVA por sujeitos passivos que tenham entre

---

[14] Pense-se, em matéria de consignação de bens, na não devolução das mercadorias no prazo de um ano a contar da data de entrega ao destinatário, que produz a exigibilidade do imposto – artigo 7.º, número 6, do Código do IVA – ou nas operações de carácter continuado, quando a periodicidade de pagamento não é fixada ou é superior também a um ano – artigo 7.º, número 9, do mesmo diploma.

si relações especiais (na acepção vigente para efeitos de imposto sobre o rendimento), o valor tributável é o *valor normal* conforme descrito no artigo 16.º do Código do IVA, quando se verifique qualquer das seguintes situações:

a) A contraprestação seja inferior ao valor normal e o destinatário da operação não tenha direito a deduzir integralmente o imposto;
b) A contraprestação seja superior ao valor normal e o transmitente ou o locador não tenha direito a deduzir totalmente o IVA.

Compreendem-se melhor alterações como esta, destinadas a introduzir restrições em sectores muito específicos, do que outro tipo de limitações, aplicáveis à generalidade das operações praticadas pelos sujeitos passivos, como sucedeu com outras alterações que ficaram atrás descritas.

7 – **Um dos aspectos mais criticáveis do novo regime residiu na manutenção de constrangimentos de natureza temporal à recuperação do imposto incorrido por agentes que se dedicam à prática de operações imobiliárias.**

De acordo com o artigo 5.º, a renúncia à isenção só opera no momento em que for celebrado o contrato de compra e venda ou de locação do imóvel (introduzindo o Orçamento do Estado para 2008 uma alteração segundo a qual, em situações de locação financeira de imóvel a construir, a renúncia opera no momento em que o locador tome posse do imóvel).

Terá também o sujeito passivo de estar na posse de um certificado de renúncia válido e terão de se manter nesse momento as condições para o exercício da renúncia à isenção.

Nesta sequência, o artigo 8.º prescreve que os sujeitos passivos intervenientes em operações em que tenha ocorrido a renúncia à isenção têm direito à dedução do imposto suportado para a realização das operações relativas a cada bem imóvel, segundo as regras gerais estabelecidas no Código do IVA. Contudo, os transmitentes ou locadores apenas podem deduzir o IVA relativo ao bem imóvel na declaração do período de imposto ou de período posterior àquele em que tem lugar a renúncia.

Terá justificação a manutenção de tão gravosa exigência na esfera dos transmitentes ou locadores?

Esta restrição, já constante no anterior regime, ainda que mitigada por uma regra que permitia a estas entidades recuperarem o IVA incorrido até à concorrência do IVA liquidado em adiantamentos que facturassem no âmbito da celebração de contratos-promessa, traduz-se na criação de gravíssimas dificuldades financeiras na esfera dos sujeitos passivos e dificilmente se justifica no sistema comunitário de imposto.

De facto, encontrando-se assentes todas as regras de dedução de imposto sobre o princípio de permitir a recuperação de IVA desde que se comprove a intenção de exercer uma actividade tributada (ou isenta / não sujeita que confira o direito à dedução), qual o motivo de não se conceder idêntico tratamento aos agentes económicos que desenvolvem as suas operações no sector imobiliário?

Compreender-se-ia perfeitamente a necessidade de expressar essa *intenção* de um modo mais formal do que a forma tácita genericamente adoptada pelos sujeitos passivos de IVA nos mais variados sectores de actividade (ainda que, se pensarmos novamente na construção de um hotel, a possibilidade de recuperação é imediata). Trata-se de um sector onde os valores envolvidos são expressivos e o Estado pode pretender assegurar um mínimo de certeza, traduzido no compromisso dos sujeitos passivos em virem a liquidar IVA futuramente. Mas porque não permitir-lhes desde logo a recuperação do imposto, ao invés de lhes impor o ónus de terem de aguardar pelo final da construção, obtenção das licenças e celebração dos contratos?

Não pode ser a simples perspectiva de serem realizadas operações isentas com o imóvel a impedir tal recuperação. De facto, e numa perspectiva *de jure condendo*, para este efeito poderia sempre ser adoptado o citado compromisso por parte do sujeito passivo em liquidar imposto em operações futuras de transmissão ou locação de imóveis; caso tal compromisso não fosse respeitado, ter-se-ia de devolver o imposto recuperado, acrescido de juros.

Existem diversas formas de controlo para evitar a fraude neste domínio. Contudo, em Portugal continua a preferir-se combater situações pontuais de abuso com normas genéricas limitadoras da actividade da generalidade dos agentes.

8 – **Finalmente, importa referir ainda uma outra novidade introduzida pelo regime (artigo 10º), a qual se traduz na exigência de regularizar o imposto deduzido pelos sujeitos passivos que utilizem bens imóveis relativamente aos quais houve dedução total ou parcial do imposto que onerou a respectiva aquisição, considerando que os mesmos estão afectos a uma actividade não tributada quando**:

a) O imóvel seja afecto a fins alheios à actividade exercida pelo sujeito passivo;

b) Ainda que não seja afecto a fins alheios, o imóvel não seja efectivamente utilizado em fins da empresa por um período superior a dois anos consecutivos (neste caso, sem prejuízo de efectuar regularizações anuais de imposto a favor do Estado até ao decurso do prazo de dois anos).

Importa assim definir o que se deve entender por imóvel que "não seja efectivamente utilizado em fins da empresa".

Estaremos perante uma situação em que o sujeito passivo cede a um terceiro um determinado imóvel para aquele o utilizar como bem o aprouver? Tratar-se-á de casos em que o proprietário decide afectar o edifício a uma outra empresa que detém?

Parece-nos que ambas as situações descritas se incluirão na previsão da citada alínea a), pelo que, ainda que o imóvel "não seja efectivamente utilizado em fins da empresa", existirá uma norma que melhor definirá essas situações, visto os fins alheios serem evidentes.

Restam os casos em que os imóveis se encontrem vazios, à espera de se encontrar um ocupante. Será assim o caso da entidade que pretende arrendar um edifício, mas as condições de mercado ainda não permitiram encontrar uma contraparte com as condições ou características necessárias para se celebrar um contrato de disponibilização do espaço.

O imóvel estará vazio, mas isso não significa que não exista a firme intenção de o ceder a terceiros para ocupação, desenvolvendo consequentemente operações tributadas em sede de IVA. O mesmo se passa quanto aos quartos de hotel desocupados ou relativamente às linhas de produção não totalmente em funcionamento por falta de encomendas. Contudo, o legislador parece entender que o facto de os espaços não estarem ocupados durante um determinado período de tempo (neste caso, dois anos), impõe a necessidade de regularizar a favor do Estado o imposto anteriormente recuperado. Será legítima esta presunção de inexistência de uma actividade tributada apenas porque o mercado impôs aos agentes um período de desocupação involuntária dos espaços? Querer-se-á também neste caso prevenir a ocorrência de fraudes pontuais, condenando a generalidade dos agentes económicos a uma situação gravosa?

Para além de não encontrarem clientes, terão de devolver ao Estado a totalidade do IVA antes recuperado e ainda em período de regularização, mesmo que logo no início do terceiro ano de desocupação encontrem um cliente...

E importa não esquecer as situações em que o imóvel está vago desde a sua construção. De facto, já que um período de desocupação será assimilado, nos termos do regime, a um período não tributado, mostrar-se-á ainda possível proceder à recuperação de imposto caso logo no início do terceiro ano de desocupação se encontre um locatário?

Atendendo à já citada alínea b) do número 2 do artigo 2.º do novo regime, para se renunciar à isenção de IVA numa locação, deverá estar em causa a primeira transmissão ou locação do imóvel ocorrida após a construção. Deverá considerar-se o período vago, *não tributado* na acepção do regime, como factor de preclusão de uma subsequente locação tributada?

Cremos que não, na medida em que tal interpretação envolveria um alargamento do carácter restritivo do regime, contrariando, como veremos, o estabelecido nas disposições comunitárias em vigor.

9 – **Estabelece-se um prazo de oito anos para efeitos da dedução do imposto suportado na construção por entidades que tenham por actividade habitual a construção de imóveis para venda ou locação, quando a construção tenha comprovadamente excedido o prazo de 4 anos estabelecido no número 2 do artigo 91.º do Código do IVA**

Este novo prazo, previsto no número 3 do artigo 8.º, e aplicável às obras de grande envergadura que possam ter uma duração excepcional, visa teoricamente conceder uma tolerância adicional no prazo de recuperação de imposto.

Mas e se a obra durar nove anos? E caso dure apenas cinco, e se trate de uma entidade que não tenha a construção de edifícios por actividade habitual, dispondo até de menos experiência para desenvolver rapidamente uma obra? Será adequado perder a possibilidade de recuperar o IVA incorrido nos anos iniciais de construção?

Além disso, não é garantido que mesmo a entidade que se dedica profissionalmente à construção consiga terminar uma dada obra e encontrar imediatamente comprador ou locatário interessado. Se terminar a obra no final do sétimo ano, mas apenas for possível encontrar potenciais interessados no nono ano, fará sentido de um ponto de vista técnico perder o direito a recuperar parte do IVA suportado (no caso, aquele que foi incorrido no primeiro ano de construção)?

Ficam assim enunciadas as principais alterações introduzidas pelo regime de renúncia à isenção do IVA nas operações relativas a bens imóveis, aprovado pelo Decreto-Lei n.º 21/2007, de 29 de Janeiro, tendo sido igualmente descritos aqueles que são os principais constrangimentos, no nosso entender, causados pelas normas constantes desse regime.

4. A experiência comunitária

a) Princípios relevantes de jurisprudência comunitária

O TJCE constitui o garante da uniformidade da interpretação e aplicação das regras que compõem o sistema de IVA ao nível comunitário.

No exercício dessa função, e uma vez submetidos os processos ao seu julgamento, cabe por exemplo ao TJCE avaliar os termos em que são transpostas as Directivas comunitárias para os ordenamentos dos vários Estados-membros, declarando, se necessário, a sua desconformidade face à regulamentação comunitária.

Em diversos casos, o TJCE tem produzido relevante jurisprudência com interesse para o tema vertente. Procuraremos apontar alguns dos casos mais paradigmáticos que, sem dúvida não esgotando o universo de soluções jurisprudenciais susceptíveis de serem invocadas, constituem um apoio importante para a interpretação das questões relacionadas com esta temática.

Como veremos, estamos perante Acórdãos onde o direito à dedução é sempre erigido em princípio estruturante de todo o sistema tributário, sendo que alguns casos respeitavam a matéria especificamente relacionada com o sector imobiliário.

Em primeiro lugar, e pelas similitudes que a situação apresenta face ao caso português, importa referir o conteúdo do Acórdão proferido no processo C-184/04, de 30 de Março de 2006 (caso "Uudenkaupungin kaupunki"), no qual estava envolvido um sujeito passivo finlandês. Atendendo à sua importância, serão elencadas de seguida as principais conclusões a que o TJCE chegou:

- Na medida em que os bens ou os serviços sejam utilizados para efeitos de operações tributáveis a jusante, impõe-se uma dedução do imposto que incidiu sobre os mesmos a montante, a fim de evitar uma dupla tributação;
- As limitações ao direito à dedução (e os ajustamentos das deduções) devem ser aplicadas de forma análoga em todos os Estados-membros, apenas sendo permitidas derrogações nos casos expressamente previstos pela Sexta Directiva;
- O exercício da opção pela tributação não tem incidência sobre a constituição do direito à dedução;
- O artigo 20.º da Sexta Directiva deve ser interpretado no sentido de que o ajustamento que prevê é igualmente aplicável numa situação em que um bem de investimento foi inicialmente afecto a uma actividade isenta, que não conferia direito à dedução, e só mais tarde, durante o período de ajustamento, é que foi utilizado para efeitos de uma actividade sujeita a IVA;
- Na medida em que os sujeitos passivos têm a possibilidade de optar pela tributação da locação de um imóvel, o exercício desta opção deve implicar não só a tributação da locação mas também a dedução dos impostos pertinentes que tenham incidido a montante sobre o referido imóvel;
- É certo que é permitido aos Estados-membros definir as regras processuais segundo as quais o direito de opção pode ser exercido; contudo, estas regras não podem ter como consequência limitar o direito de efectuar as deduções ligadas às operações tributáveis se o direito de opção tiver sido validamente exercido em conformidade com essas regras. Em particular, a aplicação das regras processuais nacionais não pode ter como consequência limitar o período em que as deduções podem ser efectuadas a um período mais curto do que o previsto pela Sexta Directiva para o ajustamento das deduções;

– Um Estado-membro que concede aos seus sujeitos passivos o direito de optar pela tributação da locação de um imóvel não está autorizado a excluir a dedução do IVA pago em relação a investimentos imobiliários efectuados antes de este direito de opção ser exercido, quando o respectivo pedido não tenha sido apresentado no prazo de seis meses [15] a contar do início da utilização do imóvel em questão;
– O artigo 20.º, n.º 2, da Sexta Directiva, que se refere ao ajustamento das deduções, está redigido em termos que não deixam qualquer dúvida sobre o seu carácter obrigatório. O argumento do Governo finlandês de que as disposições pertinentes da Sexta Directiva têm um carácter obscuro, donde resultam incertezas quanto à sua aplicação, deve ser rejeitado, não havendo que limitar no tempo os efeitos do Acórdão.

A simples leitura dos parágrafos precedentes é suficiente para concluir pela absoluta desconformidade aos princípios e normas comunitárias de diversas regras constantes do Decreto-Lei n.º 21/2007, de 29 de Janeiro, em especial as que consagram a impossibilidade de optar pela tributação caso previamente tenham ocorrido operações isentas com um dado imóvel.

De facto, a arbitrariedade das mesmas resulta evidente no facto de a aplicação de "regras processuais nacionais" estar a ter como consequência a limitação do período em que as deduções podem ser efectuadas a um período mais curto do que o previsto pela Sexta Directiva para o ajustamento das deduções.

E se a desconformidade das regras constantes do anterior regime, que estabeleciam um período de quatro anos, era manifesta, está-se agora perante uma situação ainda mais gritante, ao bastar um período de utilização dos imóveis em operações isentas de, por exemplo, um mês, para converter em absoluta irrelevância toda a sequência de eventos que vier a ocorrer nos vinte anos seguintes…

---

[15] A exigência de o pedido de opção pela tributação ser exercido num prazo de seis meses a contar do início de utilização do imóvel encontrava-se consagrada na legislação finlandesa.

Idêntica arbitrariedade no estabelecimento da proibição de renúncia nos casos de sublocação, impedindo por questões processuais um locatário de exercer operações tributadas, o que lhe garantiria a dedução do IVA facturado pelo proprietário.

E que dizer da situação específica de um sujeito passivo que, antes da entrada em vigor do novo regime, construiu um imóvel composto por diversos pisos susceptíveis de ocupação parcial, sem constituição de propriedade horizontal? Como poderá gerir a questão da ocupação do edifício sem que a impossibilidade de recuperação de IVA prejudique a continuidade do seu negócio?

Ou a situação de uma entidade que tem um *pro-rata* de dedução inferior a 80%, que se encontra a arrendar um imóvel e o respectivo locatário denuncia o contrato, saindo do edifício quando falta ainda algum tempo para o final do período de regularização? Como poderá voltar a celebrar um contrato com renúncia à isenção de IVA com um novo inquilino, para evitar as regularizações de imposto a favor do Estado?

A disposição transitória consagrada no novo regime não dá resposta a essas situações, já que o artigo 5.º do Decreto-Lei que o aprovou apenas estabelece que as renúncias à isenção validamente exercidas ao abrigo do Decreto-Lei n.º 241/86, de 20 de Agosto, continuam a produzir efeitos enquanto vigorarem os contratos respectivos.

Mas talvez dê resposta a solução encontrada pelo TJCE no processo C-62/00, de 11 de Julho de 2002 (caso "Marks & Spencer plc"). Neste Acórdão, o TJCE conclui que o princípio da protecção da confiança legítima se opõe a que uma alteração da legislação nacional retire a um sujeito jurídico, com efeito retroactivo, um direito à dedução que tinha adquirido com fundamento na Sexta Directiva.

De facto, resulta de jurisprudência constante que o princípio da protecção da confiança legítima faz parte da ordem jurídica comunitária e deve ser respeitado pelos Estados-membros quando dão execução às regulamentações comunitárias.

Além disso, será o combate à fraude e evasão fiscais um princípio absoluto que tudo legitime, inclusivamente o prejuízo de sujeitos passivos cumpridores, motivando a introdução de normas com um carácter tão profundamente restritivo como as que estão consagradas no novo regime de renúncia à isenção?

O TJCE assim não entende. Considere-se, por exemplo, o Acórdão proferido no caso "Ampafrance/Sanofi" (processos C-177/99 e C-181/99, de 19 de Setembro de 2000).

Nesta situação, o TJCE concluiu que uma legislação que exclui do direito à dedução do IVA determinadas despesas (de alojamento, recepção, restaurante, espectáculos), sem que seja possível ao sujeito passivo demonstrar a inexistência de fraude ou evasão fiscais a fim de beneficiar do direito à dedução, não constitui um meio proporcionado ao objectivo de luta contra a fraude e evasão e afecta excessivamente os objectivos e princípios da Sexta Directiva.

E chega-se a esta conclusão mesmo numa situação em que o Conselho e a Comissão da União Europeia tinham avalizado um pedido das autoridades francesas para estabelecer derrogações à Sexta Directiva com o fundamento de lutar contra a fraude e a evasão fiscais. De facto, o TJCE vem esclarecer que se impõe ao direito derivado o respeito pelos princípios gerais de direito comunitário e, designadamente, pelo princípio da proporcionalidade, não havendo que limitar no tempo os efeitos do Acórdão.

Inúmeros Acórdãos poderiam ser apresentados, mas o propósito deste estudo não o justifica. Por exemplo, mesmo em situações de constatação de inviabilidade do negócio a desenvolver pelo sujeito passivo anteriormente à realização efectiva de quaisquer operações tributadas, o TJCE reconheceu a possibilidade de manter a recuperação de imposto realizada (excepto no caso de situações fraudulentas ou abusivas).

Em conclusão, com estes simples exemplos de jurisprudência já produzida, não parece difícil antever que resposta dará o TJCE à questão da conformidade de diversas normas estabelecidas no Decreto-Lei n.º 21/2007, de 29 de Janeiro, ao Direito Comunitário, em particular à Sexta Directiva (na versão constante da Directiva n.º 2006/112/CE), caso a questão lhe seja submetida por via, por exemplo, de reenvio prejudicial no âmbito do julgamento de um diferendo nos Tribunais portugueses, ou na sequência de uma denúncia à Comissão Europeia e seguimento do respectivo processo.

b) *Análise comparativa do regime vigente em outros Estados-membros*

Atendendo à referência no preâmbulo do Decreto-Lei n.º 21/2007 ao facto de se ter tido em consideração as melhores práticas adoptadas em outros Estados-membros da União Europeia para estabelecer as normas constantes do novo regime, procedemos a uma breve análise da regulamentação vigente na maioria desses países relativamente a diversos aspectos, tendo concluído que o regime português não se adequa às normas vigentes na generalidade dos Estados. Os aspectos seguintes são os que nos parecem mais relevantes:

– Estabelecimento da impossibilidade de optar pela tributação caso tenha ocorrido previamente uma operação isenta;
– Existência de um valor mínimo para a renda nos casos de locação;
– Impossibilidade de renúncia à isenção nas situações de sublocação;
– Estabelecimento de limitações temporais ao exercício do direito à dedução do IVA incorrido para a prática de operações imobiliárias;
– Consagração de restrições à possibilidade de se solicitar a renúncia à isenção em função do tipo de bem imóvel ou da natureza dos sujeitos passivos envolvidos.

1 – *Impossibilidade de optar pela tributação caso tenha ocorrido previamente uma operação isenta*

Não existe, igualmente, na generalidade dos Estados-membros, uma restrição tão gravosa como esta.

Apenas o Reino Unido requer uma autorização prévia das autoridades fiscais para optar pela tributação em determinados casos específicos, quando se verificou a prática de operações isentas com o imóvel.

2 – *Valor mínimo para a renda nos casos de locação*

Quanto a esta restrição, as experiências de outros países indicam o seguinte:

– Na generalidade dos Estados, não existe qualquer exigência, ainda que nalguns casos se refira a necessidade do estabelecimento de um valor razoável, de mercado, especialmente quando

estiverem envolvidas entidades que façam parte do mesmo Grupo económico;
- Na Bélgica, exige-se que no final de um período de quinze anos o valor total das rendas coincida pelo menos com o valor investido no edifício.

3 – *Impossibilidade de renúncia à isenção nas situações de sublocação*

Apenas na Bélgica existem situações em que se permite a renúncia à isenção na locação mas se proíbe na sublocação.

4 – *Limitações temporais à dedução do IVA incorrido para a prática de operações imobiliárias*

Analisando as regras vigentes na generalidade dos Estados-membros sobre esta matéria, confirma-se a possibilidade de recuperar o IVA suportado no momento em que as facturas são recebidas pelo sujeito passivo que pretende realizar operações imobiliárias com renúncia à isenção de imposto.

Naturalmente que poderá ser necessário optar previamente pela tributação, expressando de maneira mais ou menos formal a intenção de realizar actividades tributadas, mas não se verifica a existência de critérios tão restritivos como os agora vigentes em Portugal (em que a renúncia só pode ocorrer com a celebração dos contratos).

5 – *Restrições objectivas/subjectivas à opção pela tributação*

No que respeita à consagração de restrições objectivas ou subjectivas à possibilidade de renúncia à isenção de IVA em operações imobiliárias, a generalidade dos países da União Europeia impõem apenas que se trate de imóveis destinados a um fim comercial (exclui-se, portanto, a habitação privada) e ambas as partes sejam sujeitos passivos de imposto. E estes eram genericamente os requisitos previstos no anterior regime vigente em Portugal.

Contudo, existem restrições pontuais que iremos descrever:

- Na Alemanha, em situações de locação, o locatário deverá utilizar o imóvel exclusivamente em operações que concedem o integral direito à recuperação de IVA;

- Na Eslovénia, o adquirente do imóvel ou o seu locatário, têm de ter direito a recuperar integralmente o imposto (não podendo desenvolver operações parcialmente isentas);
- Em Espanha, o adquirente terá de ser um sujeito passivo que possa recuperar a totalidade do IVA incorrido na aquisição da propriedade;
- Na Grécia, apenas é possível renunciar à isenção quando estivermos perante a locação de um centro comercial ou das suas partes autónomas;
- Na Holanda, o vendedor ou locador apenas podem optar por tributar, desde que o adquirente ou locatário utilizem o imóvel em operações que concedam o direito à dedução de pelo menos 90% do IVA incorrido;
- No Luxemburgo, o comprador e o locatário têm de ter uma percentagem de recuperação de IVA superior a 51%;
- Na Suécia, o locador tem de ceder o imóvel por um período superior a 9 meses.

A generalidade dos Estados consultados não têm outras restrições de relevo, sendo ainda de mencionar o facto de apenas o Reino Unido impor um requisito similar ao da constituição da propriedade horizontal [16].

Em conclusão, observando sumariamente as regras sobre opção pela tributação vigentes na maioria dos Estados-membros (e presumindo-se estarem incluídos neste universo as "melhores práticas" invocadas pelo legislador português), conclui-se que a Bélgica terá um regime algo restritivo, mas ainda assim incomparável ao regime português, que reúne talvez o conjunto mais alargado de normas contrárias aos princípios definidores do imposto, tal como interpretados pelo TJCE.

Apesar de não termos pretendido realizar um estudo detalhado neste domínio, é possível questionar se a observância das "melhores práticas" se traduziu numa análise dos diversos regimes vigentes na União Europeia e na subsequente identificação das normas que mais

[16] Curiosamente, na Finlândia é possível ceder apenas uma divisão de uma fracção (por exemplo, um quarto) e a jurisprudência desse país admite até a autonomização de outro tipo de espaços, desde que constituam uma unidade separável e funcional.

desajustadamente implementaram a Sexta Directiva como modelo para as normas portuguesas.

Não sabendo a resposta a esta questão, sabe-se porém que as normas hoje aplicáveis em Portugal no âmbito do regime de IVA do sector imobiliário não se encontram em consonância com a prática da generalidade dos Estados-membros da União Europeia.

5. Conclusões

Relembremos o conteúdo da Directiva n.º 2006/112/CE: estabelece-se inequivocamente nesse diploma que os Estados-membros determinam as regras de exercício do direito de opção pela tributação e podem restringir o âmbito deste direito.

Será admissível à luz dessa indicação estabelecer restrições arbitrárias, tais como as que foram introduzidas no Decreto-Lei n.º 21/2007? Será a restrição do âmbito do direito de opção admitida pela Directiva uma restrição discricionária?

Parece-nos que as restrições do âmbito do direito de opção se devem limitar à objectividade das situações susceptíveis de renúncia à isenção.

Ou seja, poderá por exemplo permitir-se a renúncia à isenção em função do tipo objectivo de imóveis envolvidos mas, uma vez definidos os tipos de bens em concreto, não se poderão artificialmente criar restrições que apenas esvaziam o sentido útil de uma eventual opção pela tributação (*v.g.*, necessidade de constituição de propriedade horizontal no edifício ou a extraordinária proibição de renúncia à isenção em contratos de sublocação).

De facto, sempre que se comprove que os objectivos das restrições não se coadunam com o escrupuloso cumprimento do princípio da neutralidade tributária em sede de IVA e com o princípio da proporcionalidade, as mesmas deverão ser consideradas contrárias ao sistema comunitário de imposto, como o TJCE teve já ampla oportunidade de referir em abundante jurisprudência.

Uma vez mais importa recordar que o anterior regime não era de modo algum perfeito, contendo igualmente limitações desajustadas ao direito à dedução (inicialmente quanto ao *timing*, posteriormente afectando também a sua extensão), mas cuja intenção era pelo menos inteligível.

O novo regime, ao contrário, parece ter sido elaborado por um legislador desconhecedor da realidade dos factos, desconhecedor da própria mecânica de funcionamento do imposto, desconhecedor das práticas existentes noutros Estados-membros, atendendo à cumulação de restrições que foi introduzida, que comprometem inclusivamente a própria capacidade de optar pela tributação. Afastamo-nos daquele que deveria ser o objectivo fundamental: procurar que a isenção não se aplique quando daí resulte prejuízo para os operadores, reservando a sua efectiva vigência para quando é realmente benéfica na esfera do consumidor final.

O novo diploma não pode causar senão perplexidade aos agentes económicos, aguardando-se igualmente que o mesmo possa ser apreciado pelas autoridades comunitárias, seja pela Comissão Europeia, seja pelo TJCE, causando certamente idêntica estupefacção.

Aos cultores destas matérias, o novo diploma cria a aparência de se querer revogar um regime não o revogando.

Grupos de IVA

Alexandra Martins

Consultora Fiscal

RESUMO

A instituição de um regime de Grupos de IVA em Portugal apresenta inegáveis vantagens que justificam a sua inclusão no programa do legislador nacional.

Faculta simplificações administrativas e a inerente redução de recursos afectos a tarefas improdutivas, propicia a neutralidade das formas de organização empresarial, em particular nos sectores de actividade com isenções incompletas, e favorece a competitividade das empresas portuguesas e o investimento em Portugal.

Palavras-chave:

IVA
Grupo fiscal
Neutralidade

ABSTRACT

The implementation of a VAT fiscal unity system in Portugal encompasses many advantages which justify its adoption by the national lawmaker.

VAT Groups allow administrative simplification, the reduction of costs connected with non-productive tasks, enhances the neutrality of business organizations, in particular in those sectors of activity ruled by the exemption without deduction regime, and favors the competitiveness of Portuguese companies and inbound investment.

Keywords:

VAT
Fiscal Unity
Neutrality

1. A figura da empresa plurisocietária

1.1. *Implicações genéricas do fenómeno plurisocietário*

A realidade dos mercados e a internacionalização dos grupos empresariais suscitou e generalizou o fenómeno da empresa plurisocietária ou dos grupos de sociedades, *de iure*, ou, simplesmente, *de facto*, submetidos a uma direcção unitária comum.

Assim, a estrutura plurisocietária constitui, hoje, o modelo-regra de organização empresarial e deriva genericamente de um acréscimo de dimensão, sem paralelo histórico, das unidades económicas. O redimensionamento e a concentração de empresas surge porque se torna premente apostar na eficácia organizativa, a montante, tendo em vista contribuir para um acréscimo de produtividade, a jusante.

A problemática da empresa plurisocietária, submetida a uma direcção económica una, revela, no entanto, uma contradição nos seus próprios termos. Como salienta José A. Engrácia Antunes[1], por um lado, assenta na autonomia jurídica dos entes societários que dela fazem parte e, por outro, na dependência e controlo intersocietários: oscila entre pluralidade jurídica *versus* unidade de acção.

A superação do paradoxo passa pela adopção de técnicas jurídicas que sirvam o fenómeno de concentração económica e regulem as relações internas entre os membros do grupo, as relações externas com terceiros, *maxime* com os credores sociais e o Estado, e a sua extinção.

Trata-se de transformar um mero poder de facto, inerente aos grupos económicos, num regime jurídico especial, que atribua efeitos juridicamente conformadores ao poder de direcção da sociedade-mãe e lhes associe os correlativos deveres de protecção das sociedades dominadas, dos terceiros que com ela transaccionam e dos sócios minoritários.

Numa breve análise de direito comparado, Klaus Hopt[2] identifica, no estádio de formação do grupo, como principal questão, a revelação

---

[1] *Cfr.* José A. Engrácia Antunes, *"Grupos de Sociedades, Estrutura e Organização Jurídica da Empresa Plurisocietária"*, 2.ª edição, Almedina, 2002, pp. 45-49.

[2] *Cfr.* Klaus J. Hopt, "Legal Issues and Questions of Policy in the Comparative Regulation of Groups", *in Rivista delle Societá* (I Gruppi di Societá), a Cura di Ariberto Mignoli e Guido Rossi, Vol. Primo, Milano, Giuffrè, 1996, pp. 45-64.

ao público da relação grupal, que denomina de "*disclosure*". O público deve estar ciente que está perante uma sociedade que não é independente, porque pertence a um grupo de sociedades[3].

No estádio ulterior de funcionamento do grupo, acresce a previsão de um regime de responsabilidade a que seja subordinada a sociedade cúpula grupal. Este regime pode assumir contornos diversificados, equivalendo, no seu expoente máximo, à desconsideração da personalidade jurídica das sociedades (*durchgriff* alemão ou *piercing the corporate veil*), solução normalmente utilizada para situações de domínio integral[4].

O Código das Sociedades Comerciais enquadra a temática dos grupos de sociedades no capítulo mais geral das relações intersocietárias, sob a epígrafe de sociedades coligadas[5].

Apenas para as relações de grupo *stricto sensu*, constituídas por domínio integral associado à detenção da totalidade do capital social, a um contrato de subordinação ou a um contrato de grupo paritário, o CSC consagrou um regime jurídico excepcional[6].

Caracteriza-se, em síntese, pelo poder legal de direcção da sociedade dominante sobre a gestão das dominadas, com a sobreposição do interesse do grupo ao interesse social destas últimas, quando isoladamente consideradas, associado a um sistema especial de tutela estabelecido em favor destas sociedades e dos respectivos credores sociais[7], traduzido num regime de responsabilidade por dívidas e de assunção das perdas incorridas.

No que se refere à relação de domínio, o CSC não estabelece qualquer regime especial, para além da singela proibição do seu artigo

---

[3] Impõem-se, neste contexto, medidas de protecção dos sócios minoritários e, eventualmente, em certas circunstâncias, uma "*OPA*" compulsória.

[4] A sociedade-mãe é responsabilizada pelas dívidas das subsidiárias e/ou assume as perdas incorridas pelas sociedades dominadas.

[5] No Título VI, artigos 481.º e seguintes do CSC.

[6] *Cfr.* artigos 488.º e segs. do CSC. Suscita-se, aqui, a dúvida acerca da integração nesta categoria das situações em que se verifique a titularidade de participações sociais em, pelo menos, 90% do capital social, face ao disposto no artigo 490.º e sua inserção sistemática na secção I pertencente aos Grupos constituídos por domínio total. Para efeitos fiscais, o Código do IRC tem recorrido à métrica dos 90%.

[7] *Cfr.* José A. Engrácia Antunes. "*Grupos de Sociedades ..:*", cit., pp. 486 e 487.

487.º, que se deve considerar revogada para as sociedades anónimas[8], e do dever de declaração da existência dos instrumentos constitutivos da relação de domínio, constante do artigo 486.º, n.º 3 daquele diploma, inserido no fim genérico de publicidade e transparência dos instrumentos de coligação que perpassa todo o espectro de relações previstas no artigo 482.º do CSC.

Não há, por conseguinte, um verdadeiro regime grupal privatístico para as sociedades meramente controladas, aplicando-se, por via de regra, o *ius communis* do CSC.

Trata-se hoje de uma opção questionável que deverá ser re-equacionada, tendo em conta que a pulverização accionista de muitos grupos económicos implica que o controlo da gestão e uma direcção una, bem como os inerentes vínculos económicos e organizacionais, se alcancem com participações simplesmente maioritárias[9] dos direitos de voto.

Deste modo, também nas relações de simples domínio, à multiplicidade de entes jurídicos se pode, e na maioria impressiva dos casos ir-se-á, contrapor uma unicidade económica e de comando. Tal antagonismo merece regulação jurídica diferenciada face aos demais casos em que os entes societários não são objecto, quanto às principais opções e decisões tomadas, de uma orientação unívoca.

À semelhança do que ocorre no direito privado, importa equacionar numa perspectiva *jus* tributária, a adopção de disciplina(s) autonomizada(s), que reconheça(m), na pluralidade de entes societários[10] que integram os grupos empresariais, os elementos de unidade ou coesão que lhes presidem e que traduzem vínculos económicos, patrimoniais e/ou financeiros e organizacionais.

Trata-se de encarar o grupo globalmente, como uma unidade económica, objectivo este que pode ser materializado através de mecanismos com gradações várias.

Neste âmbito, são diversas as questões e problemas que se colocam, quer no domínio da tributação directa, designadamente em sede de

[8] Vejam-se os artigos 325.º-A e 325.º-B do CSC.

[9] E, muitas vezes, inferiores.

[10] Poderemos, inclusivamente, com alguma frequência, deparar-nos com entidades que não revistam a forma de sociedades comerciais, designadamente Agrupamentos Complementares de Empresas ou outras figuras associativas.

Imposto sobre o Rendimento das Pessoas Colectivas (IRC), quer no contexto dos impostos indirectos, em particular no que se refere ao Imposto do Selo e ao Imposto sobre o Valor Acrescentado (IVA).

No primeiro caso [dos impostos directos], o principal vector da criação de um regime tributário privativo para os grupos empresariais prende-se com o princípio da igualdade na vertente da capacidade contributiva[11].

Com efeito, a tributação agregada do grupo aponta para o rendimento [lucro] real numa perspectiva integrada, visão que pode não ser atingida pela análise parcelar das unidades (sociedades) que compreendem o grupo. Assim, se uma das sociedades dentro do perímetro registou resultados negativos, configurando prejuízos fiscais, estes poderão (aliás, deverão) ser subtraídos aos lucros que tiverem sido gerados por outras sociedades do grupo, alcançando-se desta forma a matéria tributável líquida efectiva e a correspondência entre a base de incidência do imposto e o rendimento real da unidade económica que consubstancia o grupo.

No domínio do IVA e, porque não, do próprio Imposto do Selo, está primacialmente em causa o princípio da neutralidade[12] e a diminuição do ónus de gestão administrativa destes impostos.

---

[11] Sobre o princípio da igualdade tributária e da capacidade contributiva, como princípios estruturantes do sistema fiscal veja-se José Casalta Nabais, *O Dever Fundamental de Pagar Impostos*, Almedina, Coimbra, 1998, em particular pp. 437-445. No mesmo sentido Eduardo Paz Ferreira, Notas sobre a decisão financeira e a União Económica Monetária, *in Estudos jurídicos e económicos em homenagem ao Professor Doutor António de Sousa Franco*, Vol. I, Edição da FDL, Lisboa, 2006, pp. 753-756. Refere este autor que "*Os modernos sistemas fiscais organizam-se fundamentalmente na base da verificação da existência de determinadas circunstâncias que levam a presumir uma certa capacidade contributiva – uma especial aptidão para contribuir para a cobertura das necessidades públicas – isto apesar das tentativas a que se vem assistindo, no sentido de recorrer ao princípio do benefício, como critério inspirador de tributação. A capacidade contributiva legitima o Estado a pedir uma contribuição que representa, em última análise, o "preço" pela garantia da existência de bens públicos*". Também José Luís Saldanha Sanches, *Manual de Direito Fiscal*, 3.ª edição, Coimbra Editora, 2007, pp. 209-237.

[12] Não uma neutralidade fiscal absoluta, segundo a "qual os impostos deveriam ser estabelecidos em moldes que não interferissem com a realização dos equilíbrios espontâneos definidos pelos mercados" e que tivessem apenas como objectivo a "cobertura

Na economia da presente análise iremos versar exclusivamente o tema do IVA.

1.2. *O incremento dos fluxos económico-financeiros* intra-grupo

Com o surgimento e a generalização do fenómeno da empresa plurisocietária, assiste-se, principalmente desde os anos 90, a uma tendência consistente dos grupos empresariais no sentido do incremento dos fluxos económico-financeiros internos ou *intra-grupo*, resultante da conjugação de diversos factores. Destacamos três, que abordamos nos pontos seguintes.

1.2.1. *Focalização das sociedades individuais nas funções essenciais à criação de valor: a produção de bens e serviços e a sua comercialização*

Os grupos de empresas, na procura de uma estruturação interna eficiente, têm centralizado as funções de suporte, também denominadas de *back-office*, designadamente nas áreas administrativa, financeira e de suporte informático.

A matriz de empresa plural está na génese da centralização das mencionadas funções, que passam a ser asseguradas *intra*-grupo por entidades especializadas, unidades autónomas de serviços partilhados, ainda que sob formas jurídicas distintas, sendo as mais comuns em Portugal, a societária e o agrupamento de empresas. Trata-se dos conhecidos "*shared service centres*", centros de excelência ou centros de competência.

Estas funções, tradicionalmente desenvolvidas na esfera individual, têm vindo a ser gradualmente transferidas para as unidades de serviços partilhados, vocacionadas para a prestação de serviços de apoio

---

dos gastos públicos indispensáveis", mas uma neutralidade amenizada, ou "neutralidade relativa", no sentido de que os impostos devem ser neutros mas apenas em relação aos meios de produção – J. ALBANO SANTOS, "Os Sistemas Fiscais: Análise Normativa", *in Ciência e Técnica Fiscal*, n.º 388, Out-Dez 1997, Centro de Estudos Fiscais, pp. 23 e 24.

às empresas do grupo. Este processo permite racionalizar a utilização dos recursos disponíveis e a obtenção de sinergias, ganhos de escala e a uniformização de procedimentos, libertando recursos para a actividade principal, o *core business* das entidades integrantes do perímetro grupal.

Mais concretamente, as sociedades individuais que formam o grupo deixam de ter, cada uma delas, um departamento de recursos humanos, um departamento de contabilidade, um departamento de logística, entre outros. Estas funções de suporte são transferidas e passam a estar centralizadas numa só entidade – centro de serviços partilhados – que executa e presta estes serviços, de forma especializada, às demais sociedades.

1.2.2. *Adequação da oferta às exigências dos consumidores*

Torna-se cada vez mais complexo tipificar os comportamentos dos consumidores, que exigem produtos e serviços adaptados às suas necessidades específicas.

Efectivamente, assiste-se a uma desintegração dos clássicos mercados de massas em centenas de *micro-mercados*, o que obriga a uma colaboração cada vez mais estreita entre a área de marketing e os restantes departamentos, exigindo-se a criação de estruturas mais flexíveis e menos pesadas, delineadas em função das particularidades de cada um desses mercados.

Neste contexto, tem-se assistido à criação progressiva de sociedades de menor dimensão, especializadas na resposta aos nichos de mercado.

Estas sociedades assentam a sua actividade em estruturas reduzidas e, como tal, exigem, por parte do grupo, apoio financeiro e suporte organizativo e de gestão, traduzindo-se, consequentemente, num aumento do volume de transacções *intra*-grupo.

1.2.3. *Integração vertical das áreas tradicionais de negócio*

Embora marcados, de forma paulatina, por uma segmentação definida em função das necessidades do mercado, os grupos empresariais continuam, nas suas áreas tradicionais de negócio, a procurar assumir o controle de todas as fases da cadeira de produção e de comercialização.

Neste domínio, a tendência tem sido a de fazer corresponder a cada estágio de produção uma sociedade jurídica autónoma, o que contribui igualmente para o aumento das transacções *intra*-grupo. Por vezes, esta segregação deriva mesmo de imposição legal, como ocorreu recentemente com o sector energético[13].

Pode concluir-se que, na sua estrutura típica actual, os grupos empresariais apostam num modelo de concentração "*plurisectorial integrada*[14]", caracterizado pela segmentação da sua intervenção em linhas de negócio que, embora distintas, se encontram ligadas entre si por canais de dependência comum, potenciando o volume de operações efectuadas entre as empresas do grupo.

Deste modo, para além da difusão da matriz plurisocietária, constata-se o crescimento exponencial das transacções *intra*-grupo, que atinge transversalmente os diversos entes que compõem o grupo.

2. O regime de IVA da empresa plural

2.1. *Síntese do sistema comunitário*

A incidência de IVA, na vertente subjectiva, baseia-se na identificação entre a categoria de sujeito passivo de IVA e a pessoa jurídica, justificada, em tese geral, em qualquer estrutura *jus-tributária*. Assim, o sujeito passivo da relação de imposto é definido como "*qualquer pessoa*

[13] Vejam-se a este respeito as modificações introduzidas pelo Decreto-Lei n.º 172/2006, de 23 de Agosto, que veio regulamentar os princípios gerais relativos à organização e funcionamento do sistema eléctrico nacional, consagrados no Decreto-Lei n.º 29/2006, de 15 de Fevereiro, em transposição da Directiva 2003/54/CE do Parlamento Europeu e do Conselho, de 26 de Junho de 2003 (Directiva da Energia), que estabelece as regras comuns para a concretização do mercado interno da electricidade e tem como objectivo primordial promover a aceleração do processo de liberalização do sector energético no espaço comunitário.

[14] Deixou assim de ser possível classificar o modelo de concentração dos grupos económicos segundo os cânones clássicos: concentração horizontal ou concentração vertical.

que exerça, de modo independente e em qualquer lugar, uma actividade económica, seja qual for o fim ou o resultado dessa actividade"[15] [16].

Não obstante a correspondência assinalada, desde a versão originária do sistema comum do IVA, estabelecido pela Directiva 77/388/CEE, do Conselho, de 17 de Maio[17] ("Sexta Directiva"), que a realidade dos grupos, materializada na existência de múltiplas entidades submetidas a um condutor comum, mas dotadas de personalidade jurídica própria, normalmente sob a forma societária, foi, para efeitos deste imposto, objecto de tratamento autónomo.

Com efeito, o regime comunitário harmonizado, prevendo as consequências e virtual desadequação do conceito de sujeito passivo[18], assente na personificação jurídica, à realidade grupal, consagrou uma norma de incidência subjectiva especial, constante do artigo 4.º, n.º 4, II parágrafo da Sexta Directiva, que *infra* se transcreve:

> *"Sem prejuízo da consulta prevista no artigo 29.º*[19]*, os Estados membros podem considerar como um único sujeito passivo as pessoas estabelecidas no território do país que, embora juridicamente independentes, se encontrem estreitamente vinculadas entre si nos planos financeiro, económico e de organização*".

A revogação substitutiva pela Directiva 2006/112/CE, do Conselho, de 28 de Novembro[20] ("Directiva do IVA"), que entrou em vigor em

---

[15] *Cfr.* artigo 9.º, n.º 1 da Directiva do IVA (2006/112/CE), correspondente ao artigo 4.º, n.º 1 da Sexta Directiva (77/388/CEE).

[16] Estas actividades económicas são "*todas as actividades de produção, de comercialização ou de prestação de serviços, incluindo as actividades extractivas, agrícolas e as das profissões liberais ou equiparadas. É, em especial considerada actividade económica a exploração de um bem corpóreo ou incorpóreo com o fim de auferir receitas com carácter de permanência*".

[17] *Cfr.* JOCE L 145, de 13 de Junho de 1977.

[18] *Cfr.* artigo 4.º, n.º 1 da Directiva 77/388/CEE.

[19] A referência ao artigo 29.º da Directiva remete-nos para o procedimento próprio de consulta prévia ao Comité do Imposto sobre o Valor Acrescentado ("Comité"). Note-se que se trata de uma mera consulta desprovida de efeitos vinculativos.

[20] *Cfr.* JOUE L 347, de 11 de Dezembro de 2006.

1 de Janeiro de 2007, manteve praticamente inalterado o teor do texto comunitário que, actualmente, dispõe:

> *"Após consulta do Comité Consultivo do Imposto sobre o Valor Acrescentado (a seguir designado "Comité do IVA"), cada Estado-Membro pode considerar como um único sujeito passivo as pessoas estabelecidas no território desse mesmo Estado-Membro que, embora juridicamente independentes, se encontrem estreitamente vinculadas entre si nos planos financeiro, económico e de organização"*[21].

Deparamo-nos, pois, com um regime especial, de carácter facultativo para os Estados-Membros, cuja origem remonta ao *Organschaft* de direito alemão, figura firmada no reconhecimento unitário da empresa plural ou multisocietária.

A permissão normativa encerra a possibilidade de os Estados-Membros considerarem uma pluralidade de entes jurídicos, que naturalmente corresponderiam a um número equivalente de sujeitos passivos, como um único sujeito passivo, formando o denominado "Grupo de IVA".

No entanto, o regime da Directiva faz apelo a conceitos gerais, indeterminados e de teor polissémico que não têm sido objecto de interpretação uniforme por parte dos Estados-Membros.

Acresce salientar que, com frequência, a mencionada permissão comunitária tem sido encarada, não no seu sentido literal – *littera legis* –, mas como um limite máximo, numa acepção "*a maiore ad minus*", dando lugar à adopção de regimes intermédios ou híbridos que não se enquadram de forma linear na estatuição normativa.

No entanto, a legitimação de tal leitura resulta reforçada com a aprovação da Directiva do IVA (2006/112/CE), que passou a referir expressamente no II parágrafo do artigo 11.º que um Estado-Membro que exerça a opção de instituir Grupos de IVA "*pode adoptar as medidas necessárias para evitar a possibilidade de fraude ou evasão fiscais em razão da aplicação dessa disposição*".

---

[21] Artigo 11.º da Directiva do IVA.

Por conseguinte, afigura-se que a coberto da antevisão de manobras elisivas dos sujeitos passivos, podem os Estados-Membros adoptar "*à la carte*" os mecanismos necessários à sua evitação, delineando regimes de Grupos de IVA *à medida*, pontuados por idiossincrasias nacionais.

A referida faculdade tem sido efectivamente concretizada pelos Estados-Membros em moldes diversificados, com maior ou menor amplitude e, em certos casos, circunscrita a sectores de actividade ou situações específicas. **Não existe, portanto, um modelo único ou padronizado de "Grupos de IVA" na União Europeia**.

Por um lado, como consequência-tipo da adopção de Grupos de IVA, no paradigma do *Organschaft* puro, as "transmissões de bens" e "prestações de serviços" efectuadas entre as pessoas [geralmente sociedades] que o integram passam a ser encaradas como meros fluxos internos da organização, irrelevantes para efeitos de IVA.

Por outro lado, existem modalidades de Grupos de IVA que se limitam à compensação de saldos *intra*-grupo e à apresentação de declarações fiscais unificadas.

Noutros casos, ainda, o regime de *Organschaft* é acolhido, mas apenas em sectores em que a inexistência do mesmo é passível de causar obstáculos reais e significativos ao princípio da neutralidade, como ocorre com a actividade financeira e seguradora, em virtude do seu limitado, e por vezes inexistente, direito à dedução do IVA.

Cabe, por fim, referir que se a necessidade de previsão de Grupos de IVA se suscitou quando da aprovação da Sexta Directiva, no final dos anos 70, ela se agudizou com o progressivo alargamento dos mercados e o fenómeno de concentração empresarial. Reflexo desta asserção é o número crescente de Estados-Membros que têm vindo a adoptar a opção expressa pela Directiva do IVA, e que hoje são claramente maioritários.

Tal não significa que se sufrague um regime de IVA no seu arquétipo máximo, decalcado do *Organschaft* alemão. Propõe-se, antes, uma via intermédia ou mitigada, que retire todas as principais vantagens de um sistema de Grupos de IVA, sem afectar os princípios fundamentais de funcionamento deste imposto.

2.2. *Experiência comparada*

De acordo com um estudo levado a efeito pela consultora KPMG em Dezembro de 2007, são 16[22] os Estados-Membros da União Europeia que, até ao presente, fizeram uso da prerrogativa conferida pelo artigo 11.º da Directiva do IVA, instituindo um regime de Grupos de IVA conforme ilustrado na tabela *infra*:

Estados-Membros com Grupos de IVA	Estados-Membros sem Grupos de IVA
Alemanha	Bulgária
Áustria	Eslováquia
Bélgica	Eslovénia
Chipre	França
Dinamarca	Grécia
Espanha[23]	Letónia[25]
Estónia	Lituânia
Finlândia	Luxemburgo
Hungria	Malta
Irlanda	Polónia
Itália	Portugal
Países Baixos	
Reino Unido	
República Checa[24]	
Roménia	
Suécia	

[22] Confirmando este número, embora ainda sem a República Checa, *cfr.* Kenneth Vyncke, "VAT Grouping in the European Union: Purposes, Possibilities and Limitations", *in International VAT Monitor 18*, Amsterdam, July/August 2007, p. 250.

[23] Em Espanha o regime de Grupos de IVA foi aprovado em Novembro de 2006 e entrou em vigor em 1 de Janeiro de 2008.

[24] O regime de Grupos de IVA foi introduzido na República Checa como parte integrante da reforma orçamental em curso, no final do ano 2007. No entanto, de acordo com a informação veiculada pelo Ministério das Finanças checo, apenas será possível registar Grupos de IVA a partir de 1 de Janeiro de 2009.

[25] A adopção do regime dos grupos de IVA está presentemente em discussão na Letónia, prevendo-se, em breve, a apresentação de propostas legislativas concretas.

2.2.1. *Breve análise comparativa*

Apresentamos, de seguida, a sinopse de alguns aspectos particulares do regime de Grupos de IVA nos Estados-Membros que, de alguma forma, o adoptaram.

(a) Alemanha

O direito interno alemão não só possibilita a tributação consolidada, para efeitos de IVA, como, perante a verificação de determinados pressupostos, impõe a aplicação obrigatória deste regime, no âmbito de relações de domínio integral.

À semelhança do disposto no artigo 11.º da Directiva do IVA, a inserção num Grupo de IVA envolve a existência de laços de dependência económicos, financeiros e organizacionais entre as diversas entidades, submetidas a uma direcção una.

As transmissões de bens e as prestações de serviços efectuadas entre as empresas que integram o "*Organschaft*" não se encontram sujeitas a IVA.

(b) Áustria

Na Áustria os Grupos de IVA são de aplicação automática e também obrigatória, desde que se encontrem verificados os requisitos de integração económica, financeira e organizacional das sociedades que compõem o Grupo.

Neste âmbito, basta que os grupos económicos informem, por escrito, a Administração Tributária de que os pressupostos de integração grupal, previstos na legislação austríaca, se encontram preenchidos, para que passem a ser tributados de forma consolidada, em sede de IVA.

As transmissões de bens e as prestações de serviços efectuadas entre as empresas que integram o "*Organschaft*" não se encontram sujeitas a IVA.

(c) Bélgica

A legislação belga prevê a criação de Grupos de IVA, tendo este regime entrado em vigor em 1 Abril de 2007, com carácter optativo.

Os sujeitos passivos estabelecidos em território belga, que estejam vinculados nos planos financeiro, organizacional e económico, podem optar por serem tributados como se fossem um único sujeito passivo para efeitos de IVA.

As transacções *intra*-grupo não são sujeitas a IVA, nem têm de ser objecto de facturação.

(d) Chipre

A existência de uma direcção económica unitária constitui o elemento caracterizador fundamental, permitindo-se a constituição de Grupos de IVA se estiverem preenchidos determinados requisitos e conquanto se verifique o controlo comum dos membros que integram o perímetro do Grupo. Trata-se, portanto, de um regime facultativo.

As operações *intra*-grupo não são sujeitas a IVA.

(e) Dinamarca

Neste país, apenas as empresas que exerçam, simultaneamente, actividades isentas[26] e tributadas podem ser abrangidas pelo regime dos Grupos de IVA.

Como condição adicional, a legislação dinamarquesa exige que as sociedades que compõem o Grupo se encontrem, directa ou indirectamente, numa relação de domínio integral, *i. é*, que sejam encabeçadas por uma sociedade que detenha, de forma directa ou indirecta, a totalidade do capital social das demais.

As operações realizadas no perímetro do Grupo não são sujeitas a IVA.

(f) Espanha

De acordo com a legislação aprovada em Novembro de 2006[27], no quadro de combate à fraude e evasão fiscais, o regime de Grupos

[26] Referimo-nos àqueles que não conferem o direito à dedução.

[27] Porém, a entrada em vigor dos Grupos de IVA foi postecipada para 1 de Janeiro de 2008.

de IVA é de adopção facultativa e permite dois níveis diferenciados de agrupamento.

Num primeiro patamar, limita-se a consagrar a compensação de saldos *intra*-grupo através da adopção de um sistema integrado de declarações de IVA gerido pela entidade dominante, sobre a qual recai a responsabilidade de preenchimento e submissão de uma declaração consolidada. No âmbito da declaração consolidada, que corresponde à soma das declarações individuais dos membros do Grupo, os créditos de imposto reportados individualmente podem ser "absorvidos" por saldos de IVA a favor do Estado, declarados por diferentes entidades do Grupo.

Num segundo nível, o regime permite a tributação das transacções *intra*-grupo com base num método específico de determinação do valor tributável. Este valor passa a ser constituído unicamente pelo "*custo dos bens e serviços (inputs) que tenham sido adquiridos com sujeição ao imposto*". Estas operações *intra*-grupo configuram um sector diferenciado de actividade e o Grupo deve dispor de um sistema de informação analítica que permita a aplicação do método da afectação real, assente em critérios de imputação razoáveis.

Em qualquer caso, podem solicitar a integração num Grupo de IVA entidades de natureza civil ou comercial. Devem encontrar-se em relação de domínio e a entidade dominante deter, pelo menos, directa ou indirectamente, metade do capital das entidades dependentes. O exercício da opção pelo regime dos Grupos de IVA tem uma validade mínima de 3 anos, sucessivamente prorrogáveis, salvo renúncia expressa.

(g) Estónia

A constituição de Grupos de IVA é possível na Estónia, desde que estejam preenchidos determinados requisitos, de entre os quais se destaca o controlo e direcção unitária dos membros que integram o perímetro do Grupo. Trata-se de um regime facultativo.

As transacções *intra*-grupo são desconsideradas, para efeitos de IVA.

(h) Finlândia

A Finlândia possibilita a opção pelo regime grupal a organizações empresariais cuja sociedade-mãe exerça, a título principal, uma actividade financeira ou seguradora.

Exige-se, ainda, que as sociedades que integram o perímetro do Grupo se encontrem integradas numa perspectiva económica, financeira e organizacional.

Nestas circunstâncias, não são sujeitas a IVA as operações realizadas no seio do Grupo.

(i) Hungria

Até à entrada em vigor da reforma fiscal húngara, em 1 de Janeiro de 2008, o regime de Grupos de IVA era sectorial, restringindo-se às instituições de crédito, sociedades de investimento e companhias de seguros.

Actualmente este regime opcional é extensivo a todos os grupos económicos que observem os seguintes requisitos:

- Todos os membros sejam sujeitos passivos de IVA estabelecidos na Hungria ou sucursais húngaras de empresas estrangeiras;
- Todos os membros pertençam a um único grupo económico;
- Exista uma relação de domínio / influência dominante.

Não são sujeitas a IVA as operações *intra*-grupo.

(j) Irlanda

Encontra-se prevista a criação de Grupos de IVA, com carácter opcional, conquanto sejam cumpridos determinados pressupostos e os membros do Grupo se encontrem estreitamente ligados de um ponto de vista financeiro, económico e organizacional.

A Administração Tributária tem, nesta matéria, poderes discricionários podendo, entre outros, recusar o registo de um Grupo de IVA, impor o agrupamento ou a exoneração de membros.

Em geral, as transacções *intra*-grupo são desconsideradas para efeitos de IVA, com excepção das operações imobiliárias.

(l) Itália

Em Itália é possível a adopção de Grupos de IVA por sociedades que se encontrem em relação de domínio. Para tal, exige-se o preenchimento, entre outros, dos seguintes requisitos:

- Os serviços *intra*-grupo prestados serem considerados acessórios à actividade das sociedades;
- O prestador dos serviços ser uma sociedade italiana ou uma sociedade totalmente detida por uma empresa italiana.

O conceito de Grupo de IVA em Itália concretiza-se na possibilidade de aplicação do regime de isenção de IVA previsto no artigo 6.º, parágrafo 1 da Lei n.º 133/1999 aos serviços prestados *intra*-grupo no sector financeiro, bem como à compensação de saldos de IVA.

(m) Países Baixos

À semelhança do que ocorre na Alemanha, a aplicação do regime dos Grupos de IVA não só é permitida, como pode mesmo tornar-se obrigatória, dependendo do grau de integração económica, financeira e organizacional das entidades que integram o perímetro do Grupo.

As operações *intra*-grupo não são sujeitas a IVA.

(n) Reino Unido

O Reino Unido permite a adopção do regime de Grupos de IVA se uma das sociedades (dominante) controlar, directa ou indirectamente, as sobrantes, podendo este controlo ser exercido de diversas formas, sendo a mais comum a detenção da maioria dos direitos de voto.

O fornecimento de bens e serviços e os redébitos entre empresas que integram o perímetro do Grupo, são enquadrados como operações não sujeitas a IVA.

A Administração Tributária britânica dispõe de poderes discricionários neste domínio, podendo recusar o registo de Grupos de IVA ou determinar a saída de membros do perímetro grupal.

(o) República Checa

O regime de Grupos de IVA foi recentemente introduzido, no final de 2007, no contexto da reforma das finanças públicas. Reveste carácter opcional e abrange todos os sectores de actividade. Pressupõe, de igual modo, uma relação de domínio entre as entidades que integram o seu perímetro.

A efectiva entrada em vigor do regime foi, no entanto, adiada para 1 de Janeiro de 2009, data a partir da qual será possível proceder ao registo de Grupos de IVA junto das autoridades locais.

(p) Roménia

A Roménia contemplava já um regime de Grupos de IVA quando da adesão à União Europeia, em 1 de Janeiro de 2007. Este regime manteve-se, sem prejuízo da harmonização de algumas normas internas com a Directiva do IVA, por intermédio da da Lei n.º 343/2006.

O Código de IVA romeno prevê a figura do "*grup fiscal unic*" que, contudo, e até Janeiro de 2009, apenas será aplicável a sujeitos passivos que registem um volume de negócios acima de determinado valor.

O regime dos Grupos de IVA pressupõe que as entidades se encontrem sujeitas a uma direcção comum. As operações *intra*-grupo não são sujeitas a IVA.

(q) Suécia

A Suécia restringe a possibilidade de criação de Grupos de IVA ao sector financeiro e segurador, ou a empresas cuja actividade seja constituída por transmissões de bens e prestações de serviços efectuadas ao sector financeiro e segurador em, pelo menos, 70%.

Em qualquer caso, as sociedades que integram o Grupo deverão estar ligadas de um ponto de vista financeiro, económico e organizacional. As operações *intra*-grupo não são sujeitas a IVA.

2.2.2. *Principais tendências*

Da descrição concisa das soluções nacionais perfilhadas pelos 16 Estados-Membros que, até ao momento, consagraram o instituto tributário dos Grupos de IVA, ressalta que, são maioritariamente os Estados-Membros do Leste que aderiram recentemente à União Europeia, aqueles que não dispõem do referido instituto.

Na verdade, da Europa a 15, ou seja, pré-alargamento a leste (ocorrido em 1 de Maio de 2004) são apenas 4 os Estados que não dispõem, ainda, de um regime grupal: França, Grécia, Luxemburgo e Portugal.

Salientam-se, como traços comuns aos regimes de Grupos de IVA vigentes:

- Em regra, existem vínculos financeiros merecedores de tutela quando um sujeito passivo detém mais do que uma determinada percentagem do capital social das entidades/sociedades participadas, ou detém o seu "controlo", em conformidade com critérios estabelecidos na legislação comercial;
- No tocante aos vínculos económicos, são, geralmente, reportados ao exercício do mesmo tipo de actividades (sectorial), à mesma tipologia de clientes, ou ao exercício de actividades complementares ou sucessivas;
- Relativamente ao plano organizacional, existe uma conexão relevante quando os membros estão submetidos a uma liderança ou direcção comum, ou desenvolvem as suas actividades ao abrigo de acordos de subordinação ou de controlo comum.

A não sujeição das operações *intra*-grupo a IVA, ao abrigo de uma norma de delimitação negativa de incidência, é igualmente uma característica comum à maioria dos sistemas, sem prejuízo de acomodar algumas excepções, designadamente em Espanha e Itália.

No entanto, são múltiplas e distintas as *facti species* do instituto nas ordens jurídicas internas.

A Alemanha e a Áustria consagram o seu carácter vinculativo, acompanhadas pelos Países Baixos, embora, neste último caso, a injuntividade decorra de normas anti-abuso específicas, cuja aplicação incumbe à Administração Tributária holandesa. Por seu turno, os demais Estados-Membros deixam à escolha dos sujeitos passivos a subordinação ao regime grupal, desde que se encontrem verificados os respectivos pressupostos de aplicação.

O Reino Unido e a Irlanda conferem às respectivas Administrações Tributárias poderes discricionários que podem conduzir à recusa do registo de Grupos de IVA, à saída ou exoneração de membros do Grupo, ou, até, à imposição do agrupamento.

A Dinamarca, Finlândia, Suécia e Itália prevêem Grupos de IVA unicamente para o sector financeiro e segurador, privilegiando uma resposta sectorial. Itália apresenta a especificidade de o regime se traduzir numa "isenção" ao invés do caso geral de "não sujeição" que se extrai do teor literal da norma da Directiva do IVA. Além desta nota característica, o sistema italiano confina-se à permissão de compensação de saldos *intra*-grupo[28].

Por fim, Espanha seguiu uma via singular, mantendo a tributação das operações *intra*-grupo, mas concedendo aos Grupos de IVA duas alternativas. A primeira consiste na possibilidade de os Grupos calcularem o valor tributável dessas transacções com exclusão das componentes de "custo" que não foram originariamente oneradas com IVA. A segunda, num limiar mínimo, contempla somente a compensação *intra*-grupo de saldos de IVA.

2.3. *O sistema tributário português*

2.3.1. *A tradição do Grupo como unidade fiscal em IRC*

O Grupo constituído por domínio total é reconhecido pela ordem jurídica portuguesa, que lhe atribui efeitos *jus* privatísticos, modelados pelo Código das Sociedades Comerciais. Este reconhecimento tem, ademais, tradição no nosso sistema tributário, em matéria de imposto sobre o rendimento.

O Código do IRC, desde o início da sua vigência[29], estabeleceu uma disciplina própria aplicável aos Grupos de Sociedades, tratando-os como uma "unidade fiscal", através do denominado "Regime de Tributação pelo Lucro Consolidado" previsto no artigo 59.º do respectivo compêndio legal, na redacção em vigor até à Reforma Fiscal de 2001.

Tratava-se de um regime opcional, dependente de um pedido de autorização endereçado à Administração Tributária, para os Grupos constituídos por domínio total, considerando-se como tais aqueles cuja sociedade dominante detivesse, pelo menos, 90% do capital social das

---

[28] Alberto Comelli, "IVA Comunitaria e IVA Nazionale", *in Il Diritto Tributario*, Série I, Volume XCI, coordinato da Antonio e Victor Uckmer, CEDAM, Padova, 2000, pp. 863-865.

[29] Em 1 de Janeiro de 1989.

restantes sociedades do Grupo[30]. A tributação pelo lucro consolidado implicava, em princípio, a eliminação dos resultados internos, *i. é*, daqueles provenientes das operações efectuadas entre as sociedades do Grupo, processo que revestia alguma complexidade.

Com a Reforma Fiscal de 2001, o regime de consolidação fiscal foi substituído pelo "Regime Especial de Tributação dos Grupos de Sociedades" (RETGS), previsto nos artigos 63.º a 65.º do Código do IRC, mantendo-se o seu carácter facultativo, bem como a exigência de detenção de 90% do capital social por parte da sociedade dominante.

A principal novidade do RETGS reside nos efeitos da unidade fiscal. Desaparece, em benefício da simplificação, o método de consolidação e, de acordo com o artigo 64.º do Código do IRC, o lucro tributável do Grupo passa a ser *"calculado pela sociedade dominante, através da soma algébrica dos lucros tributáveis e dos prejuízos fiscais apurados nas declarações periódicas individuais de cada uma das sociedades pertencentes ao grupo" (…) "corrigido da parte dos lucros distribuídos entre as sociedades do grupo que se encontre incluída nas bases tributáveis individuais*".

Logo, não constitui novidade, no nosso sistema fiscal, a tributação unitária dos Grupos.

2.3.2. *Relevância das relações* intra-*grupo: as relações especiais*

Fruto das especificidades das relações *intra*-grupo é, ainda, o complexo normativo destinado a neutralizar os efeitos fiscais das distorções derivadas da sobreposição dos interesses do Grupo *vis a vis* as posições individuais das sociedades que o integram.

A locução "*relações especiais*", convocada nesta sede, expressa a [virtual] falta de independência das relações societárias *intra*-grupo, geradora de desvios ao princípio de plena concorrência nas suas variadas manifestações.

---

[30] *Vide*, também, as orientações administrativas constantes da Circular n.º 4/90, de 9 de Janeiro, da Direcção-Geral das Contribuições e Impostos, e da Circular n.º 15, de 6 de Maio de 1994, da Direcção de Serviços do IRC.

Fala-se aqui na fixação artificial das condições comerciais e preços praticados, também conhecida sob a denominação de "preços de transferência", no estabelecimento de sociedades em territórios com baixa ou nula tributação e em fenómenos de subcapitalização societários, entre outros.

A maioria dos sistemas tributários tem-se munido de cláusulas especiais antiabuso[31], que introduzem mecanismos de *adequação* da incidência fiscal, e que, em regra, logram alcançar a tributação das situações desviantes em moldes idênticos àqueles que seriam aplicáveis se as mesmas não tivessem ocorrido.

2.3.3. De iure condito: *o artigo 2.º do Código do IVA*

Em matéria de IVA, o legislador português não contemplou, até ao momento, a possibilidade de os sujeitos passivos optarem por um regime de tributação de Grupo, desconhecendo-se iniciativas internas que militem nesse sentido.

Na verdade, o artigo 2.º do Código do IVA acolhe a personalidade jurídica como imanente ao conceito de sujeito passivo deste imposto. De acordo com a regra geral constante da alínea a) do n.º 1 do supracitado artigo, são sujeitos passivos de IVA:

> "*As pessoas singulares ou colectivas que, de um modo independente e com carácter de habitualidade, exerçam actividades de produção, comércio ou prestação de serviços, incluindo as actividades extractivas, agrícolas e as das profissões livres (…)*".

[31] Têm esta natureza os regimes de preços de transferência e de "*Controlled Foreign Companies*" (CFC) previstos nos artigos 58.º e seguintes do Código do IRC. Uma outra manifestação do tratamento diferenciado dos Grupos prende-se com a concessão de benefícios fiscais à reorganização de empresas em resultado de actos de concentração ou de acordos de cooperação – *cfr.* artigo 56.º-B do Estatuto dos Benefícios Fiscais, introduzido pela Lei n.º 53-A/2006, de 29 de Dezembro, em substituição do regime similar que constava do Decreto-lei n.º 404/90, de 21 de Dezembro.

O conceito classificatório de pessoa – física ou meramente jurídica – coincide, desta forma, com o elemento delimitador central da incidência subjectiva do imposto.

2.4. *Efeitos da incidência do IVA nas operações* **intra-*grupo***

A tributação em IVA das transacções *intra*-grupo origina diversos efeitos de natureza jurídica, financeira e administrativa.

A respectiva análise não pode abstrair-se do facto de que, de um ponto de vista económico, o Grupo empresarial constitui, em regra, uma realidade unitária e global e que as múltiplas entidades em que o mesmo se decompõe muitas vezes não são mais do que departamentos ou divisões (unidades de negócio), cuja autonomização jurídico-patrimonial visou dotar de maior flexibilidade a gestão individual dos mesmos, sem que tal desvirtue a sua assimilação integrada e unicidade económica.

Assim, à semelhança do que acontece nos impostos sobre o rendimento, deverão identificar-se os fenómenos desviantes e indutores de comportamentos distorcivos, conformando-se as regras tributárias de forma a prevenir esses efeitos ou atenuar o seu impacto.

As consequências jurídicas e financeiras da incidência de IVA sobre os fluxos internos do Grupo são diferenciadas em função do estatuto de IVA dos intervenientes.

Importa, pois, fazer uma distinção primordial entre os Grupos formados por sujeitos passivos que beneficiam do direito à dedução integral do IVA e aqueles que incorporam sujeitos passivos aos quais não assiste o direito à dedução ou em que este é meramente parcelar.

2.4.1. *Efeitos genéricos*

A consideração isolada de cada uma das entidades que integra o grupo económico como um sujeito passivo de IVA, desacompanhada de qualquer simplificação, suscita custos adicionais na cadeia produtiva[32].

---

[32] Não se trata de conceder vantagens adicionais aos sujeitos passivos que formam o Grupo de IVA, mas, simplesmente, de eliminar desvantagens injustas *Cfr.* Kenneth Vyncke, "VAT Grouping ...", *cit.* p. 251.

Podem identificar-se, neste contexto, dois tipos de encargos, geradores de ineficiências diversas.

(a) Acrescida complexidade na administração do imposto

Em primeiro lugar, importa atender aos **custos de gestão do IVA**, numa perspectiva de cumprimento de obrigações administrativas.

Na ausência de um Grupo de IVA, a relação individualizada que se estabelece entre cada uma das entidades do grupo e a Administração Tributária conduz a que estas [entidades] incorram separadamente nestes encargos.

Adicionalmente, se uma sociedade do grupo estiver em situação de crédito de imposto – em que o IVA liquidado nas operações activas é menor do que o IVA deduzido nas aquisições de bens e de serviços – este crédito não pode ser utilizado por outras entidades em posição de pagamento do imposto[33].

Note-se que o crédito de IVA em causa é, desde logo, reconhecido na Declaração Periódica, pelo que na perspectiva do Estado, não há ganho ou perda de receita efectiva de imposto a ponderar, exceptuando algum ganho financeiro pelo "diferimento" do pagamento efectivo dos reembolsos, quando comparado com a sua recuperação imediata através da respectiva assimilação pelo valor de IVA liquidado pelo Grupo[34].

O dispêndio de recursos das empresas na preparação e instrução dos morosos e burocráticos processos de reembolso é totalmente improdutivo, do ponto de vista económico, e não traz qualquer benefício para o Estado.

Acresce referir que a adopção de modelos de inversão do sujeito passivo, que transferem a obrigação de liquidação deste imposto para o adquirente, exacerbam as situações de crédito de imposto e o sequente volume de reembolsos, na esfera dos sujeitos passivos prestadores. Foi

---

[33] Deve notar-se que a recuperação dos créditos de IVA gerados numa determinada declaração periódica apenas poderá ocorrer através do seu reporte em declarações posteriores em que o valor do IVA liquidado seja superior ao do IVA dedutível, ou por via da apresentação de um pedido de reembolso, que, para além de ter um prazo alongado, envolve recursos administrativos consideráveis.

[34] Em rigor deparamo-nos com o financiamento do imposto por parte das empresas, como activo não remunerado.

o que ocorreu recentemente entre nós, com a entrada em vigor, em 1 de Abril de 2007, do Decreto-lei n.º 21/2007, de 29 de Janeiro, no âmbito da prestação de serviços de construção civil[35].

De acordo com um relatório do Departamento Federal de Planeamento belga[36], o IVA é o imposto que mais recursos humanos consome nesse país, relativamente ao cumprimento das obrigações administrativas associadas.

Com um grupo de IVA, este imposto passa a ser computado numa óptica global, sendo, pelo menos, uma parte destes custos neutralizada[37].

Assinala-se que, para tanto, não é indispensável prever um regime grupal na modalidade de *Organschaft*.

Com efeito, uma solução intermédia, baseada num sistema similar ao actualmente previsto para efeitos de IRC, baseado na adição algébrica das importâncias de IVA liquidado e de IVA deduzido, após apuramento individual de cada uma das entidades pertencentes ao Grupo, seria suficiente para ultrapassar as principais desvantagens genéricas da tributação das operações *intra*-grupo em IVA.

A via intermédia preconizada tem a vantagem de, na perspectiva do Estado, não anular o efeito de financiamento do IVA subjacente à cadeia de liquidação e dedução que percorre o circuito produtivo, também designado por José Guilherme Xavier de Basto como "*sistema de pagamentos fraccionados próprio do IVA*" [38].

---

[35] Mecanismo motivado pelas preocupações anti-fraude, que pode ser generalizado no futuro. Veja-se a consulta pública, de 14 de Agosto de 2007, sobre a possibilidade de introdução de um procedimento universal (facultativo para os Estados-Membros) de inversão do sujeito passivo, que continua a ocupar o calendário traçado pelas instâncias comunitárias, em especial pela Comissão Europeia, conforme recentíssima comunicação ao Conselho, de 23 de Novembro de 2007.

[36] I. Ianssen, C. Kegels E F. Verschueren, *Les charges administratives en Belgique pour l'année 2004*, disponível em www.plan.be, p. 17. Ver também www.administrative-burdens.com.

[37] Quer pela redução dos processos de reembolso, quer pela diminuição do número de declarações de IVA a preparar e submeter, caso se opte pelo preenchimento de uma declaração de IVA "consolidada".

[38] *Cfr. A Tributação do Consumo e a sua Coordenação Internacional*, Cadernos de Ciência e Técnica Fiscal (164), Centro de Estudos Fiscais, Lisboa, 1991, p. 142.

Note-se, porém, sem prejuízo do acolhimento e aceitação do efeito de financiamento do IVA ao Estado, implícito na cadeia de liquidação e dedução sucessivas, este [efeito de financiamento] não pode confundir-se com – nem deve constituir argumentação admissível para justificar – o alongamento excessivo de prazos de recuperação de IVA, no âmbito de processos de reembolso.

Em regra, a dilação ou retardamento da recuperação do IVA, seja por via da consagração legislativa de prazos extensos, pela criação de condições adicionais para a obtenção de reembolsos, ou derivada de práticas administrativas que conduzem à superação crónica dos prazos legais, põe em causa o princípio da dedução imediata imanente ao sistema comum do IVA e sustentáculo fundamental da neutralidade deste imposto[39].

Ainda segundo o Professor José Guilherme Xavier de Basto o *Organschaft* constituiu inicialmente um remédio gizado pela jurisprudência alemã[40] num ambiente de tributação cumulativa estranho ao sistema do IVA[41]. Esta posição parte do pressuposto, com o qual concordamos genericamente, que o crédito obtido através da dedução, característico da neutralidade deste imposto, torna desnecessária a integração vertical.

Não obstante, ao menos nas situações em que o sistema do IVA permitiu a sobrevigência do efeito cumulativo, associado aos regimes de isenção incompleta, que não conferem o direito à dedução, permanecem válidas as motivações e virtualidades associadas à constituição do Grupo segundo o paradigma do *Organschaft*.

(b) Os custos directos associados às operações intra-grupo

Em segundo lugar, importa atender aos **custos de IVA directamente gerados pelas transacções intra-grupo**.

---

[39] Nas palavras de Christian Amand "*The key element ensuring the neutrality of the VAT system is the mechanism of deduction of input VAT*", reiteradas por prolixa jurisprudência do Tribunal de Justiça citada pelo autor – cfr. "VAT Grouping, FCE Bank and Force of Attraction – The Internal Market is Leaking", in *International VAT Monitor 18*, Amsterdam, July/August 2007, p. 237.

[40] E ulteriormente acolhido pela legislação desse país.

[41] *Cfr. A Tributação do Consumo ...,* cit. pp. 142-144.

Numa abordagem perfunctória, poderia afirmar-se que a incidência de IVA sobre estas operações, não teria qualquer impacto real negativo, em virtude de o direito à dedução assegurar a recuperação do imposto gerado e liquidado na esfera das relações intersocietárias do Grupo. No entanto, esta asserção é aparente e excessivamente linear.

Note-se que o aumento do valor do IVA liquidado com origem nos fluxos *intra*-grupo pode suscitar de forma artificial a tributação de realidades que, numa óptica de Grupo, poderiam estar fora do âmbito do IVA. É o que ocorre quando nos deparamos com serviços prestados cuja componente fundamental seja o factor trabalho relativo a colaboradores com vínculo laboral a entidades do Grupo.

Na prática, fazer incidir IVA sobre prestações *intra*-grupo que correspondem ao produto do trabalho dependente de colaboradores de sociedades do Grupo significa tributar remunerações de trabalho assalariado, ainda que esta tributação não ocorra na relação directa da sociedade com o trabalhador.

Trata-se de uma solução não neutral, quando comparada com o regime de não tributação em IVA que assiste às situações economicamente equivalentes de pluralidade de empregadores[42].

Por outro lado, nem sempre o direito à dedução assegura a neutralidade do acréscimo de IVA gerado pelas relações intersocietárias.

Com efeito, mesmo quando nos deparamos com sujeitos passivos a que assiste o direito à recuperação integral deste imposto, tal acréscimo pode dar origem a situações de reembolso de IVA, com custos administrativos significativos, que, em muitos casos, seriam evitados se os fluxos *intra-grupo* fossem desconsiderados.

2.4.2. *Caso particular dos "sectores isentos"*

(a) O agravamento dos custos de IVA directamente gerados pelas operações intra-grupo

As implicações da tributação das operações *intra*-grupo em IVA são consideravelmente desfavoráveis quando analisadas na perspectiva

---

[42] Figura *jus*laboral prevista no artigo 92.º do Código do Trabalho, aprovado pela Lei n.º 99/2003, de 27 de Agosto.

de grupos económicos com restrições ao direito à dedução, por desenvolverem actividades, total ou parcialmente, isentas de IVA.

Nestes casos, suscita-se uma séria quebra do princípio neutralidade, com impacto na estrutura de custos das empresas e, consequentemente, nas suas decisões comerciais e de gestão.

A violação deste princípio assume contornos agravados, no contexto de operações realizadas *intra*-grupo, na componente relativa aos fluxos de encargos de colaboradores com vínculo laboral a uma das entidades do Grupo.

Deparamo-nos aqui com a transformação meramente formal de encargos com pessoal não sujeitos a IVA em operações tributadas, no seio da mesma unidade empresarial. A incidência de imposto não é posteriormente anulada pelo mecanismo característico do crédito de imposto, dada a ausência de direito à dedução ou a sua restrição substancial.

O IVA acrescido representa, nestas circunstâncias, um efectivo e incomportável custo suplementar, que pode ascender a 21%[43].

Por forma a não incorrerem em encargos de IVA adicionais, os grupos empresariais portugueses que integram sectores de actividade sem direito à dedução[44] assentam em estruturas organizacionais desajustadas que padecem de ineficiências várias numa perspectiva económica.

Privilegia-se a integração vertical e impede-se o desenvolvimento de centros de serviços partilhados, com desvantagens concorrenciais injustificadas e penalizadoras, sem que, por seu turno, o Estado esteja a colher benefícios na vertente de receitas.

Ficam, deste modo, desvirtuadas as possibilidades de opção dos sujeitos passivos de IVA, relativamente às formas de estruturação interna e de organização jurídico-económica da(s) sua(s) actividade(s).

A introdução de um regime de Grupos de IVA será, nestas circunstâncias, um factor de competitividade, permitindo a estes sectores de actividade estruturar-se de forma eficiente, dotando-se de centros de competência e de excelência, sem que esse facto se traduza na criação de imposto irrecuperável na sua esfera.

43 Taxa normal de IVA.

44 Podemos, a título exemplificativo, referir os sectores financeiro, segurador e imobiliário.

Com a implementação de um regime de Grupos de IVA os apontados desvios ao princípio da neutralidade são colmatados, alcançando-se a simplificação e a competitividade, metas inequívocas da Estratégia de Lisboa gizada em 2005[45].

(b) A alternativa da isenção aplicável aos grupos autónomos de pessoas

Perseguindo finalidade similar à dos Grupos de IVA, tem sido frequente o recurso ao regime de isenção previsto no artigo 9.º, n.ºs 23 e 23-A do Código deste imposto[46], concretizado, designadamente, através da criação de Agrupamentos Complementares de Empresas ou de Agrupamentos Europeus de Interesse Económico.

A isenção vertente enquadra as prestações de serviços efectuadas por grupos autónomos de pessoas que exerçam uma actividade isenta, tendo em vista prestar aos seus membros os serviços directamente necessários ao exercício dessa actividade, quando os referidos grupos se limitem a exigir dos seus membros o reembolso exacto da parte que lhes incumbe nas despesas comuns.

Refere a este respeito o Professor José Guilherme Xavier de Basto que "*a aplicação da isenção em causa aos agrupamentos complementares de empresas que concentram a produção de serviços de interesse comum às várias empresas de um grupo financeiro – prestando esses serviços sem qualquer "valor acrescentado", ou seja, limitando-se a distribuir pelos seus membros os custos suportados – ajusta-se à necessidade de evitar que a aplicação do IVA a essas operações torne insustentável a concentração, no agrupamento às sociedades do grupo (...) introduzindo assim um custo fiscal que não existiria se idênticos*

---

[45] A título ilustrativo refere-se que, no âmbito de um estudo realizado a propósito da eventual adopção de um regime de grupos de IVA na Polónia, se concluiu que tal medida se traduziria na criação de 10.000 postos de trabalho em três anos e que conduziria a um aumento considerável do produto interno bruto e do comércio transfronteiriço desse país, derivados da melhoria da respectiva posição competitiva como Estado-membro prestador de serviços na Europa de Leste, em virtude de a maioria dos países limítrofes não dispor de um regime semelhante.

[46] Correspondente ao artigo 132.º, n.º 1, alínea f) da Directiva do IVA.

serviços fossem prestados, como operações internas, dentro de cada uma das sociedades do grupo"[47].

Todavia, as condições restritivas de aplicação desta isenção transformaram os agrupamentos em instrumentos pouco flexíveis. Com efeito, em muitos casos, rapidamente deixaram de se verificar os pressupostos da sua aplicação aos Grupos portugueses.

Suscitam-se, também, inúmeras dúvidas e incertezas no regime das transacções internacionais. Salienta-se, a este respeito, a título ilustrativo, que a figura do "Agrupamento Complementar de Empresas", de origem francesa, é desconhecida em muitos Estados-Membros da União Europeia.

(c) Os grupos transnacionais

Os obstáculos identificados surgem, identicamente, nas operações *intra*-grupo transfronteiriças, dificultando o mercado único e a expansão territorial dos Grupos, onerando-os com custos adicionais penalizadores da internacionalização das empresas na União Europeia.

A perda de neutralidade nestas circunstâncias tem conduzido à adopção de estruturas *cross-border*, compelindo, designadamente, os Grupos Financeiros a adoptar formas jurídicas nem sempre consentâneas ou adequadas à sua organização e dimensão.

É o caso do conhecido paradigma casa-mãe *versus* sucursal, que deu origem à jurisprudência FCE Bank, plc, do Tribunal de Justiça (TJ), de 23 de Março de 2006, processo C-210/04, e que permite a imputação transfronteiriça de encargos *intra*-grupo, sem suscitar a respectiva tributação em IVA. Constitui uma forma expedita de implementação de *VAT Grouping* utilizada com sucesso por Grupos financeiros internacionais, contornando, dessa forma, a desajustada incidência tributária.

A introdução na Directiva do IVA da figura dos Grupos de IVA com dimensão internacional foi afastada pela Comissão Europeia, invo-

---

[47] *Cfr.* "O Que São os Grupos Autónomos", *in Estudos em memória de Teresa Lemos*, Cadernos de Ciência e Técnica Fiscal 202, Centro de Estudos Fiscais, Lisboa, 2007, p. 180.

cando-se a ruptura generalizada dos princípios fundamentais do imposto e riscos orçamentais imprevisíveis para os Estados Membros[48] [49].

No entanto, a importância desta problemática, na origem das graves consequências económicas associadas à perda de neutralidade nas operações *intra*-grupo, conduziu à reponderação do tema com propostas de solução de outra natureza.

A Comissão Europeia, introduziu, na recentíssima proposta de Directiva de IVA, que altera a disciplina das operações financeiras e de seguros, apresentada em 28 de Novembro último, uma nova isenção que liberta os Grupos de sociedades do sector financeiro dos espartilhos do regime actual[50].

No entanto, o calendário traçado para a entrada em vigor da Directiva, se vier a ser aprovada pelo Conselho, posterga para 2010 os efeitos benéficos da futura isenção, quer internos, quer transfronteiriços, man-

---

[48] *Vide* o Documento de Trabalho N.º 1, da Comissão Europeia – TAXUD/2144/07 Rev. 1 – EN, Brussels, 16/07/07, disponível *on-line*:
http://ec.europa.eu/taxation_customs/resources/documents/common/consultations/tax/taxud_2144-07_en.pdf.

[49] Sem prejuízo de o regime de Grupos de IVA em alguns Estados-Membros revestir carácter transfronteiriço, como é o caso da Alemanha e do Reino Unido – *vide* PRICEWATERHOUSECOOPERS ("PWC"), *Study to Increase the Understanding of the Economic Effects of the VAT Exemptions for Financial and Insurance Services*, 2 November 2006, ponto 7.59, p. 190, disponível on-line http://ec.europa.eu/taxation_customs/common/publications/studies/index_en.htm. Aliás, a PWC defende que as consequências adversas de um regime de Grupos de IVA *cross-border* derivam apenas de o mesmo não estar instituído em todos os Estados-Membros, perfilhando a sua consagração. *Cfr.* pontos 7.72 a 7.81, pp. 193-195. KENNETH VYNCKE, "VAT Grouping ...", *cit.* p. 256., sustenta que a imposição de restrições territoriais ao artigo 11.º da Directiva do IVA é contrária à liberdade de estabelecimento (artigo 43.º do Tratado da Comunidade Europeia), pelo que os Estados-Membros não podem introduzir tais restrições, a não ser que as fundem especificamente na prevenção da fraude e evasão fiscal.

[50] Proposta de Directiva do Conselho, que altera a Directiva 2006/112/EC relativa ao sistema comum do Imposto sobre o Valor Acrescentado, no que diz respeito aos serviços financeiros e de seguros, de 28 de Novembro de 2007, e Proposta de Regulamento do Conselho – COM(2007) 746 final – que estabelece medidas de aplicação da Directiva 2006/112/CE do Conselho relativa ao sistema comum do Imposto sobre o Valor Acrescentado, no que diz respeito aos serviços financeiros e de seguros, de 28 de Novembro de 2007.

tendo a necessidade de consideração de soluções intercalares, de recurso ou paliativas.

2.5. *O* Organschaft *e o princípio da neutralidade*

Referimos no início deste texto que, para efeitos de IVA, a tributação agregada do grupo, a *Fiscal Unity*, constitui um postulado do princípio da neutralidade.

E com efeito, estamos convencidos de que assim é, na modalidade de Grupo que advogamos, constituído:

(a) Por um lado, por um *Organschaft* sectorial, abrangendo os sectores financeiro e segurador, em virtude de se tratar de sectores "isentos", cujas restrições excepcionais ao direito à dedução do IVA impedem que o mecanismo do crédito de imposto desonere as transacções *intra*-grupo e, por conseguinte, condicionam a respectiva liberdade de estruturação interna.
Esta neutralidade pode ser alcançada por outras vias, designadamente através de uma isenção genérica das operações internas, conforme previsto na proposta de Directiva e de Regulamento para os serviços financeiros e de seguros. No entanto, até à materialização deste regime de isenção, a única forma de alcançar a neutralidade nas operações *intra*-grupo internas é através da figura do *Organschaft*;

(b) Por outro lado, por um sistema de soma aritmética dos saldos de IVA *intra*-grupo, e de submissão de uma declaração agregada de IVA, acompanhada de um regime de responsabilidade solidária, abrangendo genericamente todos sectores de actividade – *cfr.* ponto 3 *infra*.

Porém, a adopção de um regime de consolidação integral do tipo *Organschaft* que seja aplicável à generalidade dos grupos empresariais pode revelar-se contrária ao princípio da neutralidade, quer por retirar do âmbito de incidência do IVA verdadeiras operações, de carácter económico, que nele deveriam estar inseridas, quer por afectar o sistema de pagamentos fraccionados e de pré-financiamento do IVA, característicos do funcionamento deste imposto.

3. Um regime de Grupos de IVA em Portugal

A instituição de um regime de Grupos de IVA em Portugal apresenta inegáveis vantagens que justificam a sua inclusão no programa do legislador nacional.

Por um lado, faculta simplificações administrativas e a inerente redução de recursos afectos a tarefas improdutivas, propicia a neutralidade das estruturas e formas de organização empresarial, em particular nos sectores de actividade com isenções incompletas, e melhora a competitividade das empresas portuguesas, constituindo um factor relevante de favorecimento do investimento externo em Portugal.

Por outro lado, não lhe são oponíveis, por injustificados, os principais receios que a introdução de um regime inovador desta índole poderia suscitar ao Estado Fiscal. Com efeito, na perspectiva da receita orçamental, as experiências dos Estados-Membros da União Europeia constituem um importante referencial, não sendo de assinalar, até hoje, mesmo no paradigma *Organschaft*, quaisquer preocupações.

Também no que se refere à monitorização e supervisão de um regime grupal, a tradição portuguesa, de quase duas décadas, em matéria de IRC, é bastante para que se conclua que a Administração Tributária está devidamente apetrechada e familiarizada com o instituto da *Fiscal Unity*.

Posto isto, ficam por fazer opções relevantes quanto ao modelo de Grupos de IVA.

Face às consequências particularmente gravosas da incidência de IVA nas operações *intra*-grupo no sector financeiro e segurador, propugnamos um *Organschaft* sectorial, semelhante ao que vigora nos países nórdicos – Dinamarca, Finlândia e Suécia – permitindo a desoneração do IVA nas relações internas

Nos demais casos, poderá ser seguido o exemplo espanhol, com a previsão de um sistema de compensação de saldos de IVA *intra*-grupo que minore os ónus administrativos e financeiros associados aos processos de reembolsos e a apresentação de uma declaração de IVA consolidada.

O regime deve ser facultativo e definir com clareza os respectivos requisitos de acesso e exoneração, designadamente no que toca aos níveis de participação exigidos, à natureza das entidades que do mesmo podem fazer parte integrante e às regularizações, quer à entrada, quer à saída. A instituição de um regime de responsabilidade solidária entre os agrupados vigora em 12 Estados-Membros, facilitando a cobrança da prestação tributária.

Por fim, a experiência comparada pode, de igual modo, servir de guia para a previsão de normas medidas antiabuso específicas que a fundação de um regime de Grupos de IVA postule, tendo em vista prevenir a evasão e elisão fiscais.

Bibliografia:

1. AMAND, CHRISTIAN, "VAT Grouping, FCE Bank and Force of Attraction – The Internal Market is Leaking", *in International VAT Monitor 18*, Amsterdam, July/August 2007, pp. 237-249
2. ANTUNES, JOSÉ A. ENGRÁCIA, "*Grupos de Sociedades, Estrutura e Organização Jurídica da Empresa Plurisocietária*", 2.ª edição, Almedina, Coimbra, 2002
3. BASTO, JOSÉ GUILHERME XAVIER DE, "A Tributação do Consumo e a sua Coordenação Internacional", *in Cadernos de Ciência e Técnica Fiscal* (164), Centro de Estudos Fiscais, Lisboa, 1991
4. BASTO, JOSÉ GUILHERME XAVIER DE, "O Que São os Grupos Autónomos", *in Estudos em memória de Teresa Lemos*, Cadernos de Ciência e Técnica Fiscal 202, Centro de Estudos Fiscais, Lisboa, 2007
5. COMELLI, ALBERTO, "IVA Comunitaria e IVA Nazionale, Contributo alla teoria generale dell'imposta sul valore aggiunto", *in Il Diritto Tributario*, Série I, Volume XCI, coordinato da ANTONIO E VICTOR UCKMAR, CEDAM, Padova, 2000
6. CONFEDÉRATION FISCALE EUROPÉENNE, *Opinion Statement on Modernizing VAT Obligations for Financial Services and Insurances*, Jan 2006, disponível em www.cfe-eutax.org
7. FERREIRA, EDUARDO PAZ, Notas sobre a decisão financeira e a União Económica Monetária, *in Estudos jurídicos e económicos em homenagem ao Professor Doutor António de Sousa Franco*, Vol. I, Edição da FDL, Lisboa, 2006

8. HOPT, KLAUS J., "Legal Issues and Questions of Policy in the Comparative Regulation of Groups", *in Rivista delle Societá* (I Gruppi di Societá), a Cura di Ariberto Mignoli e Guido Rossi, Vol. Primo, Giuffrè, Milano, 1996

9. GJEMS-ONSTAD, OLE, "Norwegian Exemption for Cost-Sharing NPOs", *in International VAT Monitor 18*, Amsterdam, Jul/Aug 2007, p. 277-280

10. IANSSEN, I.; KEGELS, C. E VERSCHUEREN, F., *Les charges administratives en Belgique pour l'année 2004*, disponível em www.plan.be

11. NABAIS, JOSÉ CASALTA, *O Dever Fundamental de Pagar Impostos*, Almedina, Coimbra, 1998

12. PALMA, CLOTILDE CELORICO, *Introdução ao Imposto sobre o Valor Acrescentado*, 2.ª edição., Almedina, Coimbra, 2005

13. PRICEWATERHOUSECOOPERS – *Study to Increase the Understanding of the Economic Effects of the VAT Exemptions for Financial and Insurance Services*, 2 November 2006, point 7.59, p. 190, disponível on-line: http://ec.europa.eu/taxation_customs/common/publications/studies/index_en.htm

14. SANCHES, JOSÉ LUÍS SALDANHA, *Manual de Direito Fiscal*, 3.ª edição, Coimbra Editora, 2007

15. SANTOS, J. ALBANO, "Os Sistemas Fiscais: Análise Normativa", *in Ciência e Técnica Fiscal*, n.º 388, Centro de Estudos Fiscais, Lisboa, Out-Dez 1997

16. TERRA, BEN; KAJUS, JULIE, *A Guide to the European VAT Directives*, Introduction to European VAT and other indirect taxes, Volume 1, IBFD, Amsterdam, 2005

17. VYNCKE, KENNETH, "VAT Grouping in the European Union: Purposes, Possibilities and Limitations", *in International VAT Monitor 18*, Amsterdam, July/August 2007, pp. 250-261

18. VYNCKE, KENNETH, "Cost Sharing Associations as an Alternative to VAT Grouping in Belgium", *in International VAT Monitor*, Amsterdam, Set/Oct 2006, pp. 339-347

Manuel Teixeira Fernandes

A reforma da tributação do automóvel

Manuel Teixeira Fernandes

Director, aposentado, dos Serviços dos Impostos sobre os Óleos Minerais e os Veículos Automóveis no Ministério das Finanças (DGAIEC), Economista e Advogado. Assessor do Secretário de Estado dos Assuntos Fiscais do XIV Governo Constitucional. Consultor Fiscal

RESUMO

No presente artigo procede-se à descrição da reforma da tributação do automóvel, que o Governo iniciou em Julho de 2007 (Lei n.º 22-A/2007, de 29/6) e aprofundou em Janeiro de 2008 (Lei 67-A/2007, de 31/12) e que tem como principais objectivos a transferência, progressiva, de cerca de trinta por cento da carga fiscal cobrada na fase da aquisição/matrícula do automóvel (ISV) para a fase da circulação (IUC) e a integração nas taxas dos dois impostos da nova componente ambiental.

Analisam-se as principais medidas já executadas e procede-se a um primeiro balanço, naturalmente breve e provisório, dos resultados conseguidos.

Finalmente, formulam-se sugestões visando contribuir para a melhoria do enquadramento legal da reforma.

Palavras-chave:

Tributação do automóvel na fase da aquisição ou da matrícula.

Tributação do automóvel na fase da circulação.

Componente ambiental do imposto (tributação das emissões de CO_2)

ABSTRACT

Herein contained is an overview of the vehicle tax reform, initiated by the Portuguese fiscal authorities in July 2007 (Law 22-A/2007 of 29/6) and further complemented in January 2008 (Law 67-A/2007 of 31/12). Its two main objectives are the gradual transference of nearly thirty per cent of the collected tax, from the acquisition/registration phase (ISV) to the circulation phase (IUC), and the inclusion of the new environmental component (CO_2 emissions) in the rate of both registration and circulation taxes.

The most important measures are reviewed and a first assessment of the achieved outcomes is undertaken.

Finally, some suggestions are put forward aiming at contributing to improve the legal framework of this vehicle tax reform.

Keywords:

Vehicle tax in acquisition or registration phase

Vehicle tax in circulation phase

Environmental component of vehicle tax (imposed on CO_2 emissions)

I – INTRODUÇÃO

1. A reforma da tributação do automóvel constituiu desígnio de Governos de vários quadrantes políticos desde finais da década de noventa do século passado[1]. Com efeito, as limitações inerentes a um modelo de tributação em que todo o esforço de cobrança da receita fiscal se concentrava na fase da aquisição/matrícula do automóvel, com a concomitante dependência da conjuntura económica, rapidamente puseram em evidência o esgotamento das virtualidades deste tipo de tributação.

Contudo, a simplicidade do modelo – que fazia apelo a uma forte colaboração dos operadores económicos, aligeirando, assim, a máquina fiscal – a sua quase impermeabilidade à fraude e, acima de tudo, a possibilidade da utilização da "anestesia fiscal" na cobrança do imposto fizeram com que só no ano de 2007, através da Lei n.º 22-A/2007, de 29 de Junho, se tenha procedido à sua alteração.

A trave – mestra da reforma consistiu, assim, na passagem para a fase da circulação de parte da carga fiscal[2] que se concentra na fase da matrícula, diminuindo a característica pró cíclica deste tipo de tributação. E o outro grande vector da reforma consistiu na introdução de uma componente ambiental, expressa nas emissões de dióxido de carbono (CO_2), que passou a enformar a base tributável, tanto do imposto de aquisição (matrícula), como do imposto de circulação.

Foi, porém, ainda, aproveitada a oportunidade para codificar toda a legislação relativa à tributação do automóvel, tendo sido elaborados dois códigos: um para a tributação na fase da aquisição (matrícula) – que passou a ser feita com a designação de Imposto Sobre os Veículos (ISV) – e outro para a fase de circulação que passou a ser feita sob a designação de Imposto Único de Circulação (IUC).

---

[1] Cfr. Ministério das Finanças, Secretaria de Estado dos Assuntos Fiscais, *Reformas da Tributação do Automóvel e do Património*, Anteprojectos, Almedina, 2002.

[2] Nos vários estudos realizados concluiu-se que, do ponto de vista técnico, é possível e desejável a "transferência" para a fase de circulação de cerca de 40% da carga fiscal incidente sobre o automóvel na data da matrícula. Em Julho de 2007, o Governo propôs-se transferir 10% mas os valores dos 2 primeiros meses de 2008 apontam já para 15%.

O novo ISV sucedeu ao antigo Imposto Automóvel (IA), enquanto no novo IUC se fundiram os anteriores Imposto Municipal sobre Veículos (IMV), Imposto de Camionagem (ICa) e Imposto de Circulação (ICi).

II – O IMPOSTO SOBRE VEÍCULOS

2. Princípio da equivalência

Ao contrário do que acontecia com o IA, que era omisso nesta matéria, no ISV assume-se, expressamente, que a circulação automóvel comporta graves malefícios para a sociedade, pelo que os automobilistas devem suportar os respectivos custos, de cariz ambiental, de desgaste das vias de comunicação e da segurança rodoviária. Assim, o princípio da equivalência veio impregnar todo o modelo de tributação, não só ao nível da carga fiscal total, mas, também, e principalmente, ao nível das parcelas componentes da tributação, com as emissões de CO_2 a representarem o principal factor de tributação sendo responsáveis por 60% do valor do ISV[3]**(3)**.

3. A incidência objectiva

Registou-se um alargamento da base de incidência objectiva do imposto, já que, agora, estão também sujeitos a tributação as autocaravanas e os motociclos triciclos e quadriciclos. Trata-se, contudo, de categorias de veículos que vão gerar receitas fiscais marginais, pelo que a sua inclusão na incidência do imposto se fica a dever, principalmente, aos custos ambientais, ao desgaste das vias de comunicação e à problemática da segurança rodoviária que lhes estão associados.

[3] Esta representatividade só foi atingida em Janeiro de 2008, tendo começado por ser de 30% em Julho de 2007.

4. Incidência subjectiva

Em regra, são sujeitos passivos do imposto os operadores registados, os operadores reconhecidos e os particulares em nome dos quais seja emitida a declaração aduaneira de veículos.

5. Base tributável

A base tributável é, agora, constituída por duas grandezas físicas que são a cilindrada e as emissões de CO_2 por quilómetro percorrido. Reforçou-se, assim, a tributação de características "ad rem", excluindo-se a via da tributação "ad valorem", que tem entre nós alguns defensores, mas que se mostra menos adequada quando as preocupações do legislador se dirigem, simultaneamente, aos efeitos reditícios e ordenadores ou extra fiscais, como é o caso.

6. Facto gerador

Na tentativa de aproximar a tributação do automóvel, operada na fase da aquisição (matrícula) da viatura, do modelo de tributação do álcool e das bebidas alcoólicas, dos tabacos e dos produtos petrolíferos e energéticos, que estão sujeitos a Impostos Especiais sobre o Consumo (IEC) harmonizados comunitariamente, o legislador considerou como facto gerador do ISV, em regra, "o fabrico, montagem, admissão, ou importação dos veículos tributáveis em território nacional, que estejam obrigados à matrícula em Portugal".

A consideração de um facto gerador que faz apelo às fases da importação, da produção, da montagem e da admissão[4] exigiria que aos veículos automóveis se aplicasse o "Regime de Circulação em Suspensão do Imposto", que foi criado para permitir a circulação intracomunitária em suspensão do imposto dos produtos sujeitos a IEC harmonizados, o que não acontece, na data actual, com o ISV. Assim, as viaturas automó-

---

[4] Cfr. artigo 6.º do CIEC, aprovado pelo Decreto-Lei n.º 566/99, de 22 de Dezembro.

veis circulam intracomunitariamente a coberto dos normais documentos comerciais – e não do Documento de Acompanhamento criado para os IEC –, pelo que a matrícula, em Portugal, com tudo o que ela representa, parece continuar a ser o facto da vida real que dá origem à liquidação e cobrança do ISV. Com efeito, a matrícula – para além de outras funções – consubstancia a "autorização" para a viatura poder circular na vias públicas nacionais e o ISV visa compensar, na parte respectiva, os malefícios dessa circulação dando, assim, expressão ao princípio da equivalência atrás enunciado.

7. Exigibilidade

A exigibilidade está autonomizada em relação ao facto gerador e, em regra, tem lugar aquando da introdução no consumo, conceito este que se identifica com os pedidos de pagamento do imposto e de matrícula.

8. Taxas

As taxas têm características específicas, isto é, incidem sobre grandes físicas (centímetros cúbicos de cilindrada e emissões de CO_2 por quilómetro), e não sobre o valor dos automóveis.

Na data da entrada em vigor da reforma (1/07/2007), a componente ambiental do imposto (emissões de CO_2) correspondia a cerca de 30% da totalidade do imposto. Entretanto, em concretização do compromisso político do Governo, em 1/01/2008, a componente ambiental do imposto foi reforçada, passando a representar cerca de 60% da totalidade do imposto.

Para os veículos utilizados, fundamentalmente, em usos profissionais foram criadas taxas reduzidas, correspondentes a 10% da taxa normal e taxas intermédias correspondentes a 50% e 30% da taxa normal. Entretanto, na Lei do Orçamento do Estado para 2008, a taxa de 50%, aplicável aos designados veículos derivados (carros de mercadorias com 2 lugares derivados de ligeiros de passageiros), passou de 50% para 55%, tudo levando a crer que o Governo pretende acabar com este tipo de veículos, que são, aliás, uma singularidade portuguesa.

TAXAS APLICÁVEIS AOS AUTOMÓVEIS LIGEIROS DE PASSAGEIROS EM 1/01/2008

Componente cilindrada

Escalão de cilindrada (em centímetros cúbicos)	Taxas por centímetro cúbico (em euros)	Parcela a abater (em euros)
Até 1250	0,90	670,00
Mais de 1250	4,25	4857,50

Componente ambiental (emissões de CO_2)

Escalão de CO_2 (em gramas por quilómetro)	Taxas em euros (por grama)	Parcela a abater (em euros)
Veículos a Gasolina		
Até 120	5,00	475,00
De 121 a 150	33,00	3835,00
De 151 a 180	40,00	4885,00
De 181 a 210	85,00	12985,00
Mais de 210	115,00	19285,00
Veículos a gasóleo		
Até 105	15,00	1100,00
De106 a 130	55,00	5300,00
De131 a 150	105,00	11800,00
De151 a 180	122,00	14350,00
Mais de 180	160,00	21190,00

9. Figuras estatutárias do ISV

A organização da liquidação e da cobrança do ISV suporta-se, agora, em duas figuras estatutárias: o operador registado (que já existia no âmbito do IA) e o operador reconhecido. Este último estatuto, que é definido por referência ao operador registado, pode ser concedido a todas as empresas idóneas que actuem no sector automóvel, independentemente do volume de negócios.

Por outro lado, foi expressamente estabelecido que se consideram em regime de entreposto fiscal as viaturas automóveis novas sem matrícula, entre a data da sua apresentação à alfândega (formulário DAV) e a sua declaração para consumo (pedidos de pagamento do imposto e da matrícula).

10. Isenções

As isenções do imposto, que são especialmente relevantes nos domínios da transferência de residência de terceiros países ou da Comunidade Europeia para Portugal (emigrantes), bem como das pessoas com deficiência, não sofreram alterações significativas relativamente ao quadro legal anteriormente existente. Contudo, foi introduzida a regra da tributação residual nos casos de transmissão antes de decorrido o prazo de garantia de cinco anos.

11. Balanço provisório

a) Aspectos positivos

Apesar do largo consenso existente no sector automóvel relativamente às grandes linhas da reforma, não podemos deixar de relevar a coragem política de, em tempo de crise orçamental, se ter dado início a tão significativas alterações – que implicam uma efectiva diminuição da receita fiscal nos primeiros anos da reforma –, sendo, ainda, certo que o pagamento do imposto é, agora, mais "sentido" pelos contribuintes (pagamento anual), dado ter desaparecido o efeito de "anestesia" característico do seu pagamento na fase da aquisição/matrícula do automóvel.

No ano de 2007 não chegou, porém, a fazer-se sentir qualquer perda de receita fiscal no imposto cobrado, tendo a cobrança sido superior em 1,8% à do ano de 2006. Parece, assim, que tinham razão as associações do sector automóvel quando contestaram os valores da componente CO_2 das taxas do ISV, que vigoraram entre 1/07/2007 e 31/12/2007, dizendo que os mesmos não contemplavam o desagravamento fiscal de 10% que o Governo se tinha imposto.

Ao invés, a receita do ISV dos primeiros dois meses de 2008 revela uma quebra de cerca de 15%, o que, tendo presente o dinamismo do mercado automóvel que se consubstancia num efectivo aumento das vendas, parece demonstrar que as tabelas de taxas que estão em vigor desde 1 de Janeiro – nas quais o componente CO_2 passou a representar 60% do valor do ISV – permitirão iniciar a concretização do compromisso do Governo de redução do valor da tributação na fase da matrícula.

b) Aspectos críticos

O legislador, confessadamente, procurou aproximar o regime do ISV ao dos IEC harmonizados comunitariamente. No entanto, manteve a designação de Operadores Registados para as empresas que no âmbito do ISV têm uma posição idêntica à dos Depositários Autorizados em sede de IEC. Por outro lado, no ISV, criou a figura do Operador Reconhecido que em termos de IEC se aproxima da figura do Operador Registado. Estas opções legislativas não terão, assim, aproximado o ISV dos IEC, dando antes origem a uma indesejável confusão de conceitos.

Estranhamente, também não foi aproveitado o momento da reforma para clarificar de vez o "facto gerador", que parece continuar a merecer a reprovação da Comissão Europeia[5] e cuja persistência não parece ser vantajosa para Portugal. Com efeito, apesar de ser louvável a tentativa do legislador de transpor para o ISV as características do facto gerador dos IEC, a verdade é que, por um lado, os automóveis não circulam intracomunitariamente em suspensão do imposto (ISV) como acontece

---

[5] Em 3 de Julho de 2007, já em plena vigência do ISV, a Comissão Europeia dirigiu a Portugal um Parecer Fundamentado sobre esta matéria (P.º 2006/4398), sendo expectável que em breve possa propor contra Portugal no TJCE uma acção por incumprimento do direito comunitário. A intervenção do TJCE, a título prejudicial (artigo 234.º do Tratado C.E), pode surgir também a pedido dos tribunais nacionais onde a matéria deva ser dirimida.

com os produtos sujeitos a IEC e, por outro, não parece ser possível definir o ISV sem o recurso a uma expressão que contemple a palavra "matrícula", como parece ter sido o desejo supremo do legislador.

A pergunta que se pode formular é: porque razão não foi assumido pelo poder político que o ISV é um imposto de matrícula e sobre o qual não incide o IVA, mesmo que para equilibrar a receita fosse necessário aumentar um pouco o valor das taxas unitárias aplicáveis. Desta forma, seria obtida a mesma receita fiscal sem que o país carecesse de envolver-se em discussões com a Comissão Europeia sobre as regras de incidência do IVA, matéria esta que será, necessariamente, dirimida pelo TJCE.

Finalmente, não podemos esquecer os efeitos perniciosos da incidência do IVA sobre o ISV, que se apresenta como discriminatório para os automóveis novos. Com efeito, dado que o IVA não pode incidir sobre o ISV das aquisições intracomunitárias de automóveis usados feitas por particulares[6], o sector automóvel, as receitas fiscais e o ambiente são os principais prejudicados por uma opção legislativa que, no mínimo, é discutível.

III – IMPOSTO ÚNICO DE CIRCULAÇÃO

12. Criação do IUC

A tributação do automóvel na fase da circulação está, agora, regulada no Código do IUC, o qual se apresenta como herdeiro dos anteriores Regulamentos do Imposto de Camionagem, do Imposto de Circulação e do Imposto Municipal sobre os Veículos.

13. Facto gerador

O legislador escolheu a propriedade para facto gerador do IUC, abandonando a figura da "circulação" que constituía o facto gerador

[6] Como se pode ver nos Relatórios de Actividade da DGAIEC, o número de veículos usados adquiridos nos outros Estados Membros ascende já a mais de 50.000, ou seja um quinto das vendas totais anuais.

nos anteriores impostos. Esta escolha, que não é isenta de dificuldades, apresenta como grande virtualidade o facto de, em conjunto com outras iniciativas de que é exemplo a simplificação do registo automóvel que está em curso, possibilitar a actualização do cadastro automóvel modernizando a área da produção de estatísticas neste importante sector.

14. Liquidação e cobrança

Em termos de organização da liquidação e da cobrança, a grande novidade contemplada no Código do IUC reside na eleição do mês de aniversário da matrícula para período de pagamento voluntário do imposto, o que permitirá uma cobrança fiscal distribuída regularmente ao longo do ano.

Paralelamente, instituiu-se como obrigatória a autoliquidação via Internet para os automóveis que são pertença de pessoas colectivas, podendo o pagamento ser feito na rede Multibanco, por transferência bancária ou na tesouraria do Serviço de Finanças. Para os automóveis cujos proprietários sejam pessoas singulares, para além da via acabada de referir é, ainda, possível pedir a liquidação do IUC nos Serviços de Finanças.

15. Taxas

a) *Automóveis de mercadorias*

Relativamente aos automóveis de mercadorias, as taxas aplicáveis respondem a preocupações que têm a ver com o tipo de uso e com o ambiente.

Em consonância com a filosofia comunitária que enquadra esta matéria[7], foi mantida a característica de tributar mais fortemente os automóveis de "uso particular", isto é, aqueles que tem uma utilização

[7] A tributação na fase da circulação dos automóveis pesados de mercadorias foi objecto de harmonização comunitária através da Directiva 1999/62/CE do Parlamento e do Conselho de 17 de Junho (JOL n.º 187, de 20/07/1999).

como frota própria e que estavam anteriormente sujeitos ao ICi. Ao invés, os automóveis de "uso profissional", isto é, aqueles que pertencem a empresas que prestam serviços de transporte profissional, e que anteriormente estavam sujeitos ao ICa, beneficiam de taxas ligeiramente mais favoráveis.

Também foi mantida a filosofia de aplicar taxas de valor superior aos automóveis mais antigos, o que confere ao IUC também uma dimensão ambiental.

A receita cobrada sobre os automóveis de mercadorias, quer de uso particular, quer de uso profissional, pertence ao Estado.

b) Automóveis ligeiros de passageiros

As taxas aplicáveis aos automóveis matriculados até 30/06/2007 têm o mesmo valor que tinham na vigência do IMSV, embora, desde 1/01/2008, o IUC deva ser liquidado e pago no mês de aniversário da matrícula. Este imposto continua a ser receita própria dos respectivos municípios.

Para as viaturas matriculadas após a entrada em vigor da reforma (1/07/2007) o IUC tem uma componente cilindrada e uma componente ambiental. A receita da componente ambiental pertence ao Estado, sendo a receita da componente cilindrada repartida entre o Estado (30%) e os municípios (70).

Nesta data, quando já passaram dez meses sobre o início da reforma, ainda não foram tornados públicos quaisquer valores para as receitas mensais do IUC, apesar de as mesmas estarem individualizadas no Orçamento do Estado para 2008.

16. Periodicidade da tributação

O significativo valor das taxas do IUC aplicáveis aos automóveis de mercadorias e aos de passageiros matriculados após 1/07/2007 poderá vir a justificar a previsão da não exigibilidade do imposto nas situações de imobilização involuntária do automóvel, por períodos longos, de que são exemplo as grandes reparações e o período em que as viaturas estão no Stand para revenda. Para que tal seja possível, é necessário que o IUC possa ser pago por períodos inferiores ao anual, por exemplo o trimestre, tal como acontece na Irlanda.

IV – CONCLUSÕES

Depois da realização de vários estudos a nível oficial nos quais se concluiu pela necessidade de reformar a tributação do automóvel, deslocando parte da carga fiscal da fase da matrícula para a fase da circulação, o actual Governo, em 1/07/2007, deu inicio à reforma tendo como objectivo transferir 10% do ISV (cobrado na fase da matrícula) para o IUC (cobrado na fase da circulação).

Paralelamente, a componente do ISV cobrada com base no CO2, que antes da reforma era de 10%, passou, em 1/07/2007, a representar 30% do imposto para, em Janeiro de 2008, a sua representatividade subir para 60%, com a concomitante diminuição para 40% da componente cobrada com base na cilindrada.

As taxas do ISV que vigoraram entre 1/07/2007 e 31/12/2007 foram contestadas pelas associações do sector automóvel, com o argumento de que não repercutiam a diminuição de 10% do imposto que foi "transferido" para o IUC. Comprovou-se que, efectivamente, em 2007, a soma da receita fiscal do IA como a do ISV foi superior em 1,8% à receita do IA em 2006 o que parece dar razão às associações do sector.

Entretanto, em 1/01/2008 entraram em vigor novas taxas do ISV nas quais a componente CO2 representa 60% do valor do imposto cobrado (a cilindrada representa só 40%) e, para um sector automóvel em crescimento, a receita do ISV das vendas de Janeiro e de Fevereiro diminuiu 15% em relação a igual período do ano passado, o que revela uma significativa transferência da receita cobrada da fase da matrícula para a de circulação dando-se, assim, um passo de gigante rumo aos objectivos da reforma.

No que se refere à tributação na fase da circulação, apesar de no OE/2008 a receita do IUC (componente estatal) se encontrar individualizada, a verdade é que o Boletim de Execução Orçamental da Direcção Geral do Orçamento não contempla qualquer informação sobre este imposto.

Dado que em Portugal a tributação do automóvel, na fase da circulação, foi sempre muito reduzida, o significativo aumento do IUC aplicável aos automóveis matriculados após 1/07/2007 (cerca de 4 a 5 vezes mais) pode vir a dar origem a um grau de incumprimento significativo, o que, a acontecer, porá em causa os próximos passos da reforma que passam pela continuação da "transferência" da tributação da fase da matrícula para a fase da circulação.

Rita Calçada Pires

Notas de reflexão: acordos para evitar e para eliminar a dupla tributação no direito internacional fiscal do século XXI

Rita Calçada Pires

Licenciada em Direito pela Faculdade de Direito da Universidade de Lisboa, abraçou, imediatamente após a licenciatura, em 2003,o projecto de doutoramento da Faculdade de Direito da Universidade Nova de Lisboa, sendo presentemente bolseira da Fundação para a Ciência e Tecnologia. Investiga na área do Direito Internacional Fiscal, em especial, a tributação dos rendimentos gerados pelo comércio electrónico.

RESUMO

Num mundo globalizado, marcado pelas novas tecnologias, pela mobilidade, pela preocupação com o desenvolvimento e por espaços de integração económica profunda, os acordos para evitar e/ou eliminar a dupla tributação defrontam-se com golpes certeiros na sua vitalidade. Equacionar este desafio dos instrumentos bilaterais de resolução da dupla tributação é tarefa fundamental para a auto-suficiência do Direito Internacional Fiscal. Não se defende a perda de vigor das funções desempenhadas pelos acordos bilaterais, antes se aponta para a inadequação dos meios por esses utilizados. Lançar a reflexão sobre quais as respostas possíveis para os desafios colocados aos acordos para evitar e eliminar a dupla tributação numa era de fiscalidade global é o pretendido.

Palavras-chave:

Convenções para eliminar e/ou atenuar a dupla tributação
Globalização
Desafios

ABSTRACT

In a globalized world, moulded by new technologies, mobility, development concerns and intense economic integration, double taxation agreements face serious questions about their vitality. Considering this challenge faced by bilateral tax instruments, designed to solve double taxation issues, is a fundamental step to ensure International Tax Law self-sufficiency. The question is not so much the weakening of the functions performed by the bilateral agreements, but rather the inadequacy of the means used by them. What is intended is a brainstorm about which answers are appropriate to face those challenges.

Keywords:

Double Taxation Agreements
Globalization
Challenges

A história dos acordos para evitar e/ou eliminar a dupla tributação (ADT) [1] é já longa e repleta de interrogações, alterações e inovações. O primeiro ADT a surgir na história da fiscalidade é comummente apontado como o acordo celebrado entre a Prússia e o Império Austro-húngaro, no ano de 1899.[2]-[3] Esta figura surge como a solução possível, necessária e desejada em face da presença de contribuintes em mais do que uma jurisdição fiscal. A partir do momento em que o contribuinte se desloca ou desloca a sua actividade ou o seu investimento para outro território que não o Estado da sua residência observa-se a presença de mais do que uma pretensão a tributar o mesmo rendimento[4]. É precisamente pela existência de mais do que uma jurisdição com poder de tributar que nasce a dupla tributação. É já sobejamente conhecido o fenómeno, tal como muito foi já investigado e escrito sobre o seu impacto negativo na economia. Que a dupla tributação é um fenómeno tributário indesejado é um facto. Que os ADT são a forma comum encontrada pelo poder tributário para contornar tal efeito, é também uma certeza. Não é sobre isso que proponho reflexão. Aquilo que parece dever ser objecto de reflexão prende-se com a avaliação da vitalidade dos ADT no nosso universo cada vez mais global. Será ainda o ADT o meio mais adequado e eficaz para resolver as situações de dupla tributação? Qual o impacto das mani-

---

[1] Note-se que a referência a ADT assume-se como uma referência ao ADT bilateral. Em todos os casos em que se queira mencionar ADT multilaterais essa referência será devidamente apontada. Nada se dizendo e surgindo apenas a nomenclatura ADT é o acordo bilateral o instrumento visado.

[2] Ainda que a maioria da doutrina aponte esta convenção como o primeiro ADT da história da fiscalidade, outro acordo prévio deve ser considerado: o celebrado, em 1872, entre o Reino Unido e o cantão de Vaud, sobre impostos sucessórios. Manuel Pires, *Da dupla tributação jurídica internacional sobre o rendimento*, pp. 182

[3] Ainda que a propagação na utilização de ADT apenas se tenha feito efectivamente a partir da Primeira Guerra mundial e, com maior incidência, a partir da Segunda Grande Guerra. Cfr. Alberto Xavier, *Direito Tributário Internacional*, 2ª edição, pp. 99 e David W. Williams, *Trends in International Taxation,* pp. 112 e ss A razão de ser para o não aparecimento imediato de ADT, com o objecto de combater a dupla tributação, passou certamente pelo facto de os sistemas fiscais assentarem sobretudo em impostos reais, tipo de impostos onde a dupla tributação não se colocava amiúde. Manuel Pires, *Da dupla tributação jurídica internacional sobre o rendimento*, pp. 182

[4] Refere-se o exemplo do rendimento, mas não esquecendo os casos de dupla tributação do património e da despesa

pulações e das insuficiências de alguns dos actuais critérios contidos dentro dos ADT? Ocuparão, no futuro, os ADT exactamente o mesmo espaço e as mesmas funções que até à data ocupam e detêm? E, em face das múltiplas tributações, são ainda os ADT bilaterais os instrumentos ideais ou outras alternativas devem ser contempladas?

1. Objectivos do Acordo para evitar e/ou eliminar a dupla tributação num espaço de internacionalização das economias

Da análise da nomenclatura do ADT retira-se imediatamente que, como o próprio nome indica, um ADT tem como objectivo evitar e/ou eliminar a dupla tributação. A importância deste objectivo prende-se com a capacidade de não gerar entraves à actividade económica internacional, promovendo o seu livre desenvolvimento. A preocupação com a neutralidade fiscal encontra-se aqui amplamente salvaguardada. Por isso, pela imperiosidade de afastar a existência de casos de dupla tributação, a maioria das regras existentes nos ADT estão orientadas para isso mesmo. Exemplo claro disso encontra-se nas regras de resolução de sobreposições (*tie-break rules*).

Porém, se uma análise simplista apontaria apenas para a existência desta realidade como o objectivo do ADT, a verdade é outra. A origem do ADT é efectivamente encontrada no combate à nefasta figura da dupla tributação. Contudo, tal facto não surge como o único objectivo da figura aqui em reflexão. Em sintonia com a complexidade crescente do universo da fiscalidade internacional, outros factos estão igualmente incluídos na lista de objectivos do ADT. Esta posição está amplamente difundida na doutrina internacional[5], tal como está revelada nas introduções aos modelos de convenções, quer da Organização para Cooperação e Desenvolvimento Económicos (OCDE) quer da Organização

[5] Cfr., a título de exemplo, Brian J. Arnold e Michael J. McIntyre, *International Tax Primer*, 2ª ed., pp. 105 e ss; Philip Baker, *Double Tax Conventions and International Tax Law*, 2ª ed., pp. 10 e ss; Roy Rohatgi, *Basic International Taxation*, pp. 2 e ss; Xavier Oberson, *Précis de droit fiscal international*, pp. 7 e ss

das Nações Unidas (ONU)[6]. Em paralelo ao combate à dupla tributação encontram-se nos ADT regras para combater a fraude e a evasão fiscais; para evitar e eliminar a discriminação internacional fiscal; bem como para promover o desenvolvimento dos países menos desenvolvidos.

A luta contra a fraude e a evasão fiscais é algo que cada vez mais se acentua como sendo uma prioridade, quer a nível nacional como a nível internacional. Por isso, os ADT são encarados como instrumentos também em si privilegiados para auxiliar nesse combate. Neste âmbito, as regras que promovem a construção de um sistema de troca de informações o mais eficaz possível demonstram-no, sendo aquilo que mais revela a prossecução desse objectivo. A par da troca de informações, as regras que determinam a aplicação do ADT apenas às entidades que, no final, são os titulares efectivos da riqueza tributada (*beneficial owner*), bem como as regras em virtude das quais se excluem determinadas entidades que de outro modo beneficiariam indevidamente do tratado (*Limitations On Benefits - LOBs*), revelam igualmente a presença indiscutível do combate à fraude e evasão fiscal como objectivo do ADT.

Evitar e eliminar a discriminação fiscal internacional surge igualmente como objectivo central do ADT. A regra que exige para os nacionais de um Estado contratante sujeitos a imposto no outro Estado Contratante tratamento equiparado – não diferente e nunca mais gravoso – ao dado aos nacionais deste último Estado, desde que se encontrem numa mesma situação, em especial no que se refere à residência.

O objectivo de auxílio ao desenvolvimento está também proclamado nas regras do ADT ao se promover a concessão de crédito por imposto fictício (*tax sparing credit*), bem como pela utilização do método da isenção, método que não tributa o rendimento na residência, reconhecendo esse direito em exclusivo à fonte[7].

Da conjugação dos objectivos agora apresentados vários são os benefícios retirados para a economia, comércio e contribuintes abrangidos por situações plurilocalizadas. O primeiro benefício, e o mais

---

[6] Cfr., no modelo de convenção da OCDE, números 3 e 16 da introdução e, de forma mais directa e explícita, número 2 da introdução do modelo de convenção da ONU.

[7] Atender, no entanto, que normalmente o método da isenção é atenuado pela utilização da isenção com progressividade.

comummente apontado, passa pela certeza e segurança e, portanto, confiança, criadas para o contribuinte que sabe com que tributação e com que limites máximos dessa tributação pode vir a estar sujeito. Estas certeza e segurança asseguram a criação de um ambiente muito mais potenciador do investimento internacional, facto que tenderá a promover o crescimento e o desenvolvimento económicos. Também o diálogo e o entendimento entre os países são promovidos, conseguindo-se uma maior abertura para a cooperação internacional e para uma melhor organização dos sistemas fiscais nacionais nas suas relações entre si, o que favorecerá a resolução amistosa por mútuo acordo das disputas fiscais.

É pela existência destes benefícios que os ADT assumem um lugar de destaque e são tão importantes na lógica e na prática da fiscalidade internacional. Todavia, os seus bons efeitos vão sendo ameaçados por uma série de factos apontados em seguida.

2. A moderna realidade global e as suas características: o que assombra a configuração tradicional do Acordo para evitar e eliminar a dupla tributação?

É uma evidência caracterizar a sociedade e a economia modernas como globais. A interdependência e a interacção dos agentes económicos marcam o quotidiano. A tecnologia transformou o mundo, a comunicação e a maneira de pensar e de agir. Para a fiscalidade, múltiplas foram as fracturas provocadas e múltiplos foram os desafios e as oportunidades oferecidas. A fiscalidade deixa cada vez mais de ser confinada a um espaço nacional, limitado por fronteiras geográficas bem definidas, para se assumir num plano mundial, onde os interesses de contribuintes e de administrações fiscais estão em directa concorrência, confrontam-se, conjugam-se, eliminam-se e/ou recriam-se. As fronteiras políticas dissolvem-se em espaços económicos mais amplos, o que é evidente no quadro da integração.

Especificamente para os ADT aquilo que mais os afecta resulta da conjugação de três factos: o impacto produzido pela extrema mobilidade e pelas novas tecnologias nos elementos de conexão; num segundo plano, o valor cada vez mais premente da solidariedade internacional fiscal; e, finalmente, os fenómenos de integração económica, em especial o europeu. Analisemos.

2.1. *As novas tecnologias e a mobilidade*

Dois grandes marcos da globalização são a mobilidade e as novas tecnologias, marcos estes que produzem impacto nos ADT. Com o enraizar das novas tecnologias e a crescente mobilidade dos contribuintes, das actividades, dos rendimentos e do capital abrem-se portas à manipulação das regras concretizadoras dos elementos de conexão previstos nos ADT, bem como se vai verificando a insuficiência de regras concretizadoras dos elementos de conexão em face de algumas realidades emergentes.

Demonstrativo da manipulação das regras por parte dos agentes económicos é o exemplo do *treaty shopping*. Com a internacionalização das economias observou-se o nascimento de uma rede densa e ampla de ADT entre as várias jurisdições fiscais. As negociações são bilaterais e o alcance de cada ADT é apenas para os rendimentos e contribuintes que tenham uma das conexões relevantes escolhidas e expostas no acordo. No nosso mundo global, observa-se cada vez mais a presença de consultadoria especializada que, em face de um facto gerador de rendimento passível de ser tributado, analisa as redes de ADT existentes de forma a escolher o ADT que mais favoreça a tributação, ou ausência de tributação, de determinado rendimento. Porque os contribuintes, as actividades económicas e o capital podem escolher o destino, a opção por uma jurisdição fiscal que melhor trate a situação concreta tornou-se quase uma prática corrente e continuada no universo da fiscalidade contemporânea. Com a proliferação do *treaty shopping* não se pode deixar de reconhecer que o efeito primordial dos ADT é distorcido. A preocupação de evitar ou eliminar a dupla tributação não é, nesta prática, o objectivo da utilização dos ADT, tal como não é nenhum dos outros objectivos atrás apontados, está-se antes perante uma forma de defraudar o acto jurídico e a solução por este proclamada. Uma utilização abusiva como esta deturpa, inevitavelmente, a figura jurídica aqui em análise, colocando a sua eficácia e a sua credibilidade em risco.

Quanto à insuficiência das actuais regras existentes nos ADT, o comércio electrónico é um dos exemplos que o deixa em evidência.

Esta nova forma de comerciar, assente na ausência, total ou parcial, de "fisicalidade" provoca graves fracturas nas regras tradicionais de determinação da conexão com determinado território, uma vez que estas últimas assentam essencialmente na presença física dos elementos num território, ao contrário do que é permitido e conseguido com o comércio electrónico. A insuficiência das actuais regras compreendidas nos ADT é igualmente revelada, mais em geral, pelas características e pela liberdade alcançada pelos rendimentos móveis. A mobilidade nos rendimentos destrona a segurança e a certeza, valores que foram determinantes na escolha e criação das tradicionais regras de tributação internacional espelhadas em todos os ADT, como é bem acentuado com os rendimentos de capitais, embora não exclusivamente.

Um outro impacto produzido pela mobilidade e pelas novas tecnologias para os ADT é encontrado na tendencial alteração do número de Estado envolvidos. Aquando o nascimento do ADT, a situação plurilocalizada remetia-se, tendencialmente, a um confronto de dois Estados e, portanto, de duas jurisdições fiscais, ou, ainda que mais do que dois Estados estivessem envolvidos, nas conexões relevantes eram dois aqueles que tendencialmente eram determinados. Todavia, hoje, cada vez mais, a situação plurilocalizada é uma situação que envolve múltiplos Estados e múltiplas pretensões. As regras dos elementos de conexão tradicionais estão em crise e muitos são os casos de não-tributação e de múltipla tributação por não existir uma unidade nos índices determinadores dos tradicionais elementos de conexão que se encontram, tendencialmente, cada vez mais espraiados por várias jurisdições. Este facto não pode deixar de se juntar aos elementos que afectam a vitalidade dos ADT.

2.2. *Apoio ao desenvolvimento: modelo de convenção da Organização para a Cooperação e para o Desenvolvimento Económicos (OCDE) e a solidariedade internacional fiscal*

O modelo de convenção da OCDE costuma ser o modelo adoptado como guia para a celebração dos ADT. A força dessa organização internacional é muita e até mesmo o modelo de convenção das Nações Unidos (ONU) é em grande parte construído com base nos ditames desse outro modelo. O modelo de convenção da OCDE é um modelo marcado pela lógica do mundo desenvolvido, favorecendo os interesses dos países pertencentes a esse universo. O predomínio da tributação na residência – normalmente quem exporta capital e tecnologia – é o princípio base das opções aí apresentadas, o que, naturalmente, beneficia em grande medida as pretensões tributárias dos ditos países desenvolvidos.

Porém, o domínio dos países desenvolvidos começa a ser cada vez mais questionado, quer por vozes exteriores quer por vozes interiores. A causa desse questionamento assenta em duas realidades fundamentais: por um lado, os valores da equidade e da justiça assumem-se como preocupações cada vez mais determinantes na pressão jurídica internacional e, por outro lado, alguns dos países em vias de desenvolvimento assumem crescentemente um lugar de destaque na economia e na política mundial. A consciência de a supremacia dos interesses meramente económicos – designadamente da comummente apregoada neutralidade – não poder ser uma realidade imposta *ad eternum* é algo que começa a fervilhar e a impor-se nas análises jurídico-económicas da realidade fiscal. Por a interdependência global demonstrar que as economias em vias de desenvolvimento são cada vez mais necessárias ao crescimento das economias desenvolvidas e não serem já apenas jurisdições dependentes das primeiras, despertando para o seu potencial e para a sua força, a equidade fiscal tende a assumir-se como preocupação determinante no quadro internacional fiscal. E a par desta nova consciência fiscal que se vai formando, a importância que alguns países em desenvolvimento vão aos poucos assumindo nos mercados mundiais[8] não pode deixar de influenciar a visão que se tem das opções internacionais fiscais.

Em face deste despertar de novas consciências não admira que, apesar das vozes maioritárias dos países desenvolvidos continuarem a apregoar a defesa da tributação primordial na residência, argumentando a sua maior justiça e neutralidade, novas vozes se façam ouvir defendendo a remodelação das regras dos ADT de forma a absorver a necessidade e a justiça de atender à tributação na fonte, quer garantindo elementos de conexão conducentes a essa tributação quer assegurando melhores auxílios fiscais ao desenvolvimento.

---

[8] Veja-se a ascensão que os BRIC – Brasil, Rússia, Índia e China – vão tendo no cenário internacional económico e político

2.3. *Fenómenos de integração económica: O caso europeu. Que espaço para o acordo para evitar e eliminar a dupla tributação num espaço comum?*

Num espaço de integração, o fenómeno tributário estará sempre presente no rol de fenómenos a conquistar para um espaço comum. No caso europeu isso é bem visível. A fiscalidade é uma parcela de extrema importância na criação de um mercado interno, como o pretendido pela Comunidade Europeia, onde não se pode deixar espaços para surgirem entraves ou limitações à concretização das liberdades fundamentais previstas no Tratado da Comunidade Europeia e à não discriminação nela exigida.

No início, apenas a vertente indirecta da fiscalidade foi tomada como prioridade. A preocupação com a tributação indirecta foi o escopo central da análise e regulação comunitária, atento os objectivos da integração inicial. Por isso, quando se procurava estabelecer o impacto do direito fiscal comunitário no âmbito do direito fiscal internacional de cada Estado-Membro, com particular incidência nos tratados bilaterais para evitar e/ou eliminar a dupla tributação, pouco se tinha a dizer, pois, a maioria dos ADT celebrados assentavam em questões de tributação directa – rendimento e património – e não indirecta, o que se afastava do escopo de regulação comunitária. Ainda assim, consciente da necessidade de fazer face à dupla tributação e aos efeitos nefastos que essa poderia produzir na implementação e desenvolvimento de um mercado interno verdadeiramente eficiente e equitativo, o Tratado da Comunidade, no seu actual artigo 293°, determinou deverem os Estados-Membros entabularem entre si, "sempre que necessário, negociações destinadas a garantir, em benefício dos seus nacionais [...] a eliminação da dupla tributação na Comunidade." Por aqui se visualiza serem os ADT, para a Comunidade Europeia, um meio desejável e necessário para combater possíveis entraves ao bom funcionamento do mercado interno. São, pois, instrumentos vigorosos no auxílio aos objectivos comunitários.[9]

---

[9] De notar que o espaço para a resolução dos problemas de dupla tributação não foi exclusivamente oferecido aos Estados-Membros, o Tribunal de Justiça das Comunidades, no seu Caso C-336/96, de 12 de Maio de 1998 (*Caso Gilly*), afirma isso mesmo.

O problema dos ADT no espaço comunitário encontra-se, não na sua função, mas antes no seu eventual conteúdo. Raros não foram os casos em que se perspectivaram situações de discriminação à luz do acervo comunitário, situações essas derivadas das opções contidas nos ADT celebrados pelos Estados-Membros, quer entre si, quer com países terceiros. Um dos problemas mais notórios situa-se no âmbito do diferente tratamento entre residentes e não residentes existente nos ADT, nomeadamente quanto às regras que limitam as vantagens decorrentes dos tratados. À luz do princípio da não discriminação comunitário, ainda que nem sempre, muitos poderão ser os casos de efectiva discriminação, isto porque os contribuintes encontram-se efectivamente em situações semelhantes, ou seja, em situações comparáveis. Em paralelo com estas situações de discriminação é também comum encontrarem-se casos onde, não havendo clara e directa distinção no tratamento, há o levantamento de obstáculos ou, pelo menos, a construção de um cenário menos atractivo ao exercício das liberdades comunitárias por parte de contribuintes de outros Estados-Membros. Conscientes destes problemas, vozes foram aparecendo de forma mais permanente e consistente alertando para a necessidade de avaliar correctamente a relação entre o direito comunitário e o direito internacional fiscal, em especial na figura dos ADT.[10] Em face dessas situações o Tribunal de Justiça das Comunidades emanou jurisprudência afirmando a necessidade de as regras contidas nos ADT se conformarem com as disposições do direito comunitário[11], tratados ou actos secundários[12]. E consoante o escopo de regulação comunitário, para o âmbito da fiscalidade directa, vai crescendo, maiores serão

---

[10] Documentos marcantes a este propósito, destacam-se, entre outros: *Report of the Committee of Independent Experts on Company Taxation – The Ruding Committee's report*, (Março de 1992); Relatório da Comissão, *Taxation in the European Union – Report on the Development of tax systems* (COM (96)546 de 22 de Outubro de 1996); Relatório da Comissão, *Company Taxation in the Internal Market*, SEC (2001)1681 final, de 23 de Outubro de 2001; e Comunicação da Comissão COM (2003)726 final de 24 de Novembro de 2003

[11] Cfr., a título de exemplo, Caso C-58/01, de 23 de Setembro de 2003; Caso C-385/00, de 12 de Dezembro de 2002; Caso C-397/98, de 8 de Março de 2001; Caso C-200/98, de 18 de Novembro de 1999

[12] E.g. Caso C-294/99, de 4 de Outubro de 2001

as hipóteses de acontecerem mais casos de discrepâncias e de conflitos entre as regras dos ADT e os princípios e as regras comunitárias.

A vitalidade dos ADT no espaço comunitário encontra-se ameaçada precisamente por este avanço na área da fiscalidade directa estar a acontecer a passos largos[13], o que condiciona a liberdade de escolha dos Estados-Membros na celebração dos seus ADT e na própria manutenção de alguns conteúdos desses. Contribuindo para essa impacto na vitalidade dos ADT, não podem ainda deixar de ser mencionados quer a complexidade que advém para o contribuinte comunitário de gerir uma rede de mais de trezentos ADT celebrados entre os Estados-Membros e Estados terceiros, pois tal complexidade dificulta certamente o benefício que os contribuintes comunitários retiram do exercício das liberdades comunitárias, bem como o facto de os ADT não prevenirem ou resolverem os casos comunitários de dupla tributação económica, e apenas de dupla tributação jurídica, também essa causadora de obstáculos ao desenvolvimento do mercado interno.[14]

3. Quais os caminhos possíveis?

Perante os desafios atrás apresentados uma questão surge: qual o futuro dos ADT num espaço onde a sua vitalidade está afectada?

Proceder a juízos de futurologia é "ciência" complexa e incerta. Afastada a posição que defende serem os ADT um mito no que se refere à resolução da dupla tributação, não sendo uma ferramenta essencial nesse combate, sendo antes as medidas unilaterais de escopo nacional muito mais eficazes para atingir um tal objectivo[15], permanecendo a defesa

---

[13] A directiva 90/434/CE (*Directiva Fusões*), alterada pela directiva 2005/19/CE; a directiva 90/435/CE (*Directiva Mães/Filhas*), alterada pela directiva 2003/123/CE do Conselho; directiva 2003/48/CE (*Directiva da Poupança*) e, finalmente, a directiva 2003/49/CE (*Directiva dos Juros e dos Royalties*) demonstram a proliferação do poder comunitário no âmbito da fiscalidade directa, isto não esquecendo o papel dinamizador que o Tribunal de Justiça das Comunidades tem tido no desenvolvimento de um espaço quase de harmonização nesta área.

[14] Comissão Europeia, *EC Law and Tax Treaties. Workshop of Experts*. 9 de Junho de 2005, TAXUD E1/FR DOC (05) 2306, pp. 3 e 4, respectivamente

[15] Tsilly Dagan, *The tax treaty myth*, Journal of International Law and Politics, 939 (2000) 32

de uma solução que integre o acordo entre partes/Estados para obviar a dupla tributação, algumas potenciais respostas podem ser oferecidas.

Num plano mais inovador, e quiçá mais alerta à realidade efectiva de um mundo globalizado, poderia defender-se a substituição dos acordos bilaterais por figuras de acordos multilaterais para evitar e eliminar a dupla tributação. Em face da crescente consciência da interdependência fiscal e do tendencial maior número de pretensões fiscais envolvidas na tributação de um determinado rendimento, capital ou actividade, essa multiplicidade poderia suscitar a substituição dos instrumentos bilaterais por acordos com maior número de signatários e com potenciais opções harmonizadoras, eventualmente mais capazes para responder aos desafios agora colocados aos ADT. Na história do direito internacional fiscal os acordos multilaterais começaram por ocupar um lugar secundário[16], contudo, em face da evolução do estado d'arte internacional, nada impede que o espaço ocupado por estes não possa ser mais promissor e mais dignificante[17]. Aliás, internacionalmente, em múltiplas outras áreas vão surgindo cada vez mais instrumentos multilaterais, sendo a importância destes cada vez mais proclamada, até porque, em face do tipo de problemas existentes, a voz da solução tem de ser uma voz múltipla e não dual. No caso da Comunidade Europeia, esta seria mesmo uma opção altamente desejável para resolver os problemas suscitados entre o direito comunitário e o conteúdo dos ADT, tendo sido inclusivamente apontada como preferencial[18]-[19]. A via multilateral tornaria os ADT mais vigorosos e mais eficazes, garantindo maior certeza e segurança

---

[16] Cfr. Alberto Xavier, *Direito Tributário Internacional*, 2ª edição, nota 4, pp. 98

[17] Apontando em sentido contrário, afirmando o tendencial falhanço das medidas multilaterais e de medidas unilaterais/meramente nacionais, David W. Williams, *Trends in International Taxation,* pp. 112

[18] Comissão Europeia, *EC Law and Tax Treaties. Workshop of Experts*. 9 de Junho de 2005, TAXUD E1/FR DOC (05) 2306, pp. 15 e ss.

[19] Dick Juch defende mesmo a criação, o quanto antes, de um acordo multilateral entre os Estados-Membros da União Europeia, devendo esta acção ser considerada como uma obrigação à luz do artigo 293º do Tratado comunitário e a única capaz de resolver os problemas de tratamento discriminatório originados pelas diferentes opções de tratamento nos vários ADT bilaterais celebrados pelos Estados-Membros entre si. Dick Juch, *The uncertain future of bilateral European tax treaties* IN A Tax Globalist. Essays in honour of Maarten J. Ellis, pp. 325

jurídicas, permitindo igualmente o tratamento e a solução de questões que dificilmente são resolvidas através de acordos bilaterais (e.g. *treaty shopping* e situações triangulares). Foi mesmo afirmado não estar o acordo bilateral apto para fazer face à complexa estrutura multilateral da economia, sendo necessário avançar, no âmbito comunitário, para um acordo multilateral que resolva os problemas da dupla tributação.[20] Um exemplo de sucesso é encontrado no norte da Europa como o acordo multilateral celebrado entre a Finlândia, a Suécia, a Dinamarca (membros comunitários), a Islândia e a Noruega que substitui os anteriores acordos bilaterais celebrados entre estes países. É óbvio que uma tal alteração de instrumentos reguladores da dupla tributação não se assemelharia a tarefa fácil[21]. O caso europeu revela-o, pois foi já tentada, na década de 1960, a construção de uma convenção multilateral para solucionar os problemas que já então se iam revelando, mas sem sucesso, uma vez que se deixou em letra morta até hoje a tentativa e só eram seis os Estados então envolvidos. Quanto mais interesses em causa mais complexo é o processo de discussão e de feitura do acordo, tal como mais difícil é obter o consenso. Além de que pela via bilateral os interesses individuais de cada Estado estariam, porventura, mais directamente assegurados do que de forma multilateral. Porém, a via multilateral para os ADT teria a vantagem de agregar uma espécie de "política comum" das várias jurisdições fiscais, contrariando os ímpetos de manipulação dos elementos de conexão, facto de extrema importância na organização e cooperação internacional do poder económico e político numa era global. E uma boa mudança não pode deixar de ser implementada apenas por receio da complexidade do processo. A estagnação jamais poderá ser a solução para os problemas e para os desafios que já existem e que continuam a surgir.

Todavia, a consciência de que a expectativa e o hábito internacionais são difíceis de serem alterados de forma imediata, torna necessário abordar, antes de se colocar a hipótese de uma substituição efectiva dos acordos bilaterais por acordos multilaterais, a opção pela revitalização

[20] Comission Staff Working Paper, *Company Taxation in the Internal Market*, SEC (2001)1681, de 23 de Outubro de 2001, pp. 358

[21] Cfr. Manuel Pires, *A multilateral tax convention for the European Union?*, EC Tax Review, 2003/1, pp. 43 e ss

dos ADT. Esta opção surge como a mais flexível e permeável à lógica da actual estrutura e prática internacional fiscal[22], mas não por isso a mais eficaz e conveniente. É, realisticamente, aquela que, a médio prazo, terá mais hipóteses de ser abraçada pela comunidade internacional. O facto de se conseguir equacionar uma possibilidade de revitalização revela que os ADT não perderam o seu lugar fundamental na estrutura tributária internacional. O que perdeu a sua força foi a forma como estes ADT resolvem as questões que se propõem avaliar e solucionar. Será uma questão de *escopo e conteúdo* e não uma questão de *fins*. É uma questão de *como* e não uma questão de *o quê*. Neste quadro de revitalização, o patamar que parece ser preponderante passa, assim, pela reformulação de conceitos e de poderes de tributação. Na senda do que foi anteriormente apresentado, largar a obsessiva defesa da tributação primacial na residência e atender às pretensões dos países da fonte surge como o ponto de partida central para poder existir uma viragem e uma flexibilização dos modelos de ADT e, com tal, uma reformulação dos conceitos, com natural abertura a outros poderes tributários que, na lógica global, passam a fazer parte das pretensões fiscais em jogo na tributação de determinado rendimento, capital ou actividade. Pode ainda colocar-se a questão de saber se não se deverá ultra-especializar os ADT de forma a conseguir uma melhoria significativa no combate às insuficiências de alguns dos elementos de conexão em face de algumas novas realidades económicas apresentadas anteriormente.

No plano especificamente comunitário foram ainda equacionadas duas outras vias de resolução dos problemas suscitados pelos ADT no confronto com o direito comunitário: a construção de um modelo europeu de convenção e a via da "comunitarização" de regras específicas dos ADT[23]. A primeira hipótese teria a vantagem de poder clarificar situações muito específicas do espaço comunitário, mantendo-se como instrumento de *soft law*, tendencialmente mais aliciante para os

[22] David W. Williams (*Trends in International Taxation,* pp. 112) defende mesmo ser a via bilateral o único método com provável sucesso entre sistemas fiscais díspares

[23] Comission Staff Working Paper, *Company Taxation in the Internal Market*, SEC (2001)1681, de 23 de Outubro de 2001, pp. 357 e ss e Comissão Europeia, *EC Law and Tax Treaties. Workshop of Experts*. 9 de Junho de 2005, TAXUD E1/FR DOC (05) 2306, pp. 14 e ss

Estados-Membros, ao contrário de um acordo multilateral efectivamente vinculativo. Contudo, parece não ser um grande avanço em face do que já existe. Continuar a criar mais modelos de convenções para evitar e eliminar a dupla tributação não sugere profundos e eficazes avanços, a não ser que se procedesse à reformulação de conceitos e de poderes de tributação anteriormente apontada. No concernente à segunda solução – a "comunitarização" de regras específicas dos ADT – o que se perspectiva nesta hipótese seria a criação de ditames comunitários sobre os casos que mais problemas suscitam, designadamente, o conceito de residência e a matéria da não-discriminação. A forma para executar tal via, ou seria através de recomendações – deixando aos Estados-Membros o espaço para aceitá-las e atendê-las –, ou através da feitura de uma directiva que especificamente regulasse essa matéria. A emissão de uma directiva substituiria os ADT intracomunitários, estabelecendo uma base legal comum, sujeita à avaliação do Tribunal de Justiça das Comunidades, com todas as vantagens inerentes no caso de dúvidas e litígios. Em face da sensibilidade fiscal dos Estados-membros, em nome da réstia de soberania fiscal que lhe sobeja, dificilmente esta última hipótese seria imediatamente adoptada. A acumular, o facto de a *soft law* ser cada vez mais uma forma divulgada como vantajosa e eficaz, de entre as duas hipóteses apontadas, o mais provável seria a utilização da via da recomendação. Todavia, não parece ser de excluir uma forte probabilidade de, caso as dificuldades entre os ADT e o direito comunitário se agudizarem, a via legislativa, característica de uma *hard law*, ser a via escolhida por necessidade.

Em comum às vias apontadas – fundamentalmente para a substituição dos acordos bilaterais pela figura de acordos multilaterais para evitar e eliminar a dupla tributação e para a revitalização dos ADT – não pode deixar de se apelar ao enquadramento da problemática na figura da cooperação fiscal internacional. Em face dos múltiplos desafios à vitalidade dos ADT no século XXI, a cooperação internacional é, cada vez mais, uma necessidade e uma certeza absoluta. A forma como tais desafios serão geridos depende, inevitavelmente, de como a cooperação internacional se renovar. Uma das verdades incontornáveis da globalização e da interdependência que a caracteriza passa pelo papel fundamental da cooperação internacional, sem ela as decisões unilaterais serão a maioria e o resultado dessa unilateralidade será, em última análise, a agudização dos problemas existentes para a fiscalidade internacional. Num mundo onde as opções de uma jurisdição fiscal têm impacto nas outras jurisdições fiscais, de forma a não se gerar um clima de práticas fiscais em guerra (conduzindo à *race to the bottom*), a única via é o diálogo e a concertação. Tal como noutros ramos de direito, no direito fiscal apelar à cooperação internacional apresenta-se como a única solução efectivamente eficaz para combater os efeitos nefastos provenientes da mobilidade e da utilização das tecnologias, bem como para dar resposta aos problemas de desenvolvimento, incentivando a solidariedade internacional fiscal e para construir uma rede de combate à dupla tributação em espaços de integração económica, cada vez mais tendentes a aparecer. Pensar a fiscalidade internacional do século XXI sem apelar à cooperação internacional seria um erro com custos demasiados elevados para sequer se ousar experimentar. É por isso que no futuro dos ADT a cooperação internacional tem, necessariamente, um forte papel. È através da cooperação internacional fiscal que os ADT encontrarão o seu caminho e o seu espaço no direito fiscal do século XXI.

Rita de la Feria

Evolução do conceito de abuso do direito no âmbito do direito fiscal comunitário

Rita de la Feria

Investigadora Associada Senior,
Centro de Estudos Fiscais da Universidade de Oxford.

RESUMO

A questão do abuso do direito tem vindo a adquirir grande relevância, nos últimos anos, no contexto do Direito Fiscal Comunitário, na sequência de acórdãos, como *Halifax* e *Cadbury Schweppes*. Este artigo discute as implicações deste debate para os sistemas jurídicos fiscais dos Estados-Membros.

Palavras-chave:
Abuso do direito, fiscal e comunitário

ABSTRACT

In the last few years, the issue of abuse of law has been gaining increased significance within EU Tax Law, following rulings such as *Halifax* and *Cadbury Schweppes*. This article discusses the implications of this debate for the tax systems of the Member States.

Keywords:
Abuse of law, tax, EU

1. Introdução: Contexto Histórico e Actual

Pensa-se que o conceito de abuso do direito (ou direitos) tem origem francesa.[1] Está presente na grande maioria dos sistemas jurídicos Europeus, nomeadamente em todos aqueles que tem uma influência franco-germana. Excluídos deste grupo estão os sistemas jurídicos anglo-saxónicos, como sejam o do Reino Unido e da Irlanda; assim como os sistemas jurídicos dos países nórdicos, como o da Dinamarca, os quais seguem o sistema anglo-saxónico.[2]

Em termos comunitários, as referências a "abuso" e "práticas abusivas", datam dos anos 70. O primeiro acórdão em que o Tribunal de Justiça das Comunidades Europeias (TJCE) se refere a "abuso", como referido *infra*, é o acórdão *Van Binsbergen*, que data de 1974.[3] A partir dessa data, o Tribunal passa a referir-se, com regularidade, a situações de abuso. Contudo, a terminologia não e uniformemente utilizada, pelo contrário, é algo confusa. Durante décadas, o Tribunal referia-se, nos acórdãos, a termos como sejam "elisão", "evasão", "fraude", "abuso", "circumvenção", de forma, aparentemente, aleatória.[4]

É possível que esta confusão terminológica se deva, pelo menos em parte, ao problema da tradução técnico-jurídica. Nos últimos anos tem-se feito algum trabalho de investigação, relativamente à jurisprudência do Tribunal de Justiça, com o objectivo de quantificar o impacto das

---

[1] *Vide* J. Bell *et al*, *Principles of French Law*, (Oxford University Press, 1998), 364-366.

[2] Para uma análise da aplicação e âmbito do conceito de abuso do direito no contexto dos sistemas jurídicos dos Estados-Membros, *vide* N. Brown, "Is there a general principle of abuse of rights in European Community Law?" in T. Heukel e D. Curtin (eds.), *Institutional Dynamics of European Integration*, Vol. II, (Martinus Nijhoff Publishers, 1994), 511-525.

[3] Acórdão no processo 33/74, [1974] Colect. 1299, relativo à livre circulação de serviços.

[4] Sobre a questão terminológica *vide* J.L. Saldanha Sanches, *Os Limites do Planeamento Fiscal – Substancia e Forma no Direito Fiscal Português, Comunitário e Internacional*, (Coimbra Editora, 2006), 21 *et seq*; e A. Zalasinski, "Some Basic Aspects of the Concept of Abuse in the Tax Case Law of the European Court of Justice", (2008) *Intertax* 36(4), 156-167.

traduções, tendo em conta a sua natureza necessariamente subjectiva.[5] Isto causava, por razoes obvias, dificuldades: estaria o Tribunal a falar do mesmo problema, usando os diversos termos como sinónimos, ou o uso de diferentes termos denotaria problemas distintos?

A questão tem vindo a adquirir maior relevância, nos últimos anos, nomeadamente no contexto do Direito Fiscal Comunitário. Nesta área, recentes acórdãos, como *Halifax*,[6] *Cadbury Schweppes*[7] e *Kofoed*,[8] tem vindo a referir-se, de forma relativamente consistente, ao princípio da proibição do abuso do direito.

A questão é, então, a de saber qual o significado destas referências, por parte do Tribunal. Em particular, deverá o princípio da proibição do abuso do direito ser tido como um princípio geral do Direito Comunitário? E se sim, quais as consequências? Nomeadamente no contexto do Direito Fiscal, quais serão as implicações para os sistemas jurídicos fiscais dos Estados-Membros? A resposta a estas questões pressupõe uma breve análise *a priori* da evolução do conceito de abuso do direito, no contexto da jurisprudência do TJCE, nos últimos 30 anos.

2. Evolução do Conceito de Abuso a Nível Comunitário

2.1 *Os primeiros passos: livre circulação de serviços*

Os primeiros passos na "construção", se assim se pode chamar, de um conceito comunitário de abuso do direito, foram dados no campo da livre circulação de serviços. O primeiro caso em que, como já foi referido, o Tribunal se refere especificamente a "abuso" foi, ao que parece, *Van Binsbergen*.[9] Em causa estava uma situação tipicamente de circumvenção (*circumvention*).

[5] *Vide* K. McAuliffe, "Translation at the Court of Justice of the European Communities" in F. Olsen e D. Stein (eds.), *Forensic Translation*, (Palgrame MacMillan, 2007).

[6] Acórdão no processo C-255/02, [2006] Colect. I-1609.

[7] Acórdão no processo C-196/04, [2006] Colect. I-7995.

[8] Acórdão no processo C-321/05, [2007] Colect. I-5795.

[9] 33/74, [1974] Colect. 1299.

O Tribunal faz uma afirmação neste acórdão, a qual, de lá para cá, tem vindo a citar, de forma consistente, em acórdãos posteriores.[10] Resulta da mesma que, nesta primeira fase da jurisprudência do TJCE, os Estados-Membros tem o direito de impor medidas destinada a combater situações de circumvenção: estas medidas, apesar de serem restritivas do direito à livre circulação de serviços, são justificadas à luz do objectivo que prosseguem.

Esta postura do Tribunal foi reiterada, ainda no âmbito da livre circulação de serviços, nos chamados "casos radiodifusão": *Commission v Belgium*, *Veronica* e *TV10*, todos eles decididos no principio dos anos 90.[11]

2.2 *Aperfeiçoamento do conceito: liberdade de estabelecimento*

A mesma postura foi adoptada, inicialmente, em relação à liberdade de estabelecimento. Em *Daily Mail*, decidido em 1988, um caso que envolvia questões de Direito Fiscal, assim como de Direito Comercial, o Tribunal parece reiterar a posição adoptada em *Van Binsbergen* e nos casos sobre radiodifusão.[12] Como tal, e apesar de o Tribunal nunca se referir directamente à questão do abuso, ou até mesmo à questão subjacente do planeamento fiscal,[13] o acórdão foi tido pelos Estados-Membros

---

[10] *Ibid*, parágrafo 13.

[11] Acórdãos nos processos C-211/91, [1992] Colect. I-6773; C-148/91, [1993] Colect. I-487; e C-23/93, [1994] Colect. I-4795, respectivamente. Sobre estes acórdãos e as suas implicações ao nível da radiodifusão televisiva *vide* L.H. HANSEN, "The Development of the Circumvention Principle in the Area of Broadcasting", (1998) *Legal Issues of Economic Integration* 25(2), 111-138; B. RIS e M. PULLEN, "Advocate General reinforces the principle of country of origin control under the Television without Frontiers Directive", (1996) *European Competition Law Review* 17/8, 453-461; e J. HÖRNLE, "Country of Origin Regulation in Cross-Border Media: One Step Beyond the Freedom to Provide Services?", (2005) *International and Comparative Law Quarterly* 54, 89-126.

[12] Acórdão no processo 81/87, [1988] Colect. 5483. Mesmo antes do acórdão *Daily Mail* o TJCE já se tinha pronunciado, em outras ocasiões, sobre o abuso do direito no contexto da liberdade de estabelecimento, *vide* acórdão no processo 115/78, *Knoors*, [1979] Colect. 399. Todavia, *Daily Mail* representou um marco, em termos da atenção prestado pela doutrina a esta questão.

[13] Um facto que foi classificado de "curioso" por parte de P. CUNHA e P. CABRAL em "'Presumed innocent': companies and the exercise of the right of establishment under Community law", (2000) *European Law Review* 25(2), 157-164.

como sendo uma autorização implícita ao uso de normas anti-abuso na área do Direito Comercial.[14] Até que, em 1999, veio *Centros*.[15]

A decisão em *Centros* foi imediatamente alvo de intensa discussão.[16] Em causa estava, mais uma vez, uma situação de circumvenção: a recusa, por parte das autoridades dinamarquesas, de registo de uma sucursal de uma sociedade com sede num outro Estado-Membro (neste caso, no Reino Unido), com base no facto de que a sociedade teria sido constituída em conformidade com a legislação inglesa somente para evitar a legislação dinamarquesa (a qual era mais restritiva) relativa a níveis mínimos de capital social.

A presunção, por parte dos Estados-Membros, era de que o Tribunal iria decidir a favor do Estado Dinamarquês.[17] De facto, este teria sido o resultado se o Tribunal tivesse adoptado uma postura semelhante àquela adoptada relativamente à livre circulação de serviços. O Tribunal, contudo, adoptou uma postura radicalmente diferente, concluíndo que, a recusa, por parte das autoridades dinamarquesas, em registar a dita sucursal, constitutía uma violação dos artigos 43° e 48° do Tratado.[18]

Se dúvidas ainda existissem, relativamente à nova postura do Tribunal em matéria de abuso, acórdãos posteriores, na área do Direito Comercial, confirmam a mudança presenciada em *Centros*. *Uberse-*

---

[14] Ainda que dois anos antes, em *Segers*, o Tribunal parecesse indicar o contrario, *vide* acórdão no processo 79/85, *Segers*, [1986] Colect. 2375, parágrafo 17.

[15] Acórdão no processo C-212/97, [1999] Colect. I-1459.

[16] A bibliografia relativa a este acordão é massiva, *vide* entre muitos outros, P.J. Omar, "*Centros, Überseering* and beyond: a European recipe for corporate migration: Part 1", (2004) *International Company and Commercial Law Review* 15/12, 398-407; P.J. Omar, "*Centros, Überseering* and Beyond: a European Recipe for Corporate Migration: Part 2", (2005) *International Company and Commercial Law Review* 16/1, 18-27; J. Lowry, "Eliminating Obstacles to Freedom of Establishment: The Competitive Edge of UK Company Law", (2004) *Cambridge Law Journal* 63/2, 331-345; and W.H. Roth, "From *Centros* to *Überseering*: Free Movement of Companies, Private International Law, and Community Law", (2003) *International and Comparative Law Quarterly* 52/1, 177-208; e H. Xanthaki, "*Centros*: is this really the end for the theory of the siège réel?", (2001) *Company Lawyer* 22/1, 2-8.

[17] Segundo P. Craig e G. de Burca o acórdão terá causado "considerável surpresa", em *EU Law – Texts, Case and Materials* (4ª Edição, Oxford University Press, 2007), 809.

[18] C-212/97, [1999] ECR I-1459, parágrafo 39.

ering em 2002 e *Inspire Art* em 2003 são, na sua essência, decisões semelhantes.[19]

A conclusão é simples: com a decisão em *Centros*, o Tribunal iniciou uma nova fase no desenvolvimento do conceito de abuso do direito, no contexto do Direito Comunitário. Nem todos os casos de circumvenção deverão ser considerados abusivos; há casos em que a circumvenção deverá ser considerada como o exercício legítimo do direito à liberdade de estabelecimento. Consequentemente, nem todas as medidas legislativas destinadas a combater casos de circumvenção são válidas à luz do Direito Comunitário.

Esta nova postura relativamente ao conceito de abuso do direito parece ter tido uma influência considerável nos mais recentes acórdãos de teor fiscal.[20]

2.3 *O teste: Política Agrícola Comum e taxas agrícolas*

Menos de um ano após a decisão em *Centros* o Tribunal teve, mais uma vez, a oportunidade de responder a questões prejudiciais sobre o conceito de abuso do direito. O caso foi *Emsland-Stärke* e, desta feita, estava em causa a aplicação de um Regulamento comunitário na área da Politica Agrícola Comum.[21]

O Tribunal, embora nunca fazendo referência ao abuso do direito como um princípio geral do Direito Comunitário, concluio que: "resulta

---

[19] Acórdãos nos processos C-208/00, [2002] Colect. I-9919; e C-167/01, [2003] Colect. I-10155, respectivamente.

[20] Tal como previsto por alguns autores na sequência da decisão em *Centros*, *vide* W. SCHÖN, "Playing Different Games? Regulatory Competition in Tax and Company Law Compared", (2005) *Common Market Law Review* 42, 331-365; J.L. SALDANHA SANCHES, "Normas Anti-Abuso, Jurisprudência Comunitária e Direito Português: As Provisões no Balanço Fiscal", *Conferência sobre Fiscalidade International*, Universidade Nova de Lisboa, 12-13 March 2002; E. WERLAUFF, "The Consequences of the *Centros* Decision: Ends and Means in the Protection of Public Interests", (2000) *European Taxation*, 542-545; e K. EICKER, "In the *Centros* Case the ECJ Delivered a Decision with Far-Reaching Implications for Company Law and Tax Law", (1999) *Intertax* 27(10), 391-392.

[21] Acórdão no processo C-110/99, [2000] Colect. I-1569.

da jurisprudência do Tribunal de Justiça que a aplicação dos regulamentos comunitários não pode ser alargada de forma a abranger práticas abusivas de operadores económicos".[22] A existência de abuso está, nas palavras do Tribunal, dependente de dois factores:

— *elemento objectivo*: "um conjunto de circunstâncias objectivas das quais resulte que, apesar do respeito formal das condições previstas na legislação comunitária, o objectivo pretendido por essa legislação não foi alcançado".

— *elemento subjectivo*: "vontade de obter um benefício que resulta da legislação comunitária, criando artificialmente as condições exigidas para a sua obtenção".[23]

A relevância desta decisão não deverá ser subestimada: pela primeira vez, o Tribunal estabeleceu critérios objectivos para a determinação da existência de abuso do direito, para efeitos do Direito Comunitário.[24] É natural, portanto, que a reacção não se tenha feito esperar.

3. O Conceito de Abuso no Direito Fiscal Comunitário

Emsland-Stärke despoletou uma intensa discussão, ao nível do Direito Fiscal, sobre a questão do abuso do direito. Inicialmente a discussão centrou-se na tributação em sede de IVA, só depois passando a matérias de tributação na área do rendimento colectivo.

3.1 *Tributação indirecta (IVA)*

Porquê o IVA? A razão principal emerge claramente do próprio acórdão em *Emsland-Stärke*: um dos argumentos apresentados pela Comissão Europeia em apoio da confirmação de abuso naquele caso, foi a existência de um preceito no Regulamento comunitário relativo à pro-

[22] *Ibid*, parágrafo 51.

[23] *Ibid*, parágrafos 52 e 53.

[24] Na mesma linha, *vide* D. Weber, "Abuse of Law – European Court of Justice, 14 December 2000 – Case C-110/99, *Emsland-Stärke*", (2004) *Legal Issues of Economic Integration* 31(1), 43-55.

tecção dos interesses financeiros das Comunidades Europeias, segundo o qual:

> "Os actos relativamente aos quais se prove terem por fim obter uma vantagem contrária aos objectivos do direito comunitário aplicável nas circunstâncias, criando artificialmente condições necessárias à obtenção dessa vantagem, têm como consequência, consoante o caso, quer a não obtenção da vantagem quer a sua retirada."[25]

Com base neste argumento, vigorava a percepção geral de que a Comissão teria intervido no caso *Emsland-Stärke*, invocando um princípio geral de proibição do abuso, unicamente com o objectivo de proteger as receitas Comunitárias, das quais os direitos aduaneiros fazem parte. Dizia-se, igualmente, que esta poderia ter sido também a motivação do Tribunal ao aceitar a existência de abuso.

A questão está em que o IVA, ou antes parte, é também ele uma fonte de receitas Comunitárias.[26] A questão que se punha, como tal, era a de saber se o princípio do abuso do direito, ou antes o teste do abuso do direito, tal como exposto pelo Tribunal em *Emsland-Stärke* teria também aplicabilidade na área do IVA.

A questão adquiriu particular relevância nos sistemas jurídicos anglo-saxónicos, uma vez que, tal como já mencionado, o conceito de abuso do direito é inexistente nesses mesmos sistemas. É neste contexto que as autoridades fiscais do Reino Unido iniciaram a prática de invocar o conceito (e teste) de abuso do direito contra sujeitos passivos, como meio de combate à elisão fiscal na área do IVA.[27] Os resultados não se

---

[25] Regulamento (CE, Euratom) nº 2988/95 do Conselho, de 18 de Dezembro de 1995, JO 1995, L312/1.

[26] A principal legislação nesta área é a Decisão do Conselho 2000/597/CE, Euratom, de 29 de Setembro de 2000, relativa ao sistema de recursos próprios das Comunidades Europeias, OJ 2000, L253/42. Existe, contudo, uma quantidade substancial de legislação vigente nesta área, *vide* lista completa em R. DE LA FERIA, *A Handbook of EU VAT Legislation*, Volume II, (Kluwer Law International, 2004), Tabela V.A.1.

[27] *Vide* P. HARRIS, "*Abus de droit* in the Field of Value Added Taxation", (2003) *British Tax Review* 2, 131-152; e D. LADDS e M. CHOWDRY, "*Debenhams Retail Plc e Commissioners of Customs and Excise*", (2004) *British Tax Review* 1, 26-36.

fizeram esperar.[28] Em 2002, os tribunais ingleses enviaram dois pedidos prejudiciais, o primeiro referente ao processo *Halifax*,[29] o segundo ao processo *BUPA*;[30] em 2003, mais dois, *University of Huddersfield* e *RAL*;[31] e finalmente, em 2004, *Centralan*.[32]

Tendo em conta que o pedido relativo a *Halifax* foi o primeiro a dar entrada no TJCE, a lógica ditaria que fosse, se não o primeiro, pelo menos um dos primeiros processos a ser decido nesta área. Contudo, só em 2006, quatro anos após o pedido inicial, é que o Tribunal emitiu a decisão em *Halifax*, o mesmo acontecendo com *BUPA* e *University of Huddersfield*. Entretanto, enquanto a decisão em *Halifax* pendia, o Tribunal foi emitindo decisões em outros processos, as quais foram abrindo caminho para a *Halifax*, oferecendo indicações claras da direcção que o Tribunal viria a adoptar naquele acórdão.

3.1.1 *O caminho para* Halifax

Entre as primeiras indicações, relativamente à postura que o Tribunal viria a adoptar em *Halifax*, estavam aquelas resultantes do acórdão em *Gemeente Leusden* e *Holin Groep*.[33] Um facto em si digno de nota, tendo em conta que a existência de abuso não tinha sido alegada em nenhum daqueles dois processos. Em causa estava a introdução de legislação anti-abuso, por parte do legislador holandês, a qual removia, em determinadas circunstâncias, o direito de optar pela tributação da locação de imóveis, em sede de IVA.

O pedido prejudicial enviado para o Tribunal centrava-se na questão do respeito pelos princípios da protecção da confiança legítima e da segurança jurídica. O Tribunal deu razão às autoridades holandesas,

---

[28] *Vide* M. Ridsdale, "Abuse of rights, fiscal neutrality and VAT", (2005) *EC Tax Review* 14(2), 82-94.

[29] C-255/02, [2006] Colect. I-1609.

[30] Processo C-419/02, [2006] Colect. I-1685.

[31] Processos C-223/03, [2006] Colect. I-1651; e C-452/03, [2005] Colect. I-3947, respectivamente.

[32] Processo C-63/04, [2005] Colect. I-11087.

[33] Acórdão nos processos apensos C-487/01, e C-7/02, [2005] Colect. I-5337.

concluindo que a nova legislação não era contrário aos ditos princípios. Contudo, mais interessante do que o resultado do processo, é a argumentação adoptado pelo Tribunal. Nos parágrafos 76 e 77 do acórdão pode ler-se o seguinte:

> "A luta contra possíveis fraudes, evasões e abusos é um objectivo reconhecido e encorajado pela Sexta Directiva. Seria contrário a esse objectivo proibir um Estado-Membro de impor a aplicação imediata de uma lei que suprime o direito de optar pela tributação de determinados contratos de locação de bens imóveis, tendo como corolário a obrigação de proceder ao ajustamento das deduções efectuadas, quando esse Estado constate que o direito de opção é utilizado em mecanismos de evasão ao imposto."

O Tribunal continua no parágrafo 79:

> "Quanto à evasão fiscal, mesmo que, segundo o direito de um Estado-Membro, um contribuinte não possa ser censurado por tirar proveito de uma disposição ou lacuna legislativa que lhe permite pagar menos impostos sem que por esse motivo haja uma prática abusiva, a supressão do enquadramento legislativo do qual um sujeito passivo de IVA tirou proveito não pode, enquanto tal, violar a confiança legítima baseada no direito comunitário."

A implicação decorrente destas passagens é a de que há uma distinção entre planeamento fiscal – tirar proveito de uma disposição ou lacuna legislativa que lhe permite pagar menos impostos – e "práticas abusivas".

No ano seguinte o Tribunal emitiu a decisão em *RAL*.[34] Em causa estava a interpretação das normas da Directiva do IVA relativas à localização de prestações de serviços.[35] O pedido prejudicial enviado para o TJCE centrava-se em duas questões: a primeira relativa à interpretação dos preceitos da Directiva relativos à localização de prestações de servi-

[34] C-452/03, [2005] Colect. I-3947.

[35] Directiva 2006/112/CE do Conselho, de 28 de Novembro de 2006, JO 2006, L347/1.

ços (artigos 43° a 59°), nomeadamente à luz da anterior jurisprudência do Tribunal sobre o conceito de "estabelecimento estável";[36] a segunda, focava a questão do conceito de abuso do direito – o tribunal inglês perguntava se existia de facto um princípio da proibição do abuso do Direito Comunitário aplicável na área do IVA.

O Tribunal, seguindo a mesma linha do Advogado-Geral Poiares Maduro, evitou responder à segunda pergunta, através de uma interpretação dos preceitos relativos à localização das prestações de serviços, a qual se poderá classificar não só como de surpreendente mas, igualmente, discutível a luz da jurisprudência anterior sobre os mesmos preceitos.[37]

Uns meses depois, foi a vez de *Centralan*.[38] Em causa estava um reenvio prejudicial pelos tribunais ingleses sobre a aplicação dos preceitos relativos ao ajustamento de deduções do IVA. Tal como em *RAL*, o contexto factual do processo centrava-se numa potencial situação de elisão fiscal em sede de IVA: uma série de transacções levadas a cabo, neste caso pela Universidade de Central Lancanshire, com o objectivo de maximizar a recuperação do IVA pago a montante.

Apesar de a questão da aplicação de um eventual princípio da proibição do abuso do direito não fazer parte do reenvio prejudicial a Comissão Europeia, nas suas observações escritas, levantou o problema.[39] O Tribunal, contudo, evitou, mais uma vez, responder à questão do abuso do direito, optando em vez disso pela adopção de uma interpretação teleológica dos preceitos relativos a ajustamentos das deduções do IVA pago a montante.[40]

A Advogada-Geral Kokott tinha, nas suas Conclusões, chegada a uma conclusão semelhante no que respeita à interpretação dos artigos relativos a ajustamentos de deduções. Todavia, isso não a coibiu de dar

---

[36] *Vide* em particular os acordãos nos processos 168/84, *Berkholz* [1985] Colect. 2251; e C-190/95, *ARO Lease,* [1997] Colect. I-4383. Sobre o conceito de estabelecimento estável para efeitos de IVA, *vide* I. Roxan, "Locating the Fixed Establishment in VAT", (1998) *British Tax Review* 6, 608-632.

[37] Para uma análise mais detalhada do acórdão e das suas implicações *vide* R. de la Feria, "'Game Over' for aggressive VAT planning?: *RAL v Commissioners of Customs & Excise*", (2005) *British Tax Review* 4, 394-401.

[38] C-63/04, [2005] Colect. I-11087.

[39] *Ibid*, parágrafo 46.

[40] *Ibid*, parágrafo 81.

a sua opinião sobre a existência, ou não, de um princípio da proibição de abuso do direito, parecendo, implicitamente, aceitar-lo, como sendo um princípio não escrito do Direito Comunitário.[41]

3.1.2 *A decisão em* Halifax

Em Fevereiro de 2006, a Grande Secção do TJCE, composta por 13 juízes, pronunciou-se finalmente sobre o processo *Halifax* – assim como sobre os processos *BUPA* e *University of Huddersfield*.[42] Em todos estes processos a questão era a de saber se determinadas actividades, levadas a cabo com o fim exclusivo de obter vantagens fiscais em sede de IVA, constituíam abuso do direito para efeitos de Direito Comunitário.

Em *Halifax* essa vantagem fiscal consistia na recuperação na quase totalidade do IVA pago a montante relativo a construção de imóveis, apesar de o sujeito passivo se tratar de um banco que, como tal, realizava, na sua maioria, actividades isentas.[43] Nos termos do reenvio prejudicial pelo tribunal inglês, a questão principal em *Halifax* era a de saber se, com base na jurisprudência do Tribunal relativa ao conceito de abuso do direito, os preceitos da Directiva relativos ao direito a dedução deveriam ser interpretadas no sentido de restringir o direito do sujeito passivo a deduzir o IVA pago a montante, quando as operações em que esse direito se baseia fossem constitutivas de uma prática abusiva.

O Tribunal, fazendo expressa referência a anterior jurisprudência, como seja o acórdão em *Emsland-Stärke*, concluiu que o "princípio de proibição de práticas abusivas aplica-se igualmente no domínio do IVA".[44] A existência e aplicação deste princípio à área fiscal não constituíam todavia impedimento à pratica do planeamento fiscal; com efeito, nas palavras do Tribunal "o sujeito passivo tem o direito de escolher a

---

[41] *Ibid*, Conclusões da Advogada Geral, parágrafo 61.

[42] Respectivamente, processos C-255/02, [2006] Colect. I-1609; C-419/02, [2006] Colect. I-1685; e C-223/03, [2006] Colect. I-1651.

[43] Para uma análise mais detalhada do contexto factual, *vide* R. DE LA FERIA, "Giving themselves extra (VAT)? The ECJ ruling in *Halifax*", (2006) *British Tax Review* 2, 119-123.

[44] Acórdão no processo C-255/02, [2006] Colect. I-1609, parágrafo 70.

estrutura da sua actividade de forma a limitar a sua dívida fiscal". Como tal, a confirmação da existência de uma prática abusiva e consequente aplicação do principio da proibição do abuso, está dependente da verificação de dois elementos:

- *elemento objectivo*: as operações em causa, apesar da aplicação formal das condições previstas nas disposições pertinentes da Directiva e da legislação nacional que transponha a Directiva, tenham por resultado a obtenção de uma vantagem fiscal cuja concessão seja contrária ao objectivo prosseguido por essas disposições.
- *elemento subjectivo*: resultar de um conjunto de elementos objectivos que a finalidade essencial das operações em causa é a obtenção de uma vantagem fiscal; a proibição de práticas abusivas não é relevante nos casos em que as operações em causa possam ter alguma explicação para além da mera obtenção de vantagens fiscais.[45]

Caberia a cada tribunal nacional verificar se estes elementos estão preenchidos no litígio em causa, no processo principal. Uma vez estabelecida a existência de abuso do direito, as operações implicadas "deverão ser redefinidas de forma a restabelecer a situação tal como ela existiria se não se tivessem verificado as operações constitutivas da prática abusiva".[46]

O resultado do acórdão era previsível à luz não só da referida jurisprudência anterior mas, igualmente, das Conclusões do Advogado-Geral Poiares Maduro.[47] Com efeito, o acórdão do Tribunal segue as conclusões do Advogado-Geral quase à letra. Uma diferença é contudo digna de nota: na sua análise relativa aos elementos necessários à existência de abuso, o Advogado-Geral concluía que não existiria abuso sempre que as actividades económicas em causa fossem prosseguidas com outro fim que não a obtenção de uma vantagem fiscal; pelo contrário, no acórdão,

---

[45] *Ibid*, parágrafos 74 e 75.

[46] *Ibid*, parágrafo 94.

[47] *Vide* P. Brennan, "Why the ECJ Should Not Follow Advocate-General Poiares Maduro's Opinion in *Halifax*", (2005) *International VAT Monitor* July/August, 247-254; e R. Cordara, "*Halifax*: a conservative opinion", (2005) *British Tax Review*, 267–270.

o Tribunal refere-se apenas a "finalidade essencial". A diferença não deverá ser subestimada. O conceito de abuso nos termos do acórdão é significativamente mais amplo do que nos termos das conclusões do Advogado-Geral. Como tal, dai resulta que situações que não estariam abrangidas pelo conceito, tal como delimitado pelo Advogado-Geral, encontram-se agora abrangidas pelo mesmo, à luz do acórdão.

Os acórdãos em *BUPA* e *University of Huddersfield*, datados do mesmo dia, seguiram na mesma linha. Apesar de que, em *BUPA* o Tribunal não necessitou de se pronunciar sobre a existência ou não de abuso.[48]

3.1.3 *O pós* Halifax

Apesar de previsível, o acórdão em *Halifax* resultou em forte polémica. Em causa estava principalmente a questão do respeito pelos princípios da segurança jurídica e da neutralidade fiscal.[49] Dada a natureza abstracta do conceito de abuso do direito, tal como definido no acórdão, parecia inevitável que este viesse a dar lugar a novos reenvios prejudiciais por parte de tribunais nacionais, com pedidos de clarificação ao TJCE. E isso foi, de facto, o que aconteceu.

Menos de um ano após o acórdão em *Halifax*, o Tribunal foi, mais uma vez, chamado a decidir sobre o conceito de abuso do direito para efeitos de Direito Comunitário. O reenvio prejudicial veio dos tribunais italianos no processo *Part Service*. Desta feita, a decisão não se fez esperar: exactamente dois anos após o acórdão em *Halifax*, o Tribunal emitiu

---

[48] Acórdão no processo C-419/02, [2006] Colect. I-1685, parágrafo 51.

[49] *Vide* nós em R. de la Feria, "The European Court of Justice's solution to aggressive VAT planning – further towards legal uncertainty?" (2006) *EC Tax Review* 15(1), 27-35; e M. RIDSDALE, "Abuse of rights, fiscal neutrality and VAT", (2005) *EC Tax Review* 14(2), 82-94. Sobre as alegadas "fraquezas" do acórdão em Halifax, *vide* análise de A. Victoria Sanches, "El Concepto de Abuso de Derecho en el Ambito del IVA: El 'Caso *Halifax*'", (2006) *Fiscal* 124, 40-49; e sobre as consequências do acórdão em termos da prática do planeamento fiscal, em sede de IVA, *vide* H.L. McCarthy, "Abuse of Rights: The Effect of the Doctrine on VAT Planning", (2007) *British Tax Review* 2, 160-174.

a decisão em *Part Service*.[50] Em causa estava a divisão de uma prestação de serviços em diferentes partes, em que um dos objectivos (mas não o único) era tirar vantagem de regras relativas ao direito à dedução.

Neste contexto, o tribunal italiano enviou duas questões a título prejudicial para o TJCE. Na primeira questão o tribunal perguntava-se, à luz do acórdão em *Halifax*, se poderia considerar que existia uma prática abusiva quando o objectivo de obter uma vantagem fiscal constituía o fim essencial da operação ou das operações em causa, ou se só se poderia considerar que tal existia se a obtenção dessa vantagem fiscal constituise o único objectivo prosseguido, com exclusão de outros objectivos económicos. Em segundo lugar, perguntava-se, para efeitos da aplicação do IVA, se poderia considerar-se que operações, como as que estavam em causa no processo principal, constituíam uma prática abusiva à luz da Directiva.

O Tribunal respondeu de forma algo sucinta. Em resposta à primeira pergunta, o TJCE apenas confirmou que, tal como exposto em *Halifax*, pode considerar-se que existe uma prática abusiva "quando o objectivo de obter uma vantagem fiscal constitui o fim essencial da operação ou das operações em causa".[51] Quanto à segunda questão o Tribunal remeteu o problema de volta para o tribunal italiano, declarando que cabe ao órgão de reenvio determinar se "para efeitos da aplicação do IVA, se pode considerar que operações como as que estão em causa no processo principal constituem uma prática abusiva à luz da Directiva".[52]

3.2 *Tributação directa (rendimento colectivo)*

A discussão sobre a aplicação, ou não, do novo "principio da proibição do abuso do direito" a matérias de tributação directa, nomeadamente ao nível da tributação do rendimento colectivo, iniciou-se

[50] C-425/06, Acordão de 21 de Fevereiro de 2008. É de notar que o dia 21 de Fevereiro tinha sido precisamente apelidado de "Halifax Day", *vide* J. Swinkels, "Halifax Day: Abuse of Law in European VAT", (2006) *International VAT Monitor*, May/June, 173-181.

[51] *Ibid*, parágrafo 45.

[52] *Ibid*, parágrafo 63.

imediatamente após o acórdãos em *Halifax*.[53] Claro que, já anteriormente, alguns autores se tinham debruçado sobre a questão do abuso do direito no contexto da tributação do rendimento colectivo, em matéria de Direito Comunitário. Contudo, a decisão em *Halifax* deu um novo ímpeto ao debate.

Este debate centrou-se na questão da diferente natureza jurídica, para efeitos de Direito Comunitário, do IVA, comparativamente àquela dos impostos sobre o rendimento colectivo. Ao contrário do IVA, só aspectos muito específicos dos impostos sobre o rendimento colectivo foram objecto de harmonização ao nível comunitário.[54] Consequentemente, o novo princípio comunitário de proibição de abuso do direito tinha sido aplicado pelo TJCE na área do IVA enquanto princípio da proibição de *abuso do direito Comunitário*. Em matéria de impostos sobre o rendimento colectivo, todavia, só em situações muito especificas é que poderia estar em causa abuso do direito Comunitário; na grande maioria dos casos estaria em causa *abuso do direito* nacional ou internacional, o qual poderia ter (ou não) uma dimensão comunitária.

A questão da aplicação do novo princípio em matéria de tributação sobre o rendimento colectivo dever-se-á, portanto, dividir em duas sub-questões: a aplicação do princípio àqueles, poucos, aspectos destes impostos que foram objecto de harmonização comunitária; e a aplicação do princípio aos muitos aspectos destes impostos que não foram, até agora, sujeitos a harmonização. O Tribunal começou primeiro por ter que lidar com a sub-questão mais complexa – a da aplicação do princípio aos elementos não harmonizados – só mais tendo sido chamado a decidir sobre a aplicação do princípio a elementos já harmonizados.

---

[53] *Vide* S. Douma e F. Engelen, "*Halifax plc v Customs and Excise Commissioners*: The ECJ Applies the Abuse of Rights Doctrine in VAT Cases", (2006) *British Tax Review* 4, 429-440; e O. Rousselle e H.M. Liebman, "The Doctrine of the Abuse of Community Law: The Sword of Damocles Hanging over the Head of EC Corporate Tax Law?", (2006) *European Taxation* 12, 559-564.

[54] Como comentam B. Terra e P. Wattel, "Positive harmonisation measures in the field of direct taxation currently in force amount to three directives on specific tax problems of international groups of companies … and one directive on savings interest taxation", in *European Tax Law* (4ª Edição, Kluwer Law International, 2005), 248.

3.2.1 *Áreas não harmonizadas: a decisão em* Cadbury Schweppes

Relativamente aos aspectos dos impostos sobre o rendimento colectivo não harmonizados, as questões prejudicais enviadas para o TJCE têm-se, no geral, centrado na compatibilidade de normas nacionais anti-abuso com as liberdades fundamentais – na mesma linha dos processos, acima referidos, relativos à livre circulação de serviços e à liberdade de estabelecimento.

O primeiro acórdão do Tribunal sobre esta matéria foi *Cadbury Schweppes*.[55] Embora o reenvio do processo para o TJCE tivesse sido anterior à decisão em *Halifax*, pós *Halifax* o caso adquiriu uma maior relevância. Em causa estava a compatibilidade da legislação anti-abuso inglesa relativa a Sociedades Estrangeiras Controladas (SEC) com os preceitos do Tratado relativos à liberdade de estabelecimento.[56]

O grupo *Cadbury Schweppes*, cuja sociedade mãe era residente no Reino Unido, detinha duas sucursais em Dublin. Nos termos do pedido prejudicial, era facto assente que estas sucursais tinham sido estabelecidas em Dublin com o único objectivo de permitir que os lucros relacionados com as actividades de financiamento interno do grupo Cadbury Schweppes pudessem usufruir do regime fiscal mais benéfico aí aplicável. Em 2000, nos termos do disposto na legislação relativa a SEC, as autoridades fiscais inglesas reclamaram o pagamento, à sociedade mãe do grupo Cadbury Schweppes, de imposto sobre o rendimento colectivo, relativo aos lucros obtidos por uma daquelas sucursais irlandesas. O grupo Cadbury Schweppes interpôs recurso do envio de liquidação.

O TJCE começou por declarar que, decorria dos acórdãos em *Centros*, *Inspire Art* e *Barbier* que,[57] a decisão por parte do grupo Cadbury

[55] C-196/04, [2006] Colect. I-7995.

[56] Sobre legislação relativa a SEC, *vide* D. Weber, *Tax Avoidance and the EC Treaty Freedoms – A Study of the Limitations under European Law to the Prevention of Tax Avoidance* (Eucotax Series, Kluwer Law International, 2005), 121-122. A validade deste tipo de legislação à luz do Direito Comunitario já tinha vindo a ser questionada, vários anos antes do envio para o TJCE do processo em *Cadbury Schweppes*, *vide* W. Schön, "CFC Legislation and European Community Law", (2001) *British Tax Review* 4, 250-260; e M. Lang, "CFC Legislation and Community Law", (2002) *European Taxation* 9, 374-379.

[57] C-212/97, [1999] Colect. I-1459; C-167/01, [2003] Colect. I-10155; e C-364/01, *Barbier*, [2003] Colect. I-15013, respectivamente.

Schweppes de estabelecer sucursais na Irlanda com o objectivo explícito de beneficiar de um regime fiscal mais favorável "não constitui, por si só, um abuso".[58] Como tal, a legislação inglesa relativa às SEC constituía, de facto, uma restrição à liberdade de estabelecimento. A questão do abuso voltou, contudo, a ser analisada, no contexto de possível "razões imperiosas de interesse geral", as quais pudessem justificar a imposição de tal restrição.

O Governo Inglês, apoiado por vários outros Estados-Membros, tinha defendido a legitimidade da legislação SEC com base na necessidade de combater a elisão fiscal. O Tribunal aceitou, implicitamente, a legitimidade do combate à elisão fiscal como potencial justificação mas, somente, quando em causa estivessem "expedientes puramente artificiais" e o respeito pelo princípio da proporcionalidade fosse salvaguardado.

Não era a primeira vez que o TJCE se referia a "expedientes puramente artificiais" como possível justificação de uma restrição das liberdades fundamentais. De facto, já o tinha feito em outros acórdãos de natureza fiscal, nomeadamente em *ICI*.[59] Assim como também não era a primeira vez que o Tribunal fazia declarações que apontavam para a legitimidade da chamada *tax location shopping* – esta poderia ter sido já deduzida de outros acórdãos, nomeadamente *Centros*.[60] A grande inovação da decisão em *Cadbury Schweppes* foi o conceito de "expedientes puramente artificiais" utilizado pelo Tribunal naquele acórdão.

---

[58] Acórdão no processo C-196/04, [2006] Colect. I-7995, parágrafo 38.

[59] Acórdão no processo C-264/96, [1998] Colect. I-4695, paragrafo 26. Esta postura foi mais tarde reiterada pelo Tribunal em outros acórdãos, *vide* C-324/00, *Lankhorst-Hohorst*, [2002] Colect. I-11779, paragrafo 37; C-9/02, *Hughes de Lasteyrie du Saillant*, [2004] Colect. I-2409, parágrafo 50; e C-446/03, *Marks & Spencer*, [2005] ECR I-10837, parágrafo 57.

[60] *Vide* C. HIJ PANAYI, *Double Taxation, Tax Treaties, Treaty Shopping and the European Community* (Eucotax Series, Kluwer Law International, 2007), 179-193; e, também, T. O'SHEA, "The UK's CFC rules and the freedom of establishment: Cadbury Schweppes plc and its IFSC subsidiaries – tax avoidance or tax mitigation?", (2007) *EC Tax Review* 16/1, 13-33. Outro acórdão relevante nesta matéria é aquele em *Barbier*, C-364/01, [2003] Colect. I-15013.

Fazendo referência expressa aos acórdãos em *Emsland-Starke* e *Halifax*, o TJCE declarou que a existência de transacções puramente artificiais estava dependente do preenchimento de dois requisitos:

> "A verificação da existência de tal expediente exige, para além de um elemento subjectivo que consiste na intenção de obter uma vantagem fiscal, que resulte de elementos subjectivos que, pese embora o respeito formal dos requisitos previstos pelo direito comunitário, o objectivo prosseguido pela liberdade de estabelecimento [...] não foi atingido. [...]
>
> Nestas condições, para que a legislação relativa às SEC seja conforme ao direito comunitário, a aplicação da tributação prevista pela referida legislação deve ser excluída quando, não obstante a existência de razões de natureza fiscal, a constituição de uma SEC corresponde a uma realidade económica."[61]

No litígio em apreço, a validade, ou não, da legislação inglesa relativa às SEC dependia exclusivamente da avaliação efectuada pelo tribunal inglês relativamente ao respeito pelo princípio da proporcionalidade. *Id est* caberia ao tribunal inglês avaliar se a legislação relativa às SEC era demasiado ampla, de forma a abranger situações que não preenchiam os requisitos necessários à existência de "expedientes puramente artificiais" e, como tal, desproporcional.

A referência à decisão em *Halifax* neste contexto, por parte do Tribunal, levanta várias questões. A primeira delas é, desde logo, o uso das expressões "expedientes puramente artificiais" e "abuso do direito" como se de sinónimos se tratassem. É, contudo, importante notar que o conceito de abuso do direito em *Halifax* é ligeiramente diferente daquele em *Cadbury Schweppes*: em *Halifax* o Tribunal refere-se à necessidade de a "finalidade essencial" das transacções ser a obtenção de vantagens fiscais; em *Cadbury Schweppes* o Tribunal fala de "expedientes puramente artificiais". Isto levanta a questão óbvia de saber se o Tribunal, em acórdãos futuros passará a falar de "expedientes maioritariamente artificiais" no contexto da tributação directa.[62]

---

[61] Acórdão no processo C-196/04, [2006] Colect. I-7995, parágrafos 64 e 65.

[62] Esta questão foi já também levantada por P. Pistone, "The Need for Tax Clarity and the Application of the *Acte Clair* Doctrine to Direct Taxes", (2007) *Intertax* 35(10),

O recente acórdão em *Oy AA* parece ser indicativo de uma vontade implícita do Tribunal em alargar o conceito de abuso do direito, no contexto de tributação directa, a situações que não visem apenas consagrar "expedientes puramente artificiais".[63] Não é, contudo, suficientemente claro de modo a permitir afiançar, com toda a certeza, que há, de facto, um efectivo alargamento do conceito de abuso de direito.

Uma segunda questão é aquela, já mencionada, do uso do conceito de abuso do direito no contexto de uma área do direito a qual não foi ainda alvo de harmonização a nível comunitário. Em *Halifax* o Tribunal referiu-se ao princípio da proibição do abuso do direito Comunitário. Neste caso, assim como em *Emsland-Stärke*, era óbvia a legislação comunitária que tinha sido alvo do abuso. Em *Cadbury Schweppes*, todavia, essa questão é muito menos clara – é verdade que, neste processo, se poderia dizer que haveria um abuso da liberdade de estabelecimento.

Contudo, diferentes factores são indicativos do contrário: se por um lado, o próprio TJCE em Cadbury Schweppes declarou que o estabelecimento de sucursais em outro Estado-Membro por razões puramente fiscais, não constitui por si abuso da liberdade de estabelecimento; por outro lado, é facto reconhecido que a própria legislação relativa às SEC não tem como objectivo prevenir situações de abuso do direito comunitário, mas sim expedientes evasivos a nível internacional.

Daqui decorre que, em *Cadbury Schweppes* o que está em causa não é o princípio da proibição do *abuso do direito Comunitário*, mas sim o princípio *Comunitário da proibição do abuso do direito*. Como tal, o que a decisão em *Cadbury Schweppes* vem fazer é iniciar o processo de harmonização do conceito de abuso do direito para efeitos de Direito Comunitário.[64]

534-536; com uma interpretação divergente, G.T.K. MEUSSEN, "Cadbury Schweppes: The ECJ Significantly Limits the Application of CFC Rules in the Member States", (2007) *European Taxation* 1, 13-17.

[63] Acórdão no processo C-231/05, *Oy AA*, [2007] Colect. I-6373. Sobre esta questão *vide* também comentários de M. HELMINEN, "Freedom of Establishment and *Oy AA*" (2007) *European Taxation* 11, 490-498; e G. AIRS, "Oy AA – limitations on transfers of profits to domestic situations not precluded by the EC Treaty" (2007) *British Tax Review* 5, 597-604.

[64] Um processo que já foi designado de "Europeização" do conceito de abuso, *vide* F. VANISTENDAEL, "*Halifax* and *Cadbury Schweppes*: one single European theory of

Este processo continuou em *Thin Cap Group Litigation*.[65] Em causa neste processo estava a compatibilidade da legislação inglesa anti-abuso sobre a sub-capitalização, com os preceitos do Tratado relativos à liberdade de estabelecimento.[66]

O Tribunal concluiu que a legislação constituía, de facto, uma restrição à liberdade de estabelecimento. Fazendo referência expressa ao acórdão em *Cadbury Schweppes*, o Tribunal declarou que essa restrição poderia, contudo, ser justificada caso a medida visasse combater "os expedientes puramente artificiais" cuja finalidade fosse escapar à aplicação da legislação do Estado-Membro em causa. [67]

No caso, o Tribunal concluiu que a legislação inglesa não respeitaria o princípio da proporcionalidade salvo se "essa legislação se basear numa análise de elementos objectivos e verificáveis que permitam identificar a existência de um expediente puramente artificial com meras finalidades fiscais, prevendo a possibilidade de o sujeito passivo apresentar, se for o caso e sem que seja sujeito a exigências administrativas excessivas, elementos relativos às motivações comerciais subjacentes à transacção em causa."[68]

Ainda que o Tribunal não se refira, especificamente, à decisão em *Halifax*, o critério para a determinação da existência de abuso, tal como exposto naquele acórdão, parece estar presente neste. O que é mais, a análise, acima efectuada, relativamente à natureza do direito a ser abusado no caso da legislação sobre SEC, aplica-se, *mutatis mutandis*, à legislação relativa à sub-capitalização. Ou seja, em causa está, não

---

abuse of tax law", (2006) *EC Tax Review* 15/4, 192-195. Sobre este tema, ver também R. Fontana, "The Uncertain Future of CFC Regimes in the Member States of the European Union – Part 2", (2006) *European Taxation* 7, 317-334; e L. Leclercq, "Interacting Principles: The French Abuse of Law Concept and the EU Notion of Abusive Practices", (2007) *Bulletin for International Taxation* 61(6), 235-244.

[65] Acórdão no processo C-524/04, [2007] Colect. I-2107.

[66] Esta legislação já não se encontra em vigor desde 2004 mas era vigente à data dos factos que deram lugar ao litígio. Sobre os vários tipos e teores das legislações relativas a sub-capitalização vigentes nos diferentes Estados-membros, *vide* A.P. Dourado e R. de la Feria, "Thin Capitalization Rules in the Context of the CCCTB", *Oxford University Centre fo Business Taxation Working Paper Series*, WP 08/04, March 2008.

[67] Acórdão no processo C-524/04, [2007] Colect. I-2107, parágrafo 74.

[68] *Ibid*, parágrafo 92.

o princípio da proibição do abuso do direito Comunitário, mas sim o princípio Comunitário da proibição do abuso do direito.

O mais recente desenvolvimento relativo à construção de um princípio Comunitário de proibição de abuso do direito, no âmbito da tributação directa sobre o rendimento colectivo, foi o acórdão em *Columbus Container Services*.[69] Em causa neste processo estava a legislação, desta feita alemã, relativa às SEC.[70]

Ao contrário do que talvez fosse de esperar, o TJCE declarou nesta decisão que a legislação alemã não constituía uma restrição, nem da liberdade de estabelecimento, nem da livre circulação de capitais. Esta não tinha sido, contudo, a opinião do Advogado-Geral Mengozzi, o qual, nas suas Conclusões, tinha levado a cabo uma detalhada análise do significado da expressão "expedientes puramente artificiais", como justificação a uma medida restritiva das liberdades fundamentais. Nessa análise o Advogado-Geral recusou o argumento apresentado pelo Governo Alemão, de que o conceito de "expedientes puramente artificias" era demasiado restritivo – defendo, implicitamente, a adopção de um conceito como o de "expedientes maioritariamente artificiais", tal como acima sugerido.

Infelizmente, o TJCE optou por não se pronunciar sobre estas questões em *Columbus Container Services*.[71] Resta, como tal, esperar que o Tribunal, em futuros acórdãos, venha a abordá-las com uma maior clareza – oportunidades, com certeza, não faltarão.[72]

---

[69] Processo C-298-05, Acórdão de 6 de Dezembro de 2007.

[70] Sobre este processo e sobre a legislação alemã relativa a SEC, *vide* A. SCHNITGER, "German CFC legislation pending before the European Court of Justice – abuse of law and revival of the most-favoured-nation-clause" (2006) *EC Tax Review* 15(3), 151-160.

[71] *Vide* G.T.K. MEUSSEN, "*Columbus Container Services* – A Victory for the Member States' Fiscal Autonomy" (2008) *European Taxation* 4, 169-173.

[72] Em 2005, um outro processo, em que em causa estava a validade de legislação relativa a SEC, foi objecto de reenvio prejudicial para o TJCE: processo C-203/05, *Vodafone 2*, JO 2005, C182/29. O reenvio foi, contudo, retirado pelos tribunais ingleses na sequência do acórdão em *Cadbury Schweppes*, *vide* AYOYO, "UK Special Commissioners Withdraw ECJ Referral of CFC Case" (2007) *Tax Notes International*, 662.

3.2.2 *Áreas harmonizadas: a decisão em* Kofoed

A influência da decisão em *Halifax* também se fez sentir ao nível da interpretação das Directivas comunitárias em matéria de tributação sobre o rendimento colectivo. Pouco tempo após os acórdãos em *Cadbury Schweppes* e *Thin Cap Group Litigation*, o TJCE teve oportunidade de se pronunciar, em *Kofoed*, sobre a aplicabilidade do novo princípio comunitário da proibição do abuso do direito relativamente a áreas de tributação directa as quais já tinham sido objecto de harmonização.[73]

Em causa em *Kofoed* estava a tributação, em sede de imposto sobre o rendimento, de uma permuta de participações sociais. Entre outras questões havia a de saber como deveria ser interpretada a cláusula anti-abuso, consagrada no artigo 11°, n° 1, alínea a) da Directiva relativa ao regime fiscal comum aplicável às fusões, cisões, entradas de activos e permutas de acções entre sociedades de Estados-Membros diferentes.[74] Ao abrigo desta cláusula, os Estados-Membros podem, excepcionalmente e em casos específicos, recusar aplicar, no todo ou em parte, o disposto na directiva, ou retirar o benefício de tais disposições, sempre que a operação de permuta de acções tenha, nomeadamente, como principal objectivo ou como um dos principais objectivos a fraude ou a evasão fiscais.[75]

Fazendo referência expressa aos acórdãos em *Halifax* e *Cadbury Schweppes*, e seguindo quase a letra as Conclusões da Advogada-Geral Kokott, o Tribunal declarou que "o artigo 11°, n.° 1, alínea a), da Directiva 90/434 reflecte o princípio geral do direito comunitário de que o abuso do direito é proibido."[76]

Apesar de esta não ter sido a primeira ocasião em que o Tribunal se pronunciou sobre a interpretação da norma anti-abuso constante do artigo 11° da Directiva relativa a fusões,[77] o acórdão em *Kofoed* é digno

---

[73] Acórdão no processo C-321/05, [2007] Colect. I-5795.

[74] Directiva 90/434/CEE do Conselho, de 23 de Julho de 1990, JO 1990, L225/1.

[75] É de notar que esta cláusula já tinha sido apelidada de "redundante", à luz da jurisprudência anterior do TJCE relativa ao conceito de abuso do direito, *vide* B. TERRA e P. WATTEL, *European Tax Law* (4ª Edição, Kluwer Law International, 2005), 571.

[76] Acórdão no processo C-321/05, [2007] Colect. I-5795, parágrafo 38.

[77] *Vide* acórdão no processo C-28/95, *Leur-Bloem*, [1997] Colect. I-4161 e comentários de A. ZALASINSKI, "Proportionality of anti-avoidance and anti-abuse measures in the ECJ's Direct Tax Case Law", (2007) *Intertax*, 310-321.

de nota por variadas razões: em primeiro lugar, a referência expressa, no acórdão, às anteriores decisões parece ser indicativa de uma intenção, por parte do Tribunal, de adoptar uma perspectiva global relativamente ao conceito de abuso para efeitos de Direito Comunitário Fiscal; em segundo lugar, o facto de o Tribunal se referir expressamente, no acórdão, ao "princípio geral do direito comunitário de que o abuso do direito é proibido".

4. Princípio Geral Comunitário da Proibição do Abuso do Direito

Na nossa opinião, a proibição do abuso do direito deverá ser hoje tida como um princípio geral do Direito Comunitário. Vários factores apontam para esta conclusão, nomeadamente a origem do princípio e o modo como as suas características tem sido desenvolvidas pelo Tribunal, e, finalmente, a forma como tem vindo a ser progressivamente reconhecido tanto pela doutrina, como pela jurisprudência comunitária.[78]

4.1 Proibição do Abuso do Direito Como Princípio Geral de Direito Comunitário

Há, contudo, ainda aqueles que contestam a existência do princípio com base em quatro principais argumentos. Todos estes argumentos terão sido, por ventura, pertinentes no período que antecedeu os últimos acórdãos em matéria fiscal mas, após estes últimos desenvolvimentos jurisprudenciais, já não o são, pelas seguintes razões:

– O primeiro argumento é aquele segundo o qual o princípio nunca foi reconhecido, como tal, pelo TJCE.[79], contudo a existência do

[78] O argumento é desenvolvido, de forma mais detalhada, em R. DE LA FERIA, "Prohibition of Abuse of (Community) Law – The Creation of a New General Principle of EC Law Through Tax", (2008) *Common Market Law Review* 45(2), 395-441.

[79] *Vide* A. Kjellgren, "On the Border of Abuse – The Jurisprudence of the European Court of Justice on circumvention, fraud and other misuses of Community Law", (2000) *European Business Law Review*, 179-194.

princípio já foi reconhecida pelo TJCE, nomeadamente nos acórdãos em *Halifax* e *Kofoed*.[80]

- O argumento segundo o qual não poderia existir um princípio geral de proibição do abuso, uma vez que o princípio não é universalmente aplicável e reconhecido nos sistemas jurídicos de todos os Estados-Membros,[81] também não convence: apesar de ser verdade que nem todos os sistemas jurídicos dos Estados-Membros consagram o princípio, ou doutrina, do abuso do direito, também é verdade que a maioria fá-lo; por outro lado, é já há muito aceite pela doutrina que, para que um princípio geral de Direito Comunitário se forme não é necessário que todos os sistemas jurídicos dos Estados-Membros o aceitem, mas apenas uma maioria significativa.[82]
- Relativamente ao argumento segundo o qual o conceito de abuso do direito, no âmbito do Direito Comunitário, ainda não estar delimitado de forma precisa:[83] se isso é um facto, também é certo que os elementos essenciais do conceito foram já identificados em vários acórdãos do TJCE, nomeadamente em *Emsland-Starke, Halifax* e *Part Service*.
- Finalmente, alega-se que as referências, em acórdãos do TJCE, a abuso do direito são meramente esporádicas e aplicadas de forma

[80] Relativamente a esta questão há que reconhecer a importante contribuição do Advogado-Geral Português, Poiares Maduro, em particular no processo *Halifax*. Como referem Burrows e Greaves, um dos papeis mais importantes desempenhados pelos Advogados Gerais é o de "extrapolation from the laws of the Member States of unwritten general principles of law as sources of Community rights and obligations", em *The Advocate General and EC Law*, (Oxford University Press, 2007), 7; *vide* também, T. Tridimas, "The role of the Advocate General in the development of Community Law: Some reflections", (1997) *Common Market Law Review*, 1349-1387.

[81] *Vide* Conclusões do Advogado-Geral Tesauro no processo C-367/96, *Kefalas e Outros*, [1998] Colect. I-2843, parágrafos 18-27; e Conclusões do Advogado-Geral Tizzano no processo C-200/02, *Chen*, [2004] Colect. I-9925, parágrafo 11.

[82] *Vide* Lorenz, "General Principles of Law: Their Elaboration in the Court of Justice of the European Communities", (1964) *American Journal of Comparative Law*, 1-29.

[83] *Vide* Conclusões do Advogado-Geral Geelhoed no processo C-109/01, *Akrich*, [2003] Colect. I-9607, parágrafo 173.

inconsistente,[84] mas este facto não deverá ser utilizado como argumento contrário à existência do princípio: tal como aconteceu, e acontece, com muitos outros princípios comunitários, o princípio da proibição não é criado pela jurisprudência do TJCE, nem tem de o ser, em forma final (*fully-fledged form*); os princípios gerais de direito comunitário são, pela sua própria natureza, *princípios abertos*, os quais só são desenvolvidos, progressivamente, pela jurisprudência do Tribunal, num processo dinâmico que poderá durar anos, e até décadas.[85]

4.2 *Princípio Geral da Proibição do Abuso do Direito: Implicações para os Sistemas Normativos Fiscais dos Estados-Membros*

À luz do acima exposto, importa então estabelecer quais as implicações do princípio da proibição do abuso do direito, enquanto princípio geral do Direito Comunitário, para os sistemas normativos fiscais dos Estados-Membros.

O papel desempenhado pelos princípios gerais do Direito Comunitário enquanto "ajudas interpretativas", no contexto de um sistema jurídico repleto de lacunas, como é aquele, é, não só amplamente reconhecido, mas igualmente visto como fundamental.[86] Estes princípios têm, contudo, outras funções, para além das interpretativas: princípios gerais do Direito Comunitário, são, também eles, tidos como normas

---

[84] *Vide* N. Brown, "Is there a general principle of abuse of rights in European Community Law?" in T. Heukel e D. Curtin (eds.), *Institutional Dynamics of European Integration*, Vol. II, (Martinus Nijhoff Publishers, 1994), 511-525.

[85] *Vide* Groussot, *General Principles of Community Law* (Europa Law Publishing, 2006). A. Arnull, por seu lado, comenta que a criação de princípios gerais de Direito Comunitário é "one of the Court's most remarkable and inspired initiatives", in *The European Union and its Court of Justice* (2ª Edição, Oxford University Press, 2006), 335.

[86] *Vide* Groussot, "The General Principles of Community Law in the creation and development of due process principles in competitition law proceedings: From Transocean Marine Paint (1974) to Montecatini (1999)", in Bernitz e Nergelius (eds.), *General Principles of European Community Law* (Kluwer Law International, 2000), 185-204; e T. Tridimas, *The General Principles of EU Law*, (2ª Edição, Oxford University Press, 2006), 10.

jurídicas autónomas daquele Direito e, como tal, hierarquicamente superiores às normas jurídicas dos Estados-Membros.[87] Daí decorre que, os sistemas normativos fiscais dos Estados-Membros estarão agora sujeitos à fiscalização da validade, à luz do novo princípio geral comunitário da proibição do abuso do direito. Os acórdãos do TJCE em *Cadbury Schweppes*, ou *Thin Cap Group Litigation*, terão sido já, porventura, uma manifestação desta faceta do princípio.

O diagrama que se segue tenta apresentar, de forma sistematizada, o âmbito de aplicação do princípio da proibição de abuso do direito, enquanto princípio geral do Direito Comunitário.

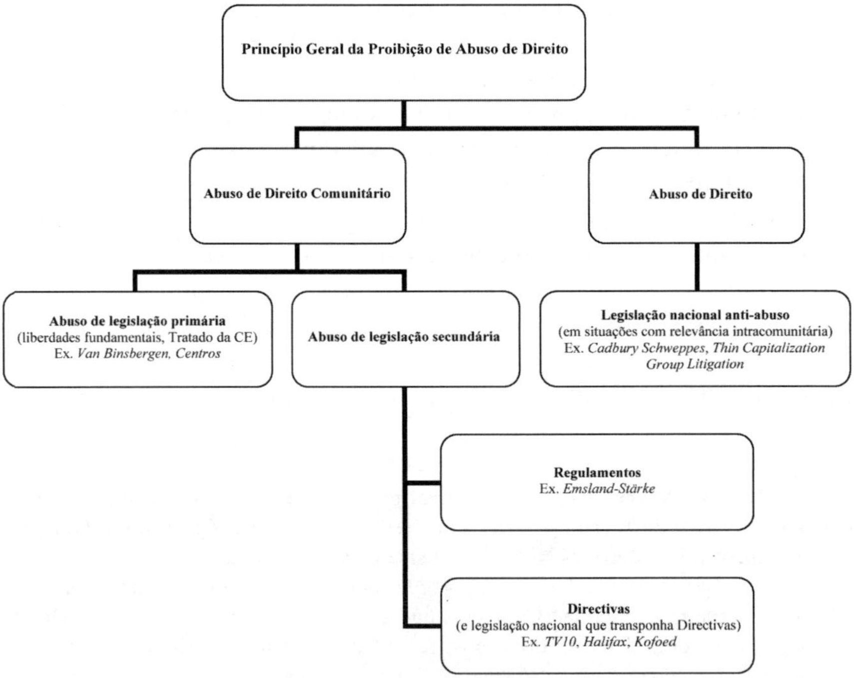

[87] *Vide* Nergelius, "General Principles of Community Law in the Future: Some Remarks on Their Scope, Aplicability and Legitimacy", in Bernitz e Nergelius (eds.), *General Principles of European Community Law* (Kluwer Law International, 2000), 223-234.

5. Conclusão

Tendo em conta a natureza reconhecidamente sensível da matéria, no contexto de um desejo por parte dos Estados-Membros, e implícito no Tratado, de preservar a sua soberania fiscal, seria talvez de esperar que o TJCE fosse algo conservador nas suas decisões em matéria fiscal. Os últimos anos vem contudo demonstrar o contrário: o Direito Fiscal é precisamente uma das áreas em que o Tribunal parece estar mais disposto a extender o âmbito de influência do Direito Comunitário sobre os ordenamentos jurídicos nacionais. Neste contexto, o impacto dos acórdãos em matéria fiscal na criação de o princípio geral da proibição de abuso do direito é um exemplo paradigmático.

Uma vez estando criado, contudo, os efeitos deste princípio irão potencialmente fazer-se sentir em muitas outras áreas do Direito, indo muito para além da fiscalidade. Ao reconhecer a existência deste princípio geral do Direito Comunitário o TJCE entrou em, *de facto*, *terra incognita*: as implicações podem não ser, de momento, totalmente claras, mas claro é que serão imensamente significativas.

COMENTÁRIOS DE JURISPRUDÊNCIA

A ORDEM DE REVERSÃO NO PROCESSO DE EXECUÇÃO FISCAL CONTRA ADMINISTRADORES E GERENTES DE SOCIEDADES: ACTO INSERIDO EM PROCESSO JUDICIAL OU EM PROCEDIMENTO ADMINISTRATIVO EXECUTIVO?

Anotação ao Acórdão do Tribunal Constitucional n.º 160/07, de 6 de Março de 2007, proferido no Processo n.º 390/06

João Miranda

1. A presente decisão do Tribunal Constitucional (TC) foi proferida no âmbito de fiscalização concreta da constitucionalidade e na sequência de recurso interposto pelo Ministério Público[1] e pela Fazenda Pública da decisão do Tribunal Administrativo e Fiscal de Lisboa que recusou aplicar as normas constantes dos artigos 43.º, alínea g), 239.º, n.º 2, 13.º e 246.º, n.º 1, do Código de Processo Tributário (CPT) e do artigo 23.º, n.º 1, da Lei Geral Tributária (LGT). De acordo com a decisão recorrida, as

---

[1] O Tribunal Constitucional não conheceu, porém, do recurso interposto pelo Ministério Público, por deficiência do requerimento deste. Com efeito, por lapso, o Ministério Público indicou incorrectamente os preceitos legais em que constavam as normas desaplicadas na decisão recorrida: em lugar de invocar os preceitos do Código de Processo Tributário (CPT), referiu os que regulam a figura da reversão no actual Código de Procedimento e Processo Tributário (CPPT). No caso presente, o não conhecimento do recurso interposto pelo Ministério Público não produziu quaisquer consequências, pois a Fazenda Pública também recorreu, mas ainda assim subscrevemos a declaração de voto do Conselheiro Mário Torres, segundo a qual, sendo idêntica nos dois Códigos a norma cuja aplicação foi recusada – a norma que atribui competência ao órgão de execução fiscal para determinar a reversão do processo de execução contra os responsáveis subsidiários pela execução fiscal –, o Tribunal deveria ter aceite a (oportuna) correcção feita pelo Ministério Público. À luz de uma visão substancialista, que é a que deve guiar o Tribunal Constitucional, e do princípio da tutela jurisdicional efectiva, o recurso em causa deveria, pois, ter sido conhecido.

normas que atribuem competência ao Chefe de Serviço de Finanças para determinar a reversão do processo de execução contra os responsáveis subsidiários pela dívida fiscal[2] violam vários preceitos constitucionais ou princípios neles consagrados: princípio da separação de poderes (artigo 111.º CRP) e da competência dos Tribunais (artigos 202.º e 212.º da CRP); princípio da tutela jurisdicional efectiva (artigos 20.º e 268.º, n.º 4, da CRP) e do direito de defesa (artigo 20.º da CRP); princípio da igualdade (artigo 13.º da CRP).

2. O Tribunal Constitucional deu provimento ao recurso de constitucionalidade por considerar que as normas acima identificadas do CPT e da LGT não eram inconstitucionais. Mais uma vez, o Tribunal utilizou o critério teleológico para delimitar o âmbito das funções administrativa e jurisdicional, tendo concluído que a competência da administração tributária para ordenar a reversão contra os responsáveis subsidiários pela dívida fiscal se insere ainda na órbita da função administrativa. A administração tributária não se imiscuiu no exercício da função jurisdicional, pois não procedeu à composição de um conflito de interesses, tendo-se limitado a actuar em conformidade com o interesse público posto por lei a seu cargo.

3. A questão de fundo abordada no acórdão em apreço prende-se, pois, com a natureza jurídica do acto que ordena a reversão no processo de execução fiscal: trata-se de um acto integrado em processo judicial ou, ao invés, o mesmo insere-se num procedimento administrativo executivo? Por outras palavras, esse acto que procede à efectivação da responsabilidade subsidiária dos gerentes e administradores de sociedades pela dívida fiscal é um acto jurisdicional ou constitui um acto administrativo?

Dada a similitude existente entre as normas do CPT cuja constitucionalidade foi questionada na decisão em apreço e as normas actualmente vigentes do Código de Procedimento e de Processo Tributário, iremos centrar o comentário nestas últimas.

---

[2] Sobre esta matéria, v., por todos, ANA PAULA DOURADO, *Substituição e responsabilidade tributária*, in *Ciência e Técnica Fiscal*, n.º 391, Lisboa, 1998, pp. 48 e ss.

4. Não se tratou da primeira vez que o Tribunal Constitucional foi chamado a pronunciar-se sobre a natureza jurídica do processo de execução fiscal, pois a mesma questão já havia sido apreciada noutros arestos.

No Ac. do TC n.º 331/92, de 21 de Outubro de 1992[3], considerou-se que no seio do processo de execução fiscal são praticados actos com uma dupla natureza: actos meramente administrativos cuja competência é confiada às autoridades fiscais e actos que versam «*questões de julgamento nitidamente jurisdicionais*», reservados, por seu turno, aos tribunais tributários.

Também no Ac. do TC n.º 80/2003, de 12 de Fevereiro de 2003[4], se afirmou que do disposto no n.º 3 do artigo 103.º da CRP «*não resulta que os actos que integram o processo de execução fiscal hajam de ser sempre praticados por um juiz*», pelo que «*a prática dos processos de execução fiscal, de natureza não jurisdicional, bem pode ser confiada (...) à administração fiscal*».

Em síntese, o TC sempre tem entendido que a administração tributária é competente para praticar na execução fiscal os actos materialmente administrativos, reservando-se a competência para a prática de actos jurisdicionais para os Tribunais.

5. Também ao nível da jurisprudência administrativa parece ser sufragado idêntico entendimento, ainda que, por vezes, nas decisões sejam utilizadas formulações mais equívocas ou, pelo menos, mais ambíguas quanto à dupla natureza dos actos praticados no seio do processo de execução fiscal.

É certo que o Supremo Tribunal Administrativo (STA) já teve oportunidade de afirmar em Ac. de 26 de Janeiro de 2005, proferido pela 2.ª Secção (Contencioso Tributário), no âmbito do Proc. n.º 1890/03[5], que «*nos processos de execução fiscal, <u>a administração fiscal tributária apenas poderá praticar actos materialmente administrativos</u> estando-lhe*

---

[3] Publicado no *Diário da República*, II Série, de 14 de Novembro de 1992.

[4] Publicado no *Diário da República*, II Série, de 21 de Março de 2003.

[5] Publicado em Apêndice ao *Diário da República* de 7 de Dezembro de 2005, pp. 213 e ss.

vedada a prática de actos formal ou materialmente jurisdicionais, tal como decorre do art. 103.º n.º 1 da LGT», pelo que «*nestes processos, a intervenção da Administração Tributária está, pois, confinada à participação na realização do seu escopo judicial mas sem qualquer intervenção ou ingerência em sede de poder ou função jurisdicional. Daí que, embora reconhecida à execução fiscal a natureza judicial, o legislador da Lei Geral Tributária tenha sentido necessidade de expressamente limitar a actividade da administração tributária aos actos que, por natureza, não assumam ou revistam natureza de actos jurisdicionais*»[6].

Todavia, o STA não tem deixado de enfatizar o carácter instrumental ou acessório da intervenção da administração tributária na execução fiscal. Como se refere no Ac. do STA de 30 de Junho de 1993, emanado da 2.ª Secção (Contencioso Tributário) no Proc. n.º 14320[7], o processo de execução fiscal «*embora comporte actos não materialmente jurisdicionais, trata-se de actos instrumentais que podem ser praticados por juízes sem que tal descaracterize o núcleo das funções que no processo executivo, globalmente considerado, lhes são conferidas*»

Mais: ainda que confinando a intervenção da administração tributária à prática de actos materialmente administrativos, os Tribunais Administrativos e Fiscais, induzidos por uma interpretação demasiado literal do disposto no n.º 3 do artigo 103.º da LGT, que atribui natureza judicial ao processo de execução fiscal, têm, em certos casos, acentuado exageradamente o seu escopo judicial[8]. Ou, por outra via, ao considerarem que não dispondo a Administração Pública «*no que concerne a actos de liquidação de tributos, do chamado privilégio de execução prévia, de que dispõe noutros domínios, a respectiva cobrança coerciva só se pode concretizar através de um processo de natureza jurisdicional*» (Ac. do STA de 7 de Abril de 2005 (Plenário), proferido no seio do Recurso n.º 1108/03)[9].

---

[6] Sublinhado nosso.

[7] Publicado em Apêndice ao *Diário da República* de 30 de Junho de 1993, pp. 2462 e ss.

[8] A título exemplificativo, v. o Ac. do Tribunal Central Administrativo Sul, de 16 de Dezembro de 2004, proferido no Proc. n.º 370/04, disponível em www.dgsi.pt.

[9] Publicado em Apêndice ao *Diário da República* de 31 de Janeiro de 2006, pp. 2 e ss.

Ou ainda quando o STA se demite, pura e simplesmente, de qualificar os actos praticados pela administração tributária no âmbito da execução fiscal. Tal sucedeu no Ac. do STA de 14 de Fevereiro de 2002, proferido pela 2.ª Secção (Contencioso Tributário), no âmbito do Proc. n.º 26588[10], em que o Tribunal considerou que instauração da execução nem sequer era um acto materialmente administrativo por entender que a fase administrativa da execução fiscal só se desencadearia após esse acto.

Em suma, o STA tem reconhecido que no processo de execução fiscal a administração tributária apenas pode praticar actos administrativos, mas tem, porventura, sublinhado excessivamente a sua natureza judicial.

6. Relativamente à questão de direito colocada no aresto em apreço, entendemos que o processo de execução fiscal reveste a especificidade de nele se vislumbrarem duas fases: uma fase administrativa ou pré-jurisdicional e uma fase jurisdicional[11]. A primeira fase decorre no seio da administração tributária e a segunda corre os seus termos nos Tribunais Tributários. Consequentemente, a natureza dos actos praticados é também diversa: actos administrativos no primeiro caso e actos jurisdicionais no segundo.

E o preceituado no artigo 103.º da LGT – ao contrário do que uma interpretação demasiado literal poderia levar a supor – não infirma a existência de duas fases, uma administrativa e outra jurisdicional, no processo de execução fiscal. Se é certo que o legislador começa por qualificar o processo de execução fiscal como um processo judicial, no mesmo n.º 1 ressalva expressamente a «*participação dos órgãos da administração tributária nos actos que não tenham natureza jurisdicional*» e confere no n.º 2 «*aos interessados o direito de reclamação para o juiz da execução fiscal dos actos materialmente administrativos praticados por órgãos da administração tributária, nos termos do número*

[10] Publicado em Apêndice ao *Diário da República* de 16 de Fevereiro de 2004, pp. 483 e ss.

[11] Cfr. Freitas Rocha, *Lições de procedimento e processo tributário*, 2.ª edição, Coimbra, 2008, p. 265.

anterior». Isto significa que, sem embargo de a formulação legal não ser a mais feliz, se tem de concluir que todos os actos praticados pela administração tributária são actos administrativos.

Isto mesmo já tem sido sustentado pela doutrina, pois nas impressivas palavras de Casalta Nabais: «(...) *muito embora a LGT, no seu art. 103.º, disponha que o processo de execução fiscal tem natureza judicial, o certo é que estamos perante um processo que é judicial só em certos casos e, mesmo nesses casos, apenas em parte, já que um tal processo só será judicial se e na medida em que tenha de ser praticado algum dos mencionados actos de natureza judicial* [actos referidos no n.º 1 do artigo 151.º do CPPT]. *Por isso, não admira que muitos dos processos de execução fiscal se iniciem e concluam nos órgãos de execução fiscal sem qualquer intervenção dos tribunais tributários*»[12].

Nem se diga, aliás, que é difícil compartimentar os actos administrativos e os actos jurisdicionais praticados na execução fiscal. Essa tarefa encontra-se hoje bastante facilitada, pois basta atentar no n.º 1 do artigo 151.º do CPPT para verificar que o próprio legislador não encontrou quaisquer dificuldades em, com base num critério teleológico, enunciar os actos que por assumirem natureza judicial carecem de intervenção do juiz. Os actos aí mencionados envolvem uma composição de conflitos de interesses, pelo que os mesmos só podem ser praticados por um órgão independente e imparcial, o que equivale por dizer um juiz. Por contraposição, os demais actos do processo de execução fiscal podem ser praticados pela administração tributária e inserem-se num procedimento administrativo executivo. São exemplos destes últimos a instauração da execução, a citação dos executados, a reversão da execução contra terceiros, a penhora dos bens, a venda dos bens penhorados, a anulação da dívida ou a extinção da execução.

7. Igualmente nos parece improcedente o argumento de que a intervenção da administração tributária só se justifica para assegurar o descongestionamento dos Tribunais ou para garantir uma maior celeri-

---

[12] Casalta Nabais, *Direito Fiscal*, 4.ª edição, Coimbra, 2007, p. 337. No mesmo sentido, v. Freitas Rocha, *op. cit,*, p. 265; Jorge Lopes de Sousa, *Código de Procedimento e de Processo Tributário anotado e comentado*, I, Lisboa, 2006, p. 32.

dade[13]. Mais uma vez se trata aqui de salientar exageradamente a natureza judicial da execução fiscal. Ora, salvo melhor opinião, isso só seria defensável num sistema processual tributário que continuasse a assentar na visão de que os – outrora existentes – chefes de repartição eram autênticos «juízes auxiliares». Sucede, porém, que essa concepção já foi abandonada com a entrada em vigor do Estatuto dos Tribunais Administrativos e Fiscais (Decreto-Lei n.º 129/84, de 27 de Abril) e do Código de Processo Tributário (Decreto-Lei n.º 154/91, de 23 de Abril).

Aliás, se assim fosse, estaria correcta a decisão recorrida, pois, efectivamente, a administração tributária teria exorbitado o âmbito da função administrativa e praticado um acto ferido de usurpação de poder[14].

8. Nem se pode invocar em abono da natureza judicial dos actos praticados pela administração tributária o facto de os mesmos terem que ser directamente impugnáveis para os tribunais tributários. Tal ideia só poderia ter algum cabimento se se mantivesse a exigência de definitividade vertical como requisito para a impugnação dos actos administrativos, nos termos gerais. Tendo esta exigência sido definitivamente enterrada com a recente reforma do contencioso administrativo, hoje em dia, qualquer acto administrativo com eficácia externa, que *«seja susceptível de lesar direitos ou interesses legalmente protegidos»* (artigo 51.º, n.º 1, do Código de Processo nos Tribunais Administrativos), é susceptível de impugnação contenciosa directa, sem necessidade de esgotar as vias administrativas. Portanto, nesse campo não se verifica qualquer especificidade do processo de execução fiscal que justifique a qualificação do processo de execução fiscal como um processo judicial.

---

[13] Neste sentido, v. CARLA AMADO GOMES, *Contributo para o estudo das operações materiais da Administração Pública e do seu controlo jurisdicional*, Coimbra, 1999, p. 134.

[14] E nessa eventualidade teriam toda a pertinência as críticas desferidas por TEIXEIRA RIBEIRO, *Anotação ao Acórdão do STA, II, de 19 de Fevereiro de 1992*, in *Revista de Legislação e de Jurisprudência*, n.º 3820, pp. 212 e ss., contra a participação da administração fiscal no processo de execução fiscal. Com efeito, ao praticar actos materialmente jurisdicionais, a administração fiscal estaria a invadir o âmbito da função jurisdicional.

9. O acto cuja natureza jurídica se discute no presente aresto é, como bem decidiu o Tribunal Constitucional, um acto materialmente administrativo. O Tribunal guiou-se pelo critério teleológico, entre nós defendido por AFONSO RODRIGUES QUEIRÓ.

Segundo o referido critério, o traço identificador da função jurisdicional reside no facto de esta consistir numa actividade de composição de conflitos de interesses que é exercida por um órgão independente e imparcial. Por seu lado, a função administrativa visa fundamentalmente a prossecução do interesse público definido na lei e não tem em vista a resolução de litígios.

Ora, no acto que ordena a reversão não se vislumbra qualquer tipo de composição de conflitos de interesses, dado que, como bem se refere na decisão em causa, esse acto «*visa, exclusivamente, a prossecução do interesse público da "defesa patrimonial do Fisco"*».

É certo que as obrigações resultantes da lei para o devedor originário e para o responsável subsidiário assentam em pressupostos distintos, pois relativamente a este último não estão em causa os pressupostos do facto tributário mas sim os pressupostos da responsabilidade[15]. Contudo, isso traduz-se numa mera ampliação do âmbito subjectivo da execução contra o responsável subsidiário, pois este, enquanto sujeito passivo da relação jurídica tributária, está também obrigado ao cumprimento da prestação tributária (artigo 18.º, n.º 3 da LGT).

10. Por outro lado, em caso algum se poderia sustentar, como é feito na decisão recorrida, que a qualificação do acto de reversão como acto administrativo implica uma menor tutela das posições jurídicas subjectivas dos administradores e gerentes, *maxime* dos respectivos direitos de defesa. Também aqui andou bem o Tribunal Constitucional ao relembrar que a lei lhes confere o direito de audição[16] (artigos 23.º, n.º 4, 1.ª parte, e 60.º da LGT) e o direito de deduzir oposição à execução, a qual será sempre apreciada por um Tribunal (artigo 160.º, n.º 3, e artigos 203.º e ss. do CPPT)

---

[15] Cfr. ANA PAULA DOURADO, *op. cit.*, p. 51.

[16] A LGT utiliza a expressão «*direito de audição*», mas seria mais rigoroso que nestes casos aludisse a um «*direito de audiência*».

11. Em face do exposto, a única interpretação consonante com a Constituição das normas que regulam o processo de execução fiscal é a de nelas cindir duas fases: uma fase administrativa e uma fase jurisdicional. A competência da administração tributária para praticar o acto que procede à efectivação da responsabilidade subsidiária dos gerentes e administradores de sociedades pela dívida fiscal não se traduz no exercício da função jurisdicional, pelo que é de aplaudir a presente decisão do Tribunal Constitucional.

ANOTAÇÃO AO ACÓRDÃO DO TJCE DE 8 DE FEVEREIRO DE 2007

(PROCESSO C-435/05, CASO *INVESTRAND*)

Rui Laires
DGCI/Centro de Estudos Fiscais

1. Introdução

O *Hoge Raad der Nederlanden* (adiante identificado por "Tribunal neerlandês"), em acção em que era recorrente a sociedade *Investrand BV* (adiante referida por "INVESTRAND") e recorrido o *Staatssecretaris van Financiën* (a seguir, "Administração Fiscal neerlandesa"), decidiu suspender a instância e colocar ao Tribunal de Justiça das Comunidades Europeias (TJCE) uma questão, a título prejudicial, relativa à interpretação da Directiva 77/388/CEE, do Conselho, de 17 de Maio de 1977 ("Sexta Directiva"), versando sobre o direito à dedução do imposto sobre o valor acrescentado (IVA).[1]

A questão suscitada perante o TJCE apelava a que este se pronunciasse sobre a interpretação do n.º 2 do artigo 17.º da Sexta Directiva, com vista a definir se o direito à dedução do IVA suportado pela INVES-

[1] A Sexta Directiva foi objecto de uma reformulação, entrada em vigor a 1 de Janeiro de 2007, tendo em vista, no essencial, proceder a uma diferente sistematização das matérias e a uma nova numeração dos seus artigos. Tal objectivo foi concretizado através da Directiva 2006/112/CE, do Conselho, de 28 de Novembro de 2006, relativa ao sistema comum do imposto sobre o valor acrescentado. No entanto, dado que, quer os factos tributários objecto de controvérsia no processo principal, quer a questão prejudicial suscitada pelo Tribunal neerlandês, se reportavam ao seu articulado, a matéria foi analisada ainda com referência às disposições da Sexta Directiva. Deixa-se, no entanto, a devida nota de que o disposto no n.º 2 do artigo 17.º da Sexta Directiva, particularmente em causa no processo, corresponde na actualidade ao artigo 168.º da Directiva do IVA.

TRAND poderia ser concedido, no caso de esse imposto respeitar a serviços que haviam sido adquiridos por aquela entidade com o objectivo de assegurar um crédito pecuniário que fazia parte do seu activo, mas que fora constituído num período em que a mesma não ainda não detinha a qualidade de sujeito passivo do IVA.

2. Matéria de facto

Em causa no processo principal estava a dedutibilidade do IVA suportado em prestações de serviços de consultoria, ocorridas em 1996, ligadas à arbitragem de um conflito entre a INVESTRAND e uma outra empresa – a *Hi-Tec Sports, plc* (a seguir identificada por "HI-TEC").

O diferendo entre as duas empresas respeitava ao cálculo da remuneração a pagar em relação ao ano de 1992 pela HI-TEC à INVESTRAND, na sequência de uma venda de acções que esta última havia feito à primeira no ano de 1989.

As acções eram referentes à participação no capital de uma empresa de confecções denominada *Confex BV* (adiante referida como "CONFEX"), tendo sido estabelecido que a contrapartida a pagar pela HI-TEC consistia num montante fixo e numa importância variável em função dos lucros que viessem a ser proporcionados pela CONFEX entre 1989 e 1992.

Até 31 de Dezembro de 1992, a INVESTRAND não se configurava como um sujeito passivo do IVA, por se tratar de uma sociedade *holding* que não realizava qualquer actividade económica para efeitos do IVA, na acepção do n.º 2 do artigo 4.º da Sexta Directiva, tal como vem sendo entendido pelo TJCE.

No entanto, a partir de 1 de Janeiro de 1993, por ter passado a efectuar prestações de serviços de gestão à CONFEX, mediante remuneração, a INVESTRAND adquiriu o estatuto de sujeito passivo do IVA.

Dado que o lucro obtido pela CONFEX em relação ao ano de 1992, para efeitos de pagamento da HI-TEC à INVESTRAND da contrapartida variável relativa a esse ano, foi objecto de controvérsia entre estas duas entidades, a INVESTRAND recorreu a prestações de serviços de consultores, no âmbito de um processo de arbitragem de conflitos.

Relativamente a essa prestação de serviços, concluída e facturada em 1996, a INVESTRAND suportou IVA no montante 8 495, 5 NLG, tendo de seguida procedido à dedução da totalidade desse imposto.

Tal dedução, porém, veio-lhe a ser negada pela Administração Fiscal neerlandesa, a qual procedeu à liquidação adicional do referido imposto.

Inconformada com a liquidação adicional, a INVESTRAND impugnou-a judicialmente, tendo a decisão tomada em primeira instância negado provimento à pretensão daquela entidade, com o argumento de que os serviços de consultadoria lhe tinham sido prestados o foram com referência a uma altura em que a INVESTRAND não detinha ainda a qualidade de sujeito passivo do IVA, e que os serviços em causa não tinham uma ligação directa e imediata com a actividade exercida nessa qualidade.

Interposto recurso para o Tribunal alemão, este decidiu, a título prejudicial, submeter ao TJCE a questão a que acima se aludiu.

3. Pontos de vista dos intervenientes no processo principal

Segundo a INVESTRAND, desde logo, merecia contestação a acepção de que uma alienação de acções não constitui uma actividade económica para efeitos do IVA. Este argumento, no entanto, não foi considerado válido pelo Tribunal neerlandês, sem necessidade de submetê-lo ao TJCE, em virtude de ser vasta e contrária a jurisprudência comunitária sobre a matéria.

Em segundo lugar, a INVESTRAND alegava que as prestações de serviços de consultores, uma vez que foram realizadas em 1996, respeitavam à sua actividade nesse ano, em relação ao qual assumia já a qualidade de sujeito passivo do IVA. Por este motivo, na óptica daquela entidade, a Administração Fiscal neerlandesa e o órgão jurisdicional recorrido no processo principal, ao ligarem as prestações de serviços em causa ao momento da venda das acções, haviam feito uma errada interpretação das disposições aplicáveis em matéria de direito à dedução do IVA. Para alicerçar este ponto de vista, o sujeito passivo invocava o decidido pelo TJCE no acórdão de 8 de Junho de 2000, proferido no processo C-98/98 (caso *Midland Bank*, Colect., p. I-4177).

No entanto, na perspectiva da Administração Fiscal neerlandesa, dado que as despesas em causa se reportavam à determinação da contraprestação relativa a uma alienação de acções, ocorrida numa altura em que a INVESTRAND se não tratava ainda de um sujeito passivo do IVA, o imposto contido nas despesas acima mencionadas não poderia ser objecto de dedução.

Por seu turno, na opinião do Tribunal neerlandês, poderia sustentar-se que o IVA referente às despesas em causa não seria susceptível de dedução, porquanto as mesmas estavam relacionadas com um direito de crédito que havia sido obtido num período em que a INVESTRAND não exercia actividades abrangidas pela incidência do IVA. Ainda assim, o Tribunal neerlandês admitia que se pudesse defender que o IVA relativo às despesas em causa pudesse ser objecto de dedução, uma vez que o direito de crédito fazia parte do património da empresa numa altura em que a INVESTRAND era já um sujeito passivo do imposto.

4. Análise da questão prejudicial

4.1. *Formulação do problema*

Relativamente à questão em apreço, deve começar por dizer-se que, em circunstâncias normais, não se colocaria em dúvida que o IVA suportado por um sujeito passivo em despesas de consultadoria relacionadas com a determinação do montante ou a cobrança de um crédito poderia ser objecto de dedução. Caso se tratasse de um sujeito passivo do IVA em relação ao conjunto da sua actividade e não ocorresse a particularidade de o crédito em causa respeitar a um período em que a INVESTRAND não detinha ainda o estatuto de sujeito passivo, dúvidas não haveria sobre a possibilidade de dedução integral do IVA suportado.

Como as referidas circunstâncias não se verificavam, o Tribunal neerlandês entendeu centrar a questão na determinação do momento que seria de considerar relevante para aferir da dedutibilidade do IVA. Se o ano de 1992, data a que o direito de crédito se reportava, caso em que não haveria lugar a dedução de qualquer montante de IVA, por a INVESTRAND não exercer nessa altura uma actividade económica abrangida pela incidência do IVA; ou se o ano de 1996, data em que o direito de crédito ainda fazia parte do património da empresa e em que as despesas com vista ao seu recebimento foram realizadas, caso em que o IVA contido nas despesas em causa poderia ser objecto de dedução.

Adicionalmente, levando em princípio a solução idêntica a esta última, poderia ainda definir-se, como relevante para aferir da dedutibilidade do IVA contido nas despesas em referência, o momento em que essas despesas foram realizadas.

Não parece, todavia, que a decisão da questão devesse decorrer da adesão pura e simples a uma das mencionadas teses.

Com efeito, a solução não se deveria equacionar apenas em termos de uma não dedução da totalidade do IVA, se se considerasse que as despesas em causa se reportavam ao ano a que o crédito dizia respeito; ou numa dedução da totalidade do IVA, se se considerasse que as despesas em causa se reportavam ao momento da sua realização.

Nos termos do n.º 1 do artigo 17.º da Sexta Directiva, o nascimento do direito à dedução para o destinatário dos serviços ocorre no momento em que o respectivo IVA é exigível ao prestador dos mesmos. Por seu turno, nos termos do n.º 2 do artigo 10.º da Sexta Directiva, a exigibilidade do imposto dá-se, por via de regra, no momento da realização dos serviços. Assim, haveria que ter em conta que o direito à dedução do IVA proporcionado pela aquisição de serviços de consultores ligados à arbitragem de conflitos, a existir, apenas nascera no momento em que a prestação de serviços se considerara realizada. Tal acepção, que decorria da conjugação do disposto no n.º 2 do artigo 10.º com o n.º 1 do artigo 17.º da Sexta Directiva, poderia levar a pender para a segunda hipótese, isto é, para o momento em que a prestação de serviços de consultadoria foi efectuada. Além disso, uma tal acepção pareceria ser corroborada pelo facto de estar em causa o apuramento de um crédito que ainda subsistia nesse momento, e que, uma vez recebido, respeitaria directamente à situação financeira da sociedade numa altura em que esta já detinha o estatuto de sujeito passivo do IVA.

Todavia, a tomada em consideração do estatuto face ao IVA da INVESTRAND no momento em que se verificara o nascimento do possível direito à dedução do IVA, que pareceria ser o caminho mais adequado para a abordagem da questão, não conduziria necessariamente a uma decisão que reconhecesse a possibilidade de dedução da totalidade do IVA relativo aos serviços em questão.

4.2. *Jurisprudência comunitária relevante*

Afigurando-se relevante, para aferir da possibilidade de dedução, o momento em que as prestações de serviços de arbitragem foram realizadas, tal não permitiria, no entanto, concluir que o IVA suportado com essas prestações de serviços seria integralmente dedutível. Como resulta da decisão de "reenvio", a INVESTRAND, em 1996, constituía-se como um sujeito passivo apenas em relação a uma parte da sua actividade, pois tratava-se de uma sociedade gestora de participações sociais, que, a título acessório, realizava também prestações de serviços de gestão, mediante remuneração.

Desde o seu acórdão de 20 de Junho de 1991, proferido no processo C-60/90 (caso *Polysar*, Colect. p. I-3111), que o TJCE vem entendendo que aquele cuja actividade consista, exclusivamente, na mera detenção de participações sociais em empresas e na obtenção de rendimentos por via dessa detenção ou da alienação das mesmas, não se configura como um sujeito passivo do IVA, não tendo, portanto, direito à dedução nos termos do artigo 17.º da Sexta Directiva. Esta perspectiva vem, por exemplo, reafirmada e complementada no acórdão de 22 de Junho de 1993, tirado no processo C-333/91 (caso *Sofitam*, Colect. p. I-3513), e no acórdão de 6 de Fevereiro de 1997, proferido no processo C-80/95 (caso *Harnas & Herm*, Colect. p. I-745).

Também com aparente relevância para o caso presente, contava-se a situação a que se reporta o acórdão de 6 de Abril de 1995, relativo ao processo C-4/94 (caso *BLP Group*, Colect. p. I-983), em que o TJCE decidiu que não poderia ser objecto de direito à dedução o IVA suportado em serviços de consultadoria e contabilidade com vista a alienação de participações sociais, por parte de uma sociedade gestora de participações sociais, ainda que essa alienação visasse a obtenção de fundos para permitir a uma das empresas do grupo prosseguir a sua actividade. No n.º 18 do acórdão o TJCE frisou que a expressão "utilizados", constante do n.º 5 do artigo 17.º da Sexta Directiva, "*demonstra que, para conferirem direito à dedução prevista no n.º 2, os bens ou serviços em causa devem apresentar uma relação directa e imediata com as operações sujeitas a imposto e que, para este efeito, o objectivo final prosseguido pelo sujeito passivo é indiferente*". No n.º 21 do mesmo texto decisório, o TJCE frisou, ainda, a propósito do artigo 2.º da Directiva 67/227/CEE, do Conselho, de 11 de Abril de 1967 (Primeira Directiva), que "*só o montante do imposto que tenha directamente onerado o custo dos diversos elementos constitutivos do preço de uma operação sujeita a imposto pode ser deduzido*".

O sentido desta jurisprudência veio a ser pormenorizado no acórdão de 8 de Junho de 2000, referente ao processo C-98/98 (caso *Midland Bank*, Colect. p. I-4177), no qual, estando em causa apurar da dedutibilidade do IVA relativo a despesas incorridas em assistência judiciária, por um sujeito passivo que praticava operações sujeitas e operações não sujeitas a IVA, o TJCE entendeu tratarem-se de despesas que não tinham uma relação directa e imediata com operações tributadas a jusante, mas que se tratavam de despesas gerais da actividade do sujeito passivo. Tratando-se de despesas gerais, concluiu o TJCE, no n.º 33 do acórdão, que uma vez que o sujeito passivo não praticava exclusivamente uma actividade tributada o IVA a elas referente não poderia ser deduzido na íntegra, cabendo ao juiz nacional aplicar o critério da relação directa e imediata, "*sem que se deva proceder de forma diferente consoante se apliquem os n.ºs 2, 3 ou 5 do artigo 17.º da Sexta Directiva*". Acepção semelhante encontra-se, por sua vez, plasmada no acórdão de 27 de Setembro de 2001, tirado no processo C-16/00 (caso *Cibo*, Colect. p. I-6663, n.ºs 27 a 33) e, *a contrario sensu*, no acórdão de 26 de Maio de 2005, proferido no processo C-465/03 (caso *Kretztechnik*, Colect. p. I-4357, n.º 37).

4.3. *Solução preconizada*

No caso sob análise, afigurava-se que seria o momento em que foram realizadas as prestações de serviços de consultadoria aquele em que ocorreu o nascimento do direito à dedução do correspondente IVA, sendo certo que essas prestações de serviços foram adquiridas pela INVESTRAND numa altura em que esta já detinha a qualidade de sujeito passivo do imposto.

Todavia, o respectivo custo apenas poderia ser entendido como integrado no âmbito das despesas gerais do sujeito passivo, uma vez que parecia estar fora de causa a sua imputação directa e imediata ao valor das operações tributáveis realizadas por aquela entidade. Tratava-se, com efeito, de um custo que visava o apuramento e a cobrança do montante de um crédito detido pela INVESTRAND, crédito esse que, uma vez realizado, influenciaria genericamente a situação financeira da empresa. Desse modo, pareceria plausível considerar-se que o referido custo não respeitava imediata e exclusivamente a nenhuma das actividades prosseguidas pela INVESTRAND.

A ser assim, admitia-se como cenário decisório provável – à semelhança do que fora aflorado no acima citado acórdão de 8 de Junho de 2000 (caso *Midland Bank*) e nas outras decisões em que idêntica problemática foi desenvolvida – que o TJCE viesse a afirmar que competiria ao Tribunal neerlandês definir um critério que lhe permitisse proceder à necessária imputação, para efeitos do cumprimento do disposto do n.º 2 do artigo 17.º da Sexta Directiva.

5. A decisão do TJCE

Na decisão tomada, o TJCE pronunciou-se no sentido da inviabilidade de dedução do IVA referente às despesas em questão. Para tanto, acentuou a tónica no facto de os serviços de consultadoria respeitarem à recuperação de um crédito gerado num período em que a INVESTRAND não detinha ainda o estatuto de sujeito passivo do IVA, e em que, portanto, nenhum direito à dedução lhe assistia.

Na análise a que procedeu, o TJCE considerou, por um lado, que as despesas em causa não tinham uma relação directa e imediata com operações que especificamente conferissem direito à dedução do IVA suportado a montante.

Por outro lado, segundo o TJCE, restaria a hipótese de as referidas despesas se constituírem como despesas gerais da actividade do sujeito passivo, pelo facto de o crédito com que as mesmas se relacionam integrar o património da entidade em questão num momento em que esta já é considerada um sujeito passivo do IVA. No entanto, entendeu o Tribunal, a circunstância de esse crédito ainda fazer parte do património da empresa não seria suficiente para demonstrar a relação directa e imediata com as despesas gerais do sujeito passivo. Uma tal relação directa e imediata pressuporia, na acepção do acórdão, que a INVESTRAND também incorresse nas referidas despesas em resultado do seu estatuto de sujeito passivo, o que estaria por demonstrar.

Dando continuidade a essa abordagem, o TJCE aditou que, mesmo que a INVESTRAND não tivesse entretanto adquirido o estatuto de sujeito passivo do IVA, as despesas de consultadoria relacionadas com o recebimento de um anterior crédito seriam sempre realizadas. Assim, tudo levava a crer que a INVESTRAND, ainda que não tivesse passado a exercer uma actividade económica sujeita a IVA, teria realizado à mesma as referidas despesas, não sendo, portanto, detectável qualquer relação directa e imediata entre essas despesas e tal actividade económica.

Em face do caminho seguido, o TJCE, na parte do dispositivo, declarou que "*[o] artigo 17.°, n.° 2, da Sexta Directiva [...] deve ser interpretado no sentido de que os custos dos serviços de consultadoria a que recorreu um sujeito passivo para efeitos da determinação do montante de um crédito que faz parte do património da sua empresa e se relaciona com uma venda de acções anterior à sua sujeição ao IVA não apresentam, na falta de elementos que demonstrem que os referidos serviços têm como causa exclusiva a actividade económica, na acepção da referida directiva, exercida pelo sujeito passivo, uma relação directa e imediata com esta actividade e não conferem, por conseguinte, direito à dedução do IVA que os onerou*".

6. Nota final

Em face da análise feita no aresto em anotação, o Tribunal não se viu na necessidade de clarificar, de um modo definitivo, se se verifica ou não uma limitação do direito à dedução do IVA suportado pelos sujeitos passivos que, a par de actividades económicas abrangidas pela incidência do IVA, pratiquem também actividades ou operações consideradas não económicas para efeitos deste imposto.

Além disso, em caso de limitação do direito à dedução, a decisão tomada, mais uma vez, também não permitiu dilucidar a dúvida sobre quais os critérios adequados para se proceder à valoração da medida dos *inputs* a atribuir às actividades abrangidas pelo âmbito de incidência do imposto e da medida a atribuir às actividades fora desse âmbito.

A clarificação dos dois aspectos acabados de enunciar veio, no entanto, a ser possível pouco tempo depois, através do acórdão de 13 de Março de 2008, proferido no processo C-437/06, referente ao caso *Securenta*.[2]

[2] Nesse aresto o TJCE declarou o seguinte:

«1) Quando um sujeito passivo exerce simultaneamente actividades económicas, tributadas ou isentas, e actividades não económicas que não entram no âmbito de aplicação da Sexta Directiva [...], a dedução do imposto sobre o valor acrescentado que incidiu sobre as despesas relacionadas com a emissão de acções e participações ocultas atípicas só é permitida na medida em que estas despesas possam ser imputadas à actividade económica do sujeito passivo, na acepção do artigo 2.°, n.° 1, desta directiva.

2) A determinação dos métodos e dos critérios de repartição dos montantes do imposto sobre o valor acrescentado pago a montante entre actividades económicas e actividades não económicas, na acepção da Sexta Directiva [...], insere-se no poder de apreciação dos Estados-Membros, que, no exercício deste poder, devem ter em conta a finalidade e a economia desta directiva e, a esse título, prever um modo de cálculo que reflicta objectivamente a parte de imputação real das despesas a montante a cada uma destas duas actividades.»

COMPENSAÇÃO INCONSTITUCIONAL POR INICIATIVA DA ADMINISTRAÇÃO FISCAL

Isabel Marques da Silva

Acórdão do Supremo Tribunal Administrativo
Processo n.º 0133/08
Data do Acórdão: 23-04-2008
Tribunal: 2.ª Secção
Relator: Miranda de Pacheco

Sumário:

O artigo 89.º do CPPT deve ser interpretado de forma a não se admitir a declaração de compensação de dívidas de tributos por iniciativa da administração tributária enquanto não decorrerem os prazos legais de impugnação contenciosa ou administrativa do acto de liquidação da dívida em causa, sob pena de violação dos princípios da igualdade e do direito a uma tutela jurisdicional efectiva (artigos 13.º, 20.º e 268.º, n.º 4 da CRP).

Lisboa, 23 de Abril de 2008. – *Miranda de Pacheco* (relator) – *Jorge de Sousa – Jorge Lino.*

Fonte: www.dgsi.pt.

ANOTAÇÃO

Há decisões judiciais que nos deixam felizes, mesmo que nenhum interesse tenhamos no processo. Não somos parte, não patrocinámos a parte. É, pois, uma felicidade não egoísta, um conforto resultante da sensação de que aqueles a quem cabe *administrar a justiça em nome do povo*[1] estão lá a fazer o que lhes incumbe: *assegurar a defesa dos direitos e interesses legalmente protegidos dos cidadãos, reprimir a violação da legalidade democrática e dirimir os conflitos de interesses públicos e privados*[2], com independência e imparcialidade, como é próprio da função. Foi o que sentimos quando encontrámos o presente aresto. Já nos aconteceu no passado o mesmo, perante outro Acórdão do Supremo Tribunal Administrativo[3]. É verdade que também já sentimos exactamente o inverso, e também nesse caso não o calámos[4]. Como perante aquele primeiro, a razão para o comentar o presente Acórdão foi a de o aplaudir publicamente e de o dar a conhecer. Num tempo em que se abundam notícias de penhoras ilegais, compensações de dívidas prescritas e outras coisas que tais, esta decisão representa um sinal de esperança, um sinal de que vale a pena confiar na justiça, que pode tardar mas surge.

I. Na origem ao presente Acórdão está a actual eficiência da "máquina fiscal", que de muito lenta, como era há poucos anos, passou nos últimos tempos a "supersónica", contando para tal com a preciosa ajuda da informática. Até aqui, tudo perfeito. Todos ganhámos com a cobrança eficiente dos impostos devidos, mas apenas destes, sob pena de injustiça. É que diz a Constituição que *ninguém pode ser obrigado a pagar impostos* inconstitucionais, retroactivos *ou cuja liquidação e cobrança se não façam nos termos da lei*[5], e não parece poder negar-se que a compensação[6] por iniciativa da Administração tributária, ao con-

---

[1] Artigo 202.º, n.º 1 da Constituição da República

[2] Artigo 202.º, n.º 2 da Constituição da República.

[3] Cfr. o nosso «Dever de Correcta Notificação dos Meios de Defesa ao Dispor dos Contribuintes, Boa-Fé e Protecção da Confiança», *Direito e Justiça*, volume XIV, 2000, Tomo 2, pp. 273/289.

[4] Cfr. a nossa «Anotação ao Acórdão do Supremo Tribunal Administrativo de 10 de Março de 2004 (Cumulação de Impugnações de IVA e de IRS)», *Ciência e Técnica Fiscal*, n.º 414, Julh./Dez. 2004, pp. 371/377.

[5] Artigo 103.º, n.º 3 da Constituição da República.

[6] A compensação tributária, tradicionalmente tratada pela doutrina portuguesa enquanto forma de extinção das relações jurídicas de imposto, a que se não dedicava tradicionalmente grandes desenvolvimentos, foi objecto de dois estudos recentes – a tese de mestrado de DANIEL PERACHI – *A Compensação no Direito Civil e Tributário em Portugal e no Brasil*, Coimbra, Almedina, 2007 e, mais recentemente, o pequeno,

trário da exigência de prestação de garantia para suspender a execução, corresponde a um pagamento coercivo do imposto liquidado.

II. No caso presente não é possível determinar se o imposto – IRC relativo ao ano de 2004, liquidado adicionalmente pela Administração tributária – era ou não devido. Não há elementos no presente aresto que o permitam escrutinar, nem é sequer esse o objecto do recurso. O que se sabe é que o montante do imposto constante de tal liquidação foi coercivamente cobrado por compensação com um crédito por reembolso de IVA a que o contribuinte tinha direito, ao abrigo do artigo 89.º do CPPT, quando decorria ainda o prazo de que dispunha o contribuinte para a impugnar a liquidação e solicitar a prestação de garantia e em momento imediatamente posterior à citação na execução fiscal entretanto instaurada, logo, ainda no decurso do prazo para pagamento, dedução de oposição, requerimento para pagamento em prestações ou dação em pagamento e prestação de garantia, no âmbito do procedimento executivo fiscal.

Reclama o contribuinte para o juiz da execução da referida compensação, por entender que esta não poderá ser efectuada antes de terminar o prazo para contestar a dívida exequenda e sem que tenham sido assegurados ao executado as condições efectivas para prestar garantia idónea, sob pena de cerceamento das garantias consagradas no n.º 4 do artigo 269.º da CRP, bem como dos princípios da igualdade e da justiça material. A primeira instância negou provimento à reclamação, por considerar não verificados os pressupostos ou requisitos necessários ao afastamento da admissibilidade da compensação de dívidas de tributos (pender reclamação graciosa, impugnação judicial … e mostrar-se a dívida exequenda garantida – artigo 89.º n.º 1 do CPPT). O Supremo Tribunal Administrativo veio dar razão ao contribuinte.

---

mais muito interessante, estudo de ANDREIA JÚNIOR – «A compensação de créditos tributários», *Revista Fiscal*, n.º 4, Abril de 2008, pp. 7/14. Também na doutrina espanhola e italiana há monografias recentes sobre o tema – cfr. a tese de doutoramento de EVA MARÍA CORDERO GONZÁLEZ – *La compensación como forma de extinción de la deuda tributaria*, Valladolid, LEX NOVA, 2002 e a obra de SEBASTIANO MAURIZIO MESSINA – La Compensazione nel Diritto Tributário, Milano, GIUFFRÈ, 2006.

III. Atendendo meramente à letra da lei, os pressupostos que afastam a possibilidade de compensação por iniciativa da Administração tributária, constantes da parte final do n.º 1 do artigo 89.º do CPPT, não estavam preenchidos. Acontece que não tinham de estar no momento em que a compensação operou, pois decorriam ainda os prazos legalmente estabelecidos para a defesa. Por isso que a questão central é a de saber se o disposto no n.º 1 do artigo 89.º do CPPT deve ser interpretado atendendo apenas à sua letra ou se dele decorre, como sustenta JORGE LOPES DE SOUSA[7], "uma intenção legislativa de a compensação só se dever efectuar relativamente a dívidas sobre as quais não haja controvérsia", estando "ínsito naquele n.º 1, que a compensação não possa ser declarada enquanto não decorrerem os prazos legais de impugnação contenciosa ou administrativa do acto de liquidação da dívida em causa".

IV. Questão semelhante à que é objecto do presente recurso foi já colocada ao Tribunal Constitucional, em sede de fiscalização concreta, que sobre ela tomou posição no seu Acórdão n.º 386/2005[8], de 13 de Julho. Este Acórdão do Tribunal Constitucional, que veio decidir no sentido de que a interpretação literal do n.º 1 do artigo 89.º do CPPT não viola o direito de acesso aos tribunais (artigo 20.º da CRP) nem o princípio da igualdade no exercício desse direito (artigo 13.º da CRP), é, aliás, sempre invocado por representantes da Administração tributária, quando confrontados com a prática de compensações anteriores ao esgotamento dos prazos para defesa. A efectivação da compensação por iniciativa da Administração tributária nesse momento constitui, aliás, a regra, mercê da configuração do sistema informatizado de cobrança coerciva arquitectado pela Administração tributária no qual a "compensação automática de reembolsos" tem lugar logo após a instauração da execução e previamente à citação do executado[9].

---

[7] JORGE LOPES DE SOUSA – *Código de Procedimento e de Processo Tributário: anotado e Comentado,* Volume I, Lisboa, Áreas editora, 2006, pp. 635/636 (nota 9 ao artigo 89.º do CPPT), também citado no aresto.

[8] Processo n.º 947/2004 (Relator: BENJAMIM RODRIGUES). O Acórdão encontra-se publicado no *Diário da República*, 2.ª série, de 18/10/2005, pp. 14.858/14.863.

[9] A "arquitectura" do sistema foi exposta e ilustrada em Conferência realizada na Associação Fiscal Portuguesa no passado dia 27 de Março, em que foi orador o

É bem verdade que o Tribunal Constitucional decidiu nesse Acórdão no sentido na não inconstitucionalidade da leitura do n.º 1 do artigo 89.º do CPPT sustentada pela Administração fiscal. Mas decidiu nesse sentido não sem deixar de dizer que "bem se compreenderia que o preceito fosse interpretado no sentido invocado pelo recorrente – e com claros alicerces no cumprimento da intenção prático-normativa da norma (...)". Ou seja, o Tribunal Constitucional, embora reconheça que "o mais correcto sentido jurídico-normativo a assinalar ao preceito" é um, conclui que o outro sentido, o menos correcto, não é inconstitucional, pois a compensação não impede o contribuinte de impugnar a liquidação e o contribuinte pode mesmo obstar à compensação desde que o faça dentro do prazo de pagamento voluntário (ou seja, nos primeiros 30 dias dentro dos 90 que dispõe para impugnar).

V. Foi mais longe, no presente aresto, o Supremo Tribunal Administrativo. Corajosamente e bem, na nossa opinião. O Tribunal não apenas conclui que a interpretação do n.º 1 do artigo 89.º do CPPT no sentido de que impede a compensação por iniciativa da Administração tributária antes de decorridos o prazo para impugnação é a mais correcta, como o próprio Tribunal Constitucional admite, como considera constitucionalmente ilegítima a interpretação alternativa, que é acusada de dar "guarida a um objectivo cerceamento dos direitos e garantias processuais da recorrente, com inevitáveis reflexos lesivos nas suas potencialidades de defesa perante uma actuação agressiva da administração tributária, como acontece no caso da compensação".
Conclui, pois, pela inadmissibilidade de compensação de dívidas de tributos por iniciativa da administração tributária antes de esgotado o prazo de impugnação judicial, sob pena de violação dos princípios constitu-

Dr. José Maria Fernandes Pires (documentação disponível no novo sítio da AFP – www.afp.pt). Perante objecções da assistência no sentido da prematuridade do momento em que a "compensação automática" opera, respondeu o ilustre orador invocando o carácter obrigatório da compensação por iniciativa da Administração tributária (artigo 89.º n.º 1 do CPPT) e o referido Acórdão do Tribunal Constitucional no sentido da não inconstitucionalidade da compensação anterior ao esgotamento dos prazos para defesa e prestação de garantia.

cionais da igualdade e do acesso ao direito e a uma tutela jurisdicional efectiva (artigos 13.º, 20.º e 268.º, n.º 4 da CRP).

VI. Pela nossa parte, ao elenco dos preceitos constitucionais violados, acrescentaríamos mais dois: o n.º 3 do artigo 103.º da CRP, pois a compensação por iniciativa da Administração tributária corresponde a um pagamento obrigatório do imposto; e o princípio da boa-fé (artigo 266.º, n.º 2, *in fine,* da CRP), que a lei manda que se presuma na actuação dos contribuintes e da administração tributária[10], pois determinar que a compensação automática tenha lugar ainda antes da citação dos executados parece-nos revelar a clara intenção de fazer prevalecer uma presunção de legalidade dos actos da Administração tributária sobre os direitos dos contribuintes à tutela jurisdicional efectiva, que pode mesmo ver-se muito dificultada, senão postergada, quando a via adequada de reacção do contribuinte seja a oposição à execução fiscal e a compensação tenha por efeito a extinção da execução.

Como o futuro a Deus pertence, não podemos antecipar se esta decisão fará ou não escola. Se fizer escola, como desejamos, obrigará certamente a modificar a actual "arquitectura" do sistema informatizado de cobrança coerciva, em sentido mais consentâneo com o de um Estado de Direito democrático, em que as garantias dos contribuintes têm adequada guarida, e mais inspirado no princípio da boa-fé, que deve presidir às relações entre as pessoas e entre as pessoas e as Instituições.

Em causa não está, nem podia estar, o carácter obrigatório da compensação por iniciativa da Administração fiscal, que decorre da indisponibilidade do crédito tributário. Está em causa apenas o momento em que deve ter lugar. Cedo, mas não tão cedo!

[10] Artigo 59.º, n.º 2 da Lei Geral Tributária.

SÍNTESE DOS PRINCIPAIS ACÓRDÃOS DO TRIBUNAL DE JUSTIÇA DAS COMUNIDADES EM MATÉRIA FISCAL PROFERIDOS DESDE FINS DE FEVEREIRO DE 2008

IMPOSTO SOBRE O VALOR ACRESCENTANDO

Acórdão de 21.02.2008, Processo C-425/06

Práticas abusivas

A Sexta Directiva deve ser interpretada no sentido de que se pode considerar que existe uma prática abusiva quando o objectivo de obter uma vantagem fiscal constitui o fim essencial da operação ou das operações em causa, competindo ao órgão jurisdicional de reenvio determinar se, para efeitos da aplicação do imposto sobre o valor acrescentado, se pode considerar que as operações constituem uma prática abusiva à luz da Directiva.

Acórdão de 06.03.2008, Processo C-98/07

Conceito de «bens de investimento utilizados pelo sujeito passivo na respectiva empresa»

O artigo 19.°, n.° 2, da Sexta Directiva, deve ser interpretado no sentido de que o conceito de «bens de investimento utilizados pelo sujeito passivo na respectiva empresa» não inclui os veículos que uma empresa de locação financeira adquire com a intenção de os alugar e posteriormente vender, no termo do contrato de locação financeira, como ocorre no processo principal, dado que a venda dos referidos veículos no termo dos contratos faz parte integrante das actividades económicas habituais dessa empresa.

Acórdão de 13.03.2008, Processo C-437/06

Dedução do IVA por sujeitos passivos mistos

Quando um sujeito passivo exerce simultaneamente actividades económicas, tributadas ou isentas, e actividades não económicas que não entram no âmbito de aplicação da Sexta Directiva, a dedução do imposto sobre o valor acrescentado que incidiu sobre as despesas relacionadas com a emissão de acções e participações ocultas atípicas só é permitida na medida em que estas despesas possam ser imputadas à actividade económica do sujeito passivo, na acepção do artigo 2.°, n.° 1, desta directiva.

A determinação dos métodos e dos critérios de repartição dos montantes do imposto sobre o valor acrescentado pago a montante entre actividades económicas e actividades não económicas, na acepção da Sexta Directiva, insere-se no poder de apreciação dos Estados membros, que, no exercício deste poder, devem ter em conta a finalidade e a economia desta directiva e, a esse título, prever um modo de cálculo que reflicta objectivamente a parte de imputação real das despesas a montante a cada uma destas duas actividades.

Acórdão de 03.04.2008 , Processo C-124/07

Isenção das operações de seguro e resseguro

O artigo 13.°, B, alínea a), da Sexta Directiva, deve ser interpretado no sentido de que o facto de um corretor ou um intermediário de seguros manter não uma relação directa com as partes do contrato de seguro ou de resseguro para cuja celebração contribui, mas apenas uma relação indirecta com estes últimos através da mediação de outro sujeito passivo, que tem ele próprio uma relação directa com uma dessas partes e ao qual esse corretor ou esse intermediário de seguros está contratualmente vinculado, não se opõe a que a prestação fornecida por este último esteja isenta do imposto sobre o valor acrescentado ao abrigo da referida disposição.

Acórdão de 03.04.2008, Processo C-442/05

Conceitos de distribuição e de abastecimento de água/Aplicação de taxas reduzidas

O artigo 4.°, n.° 5, da Sexta Directiva, deve ser interpretado no sentido de que está abrangida pelo conceito de distribuição de água, constante do referido anexo, a operação de instalação do ramal de ligação individual que consiste, como no processo principal, na instalação de uma canalização que permite a ligação da instalação hidráulica de um imóvel às redes fixas de distribuição de água, de modo que um organismo de direito público que actua na qualidade de autoridade pública tem a qualidade de sujeito passivo no que diz respeito à referida operação.

O artigo 12.°, n.° 3, aliena a), da Sexta Directiva e o anexo H, categoria 2, desta, devem ser interpretados no sentido de que está abrangida pelo conceito de abastecimento de água a operação de instalação do ramal de ligação individual que consiste, como no processo principal, na instalação de uma canalização que permite a ligação da instalação hidráulica de um imóvel às redes fixas de abastecimento de água. Além disso, os Estados membros podem aplicar uma taxa reduzida do imposto sobre o valor acrescentado a aspectos concretos e específicos do abastecimento de água, como a operação de instalação do ramal de ligação individual em causa no processo principal, desde que seja respeitado o princípio da neutralidade fiscal inerente ao sistema comum do imposto sobre o valor acrescentado.

Acórdão de 10.04.2008, Processo C-309/06

Manutenção de isenções pelos Estados membros/Reembolsos/ Princípio da neutralidade

Quando um Estado membro manteve na sua legislação nacional, ao abrigo do artigo 28.°, n.° 2, da Sexta Directiva, quer antes quer após as alterações introduzidas nesta disposição pela Directiva 92/77/CEE do Conselho, de 19 de Outubro de 1992, uma isenção com reembolso dos impostos pagos na fase anterior relativamente a certas entregas ou prestações específicas, um operador que efectue tais entregas ou prestações não pode invocar um direito, decorrente do direito comunitário e susceptível de ser invocado directamente, a que essas entregas ou essas prestações sejam sujeitas a IVA à taxa zero.

Quando um Estado membro manteve na sua legislação interna, ao abrigo do artigo 28.°, n.° 2, da Sexta Directiva 77/388, quer antes quer depois da sua alteração pela Directiva 92/77, uma isenção com reembolso do imposto pago a montante em relação a certas entregas ou prestações específicas, mas tiver interpretado erradamente a sua legislação nacional, daí resultando que certas entregas ou prestações de serviços que deviam ter beneficiado da isenção com reembolso do imposto pago a montante, segundo a sua legislação interna, foram sujeitas a tributação à taxa normal, os princípios gerais do direito comunitário, incluindo o da neutralidade fiscal, aplicam-se de forma a conferir ao operador económico que efectue tais entregas ou prestações o direito de obter a restituição das quantias que lhe foram erradamente cobradas relativamente a estas mesmas entregas ou prestações.

Embora os princípios da igualdade de tratamento e da neutralidade fiscal sejam aplicáveis, em princípio, a um processo como o processo principal, a sua violação não resulta apenas de uma recusa de reembolso se ter fundamentado no enriquecimento sem causa do sujeito passivo em questão. Em contrapartida, o princípio da neutralidade fiscal opõe-se a que o enriquecimento sem causa seja oposto apenas a sujeitos passivos como os «payment traders» e não a sujeitos passivos como os «repayment traders», desde que estes sujeitos passivos tenham comercializado mercadorias semelhantes. Compete ao órgão jurisdicional de reenvio determinar se é isto que se passa no referido processo. Além disso, o princípio geral da igualdade de tratamento, cuja violação se pode caracterizar, em matéria fiscal, por discriminações que afectam operadores económicos que não são forçosamente concorrentes mas que se encontram numa situação comparável relativamente a outros aspectos, opõe-se a uma discriminação entre os «payment traders» e os «repayment traders», a qual não é objectivamente justificada.

CLOTILDE PALMA

Acórdão de 28 de Fevereiro de 2008, Processo C-293/06

Deutsche Shell GmbH v. FA für Großunternehmen Hamburg (D)

O não reconhecimento de uma perda cambial sofrida por uma empresa com o re-patriamento do investimento inicial de um estabelecimento estável localizado noutro Estado Membro, ou o seu reconhecimento sujeito à condição de que aquele estabelecimento apenas obtenha lucros tributáveis é contrária ao Direito Comunitário.

Acórdão de 13 de Março de 2008, Processo C-248/06

Comm. v. Spain

Um regime fiscal de promoção das actividades de Investigação e Desenvolvimento (I & D) que trate mais favoravelmente os gastos dispendidos em Espanha do que nos demais países da União Europeia é contrário ao Direito Comunitário.

Acórdão de 3 de Abril de 2008, Processo C-27/07

Banque Fédérative du Crédit Mutuel v. France

A expressão "*lucros distribuídos pela sociedade afiliada*", constante do artigo 4.º/n.º 2 da Directiva Mães-Filhas, deve ser interpretada como não impedindo que, para efeitos do cálculo dos custos não dedutíveis a que se refere a Directiva, aí se incluam (como faz o artigo 216/n.º 1 do *Code Général dês Impôts*) os créditos fiscais concedidos para eliminar a dupla tributação.

GUSTAVO LOPES COURINHA

SÍNTESE DE JURISPRUDÊNCIA DO SUPREMO TRIBUNAL ADMINISTRATIVO

Fevereiro-Maio 2008

IMPOSTO/FIGURAS AFINS

Acórdão do STA (2.ª) de 16-04-2008, Processo n.º 0906/07

Taxa de Ocupação do Subsolo

Se o contribuinte interligou a sua infra-estrutura com outra, aproveitando para o efeito as condutas desta, não pode ser tributado com a taxa de ocupação do subsolo prevista no artigo 19.º alínea c) da Lei 42/98, de 6/8 (Lei das Finanças Locais). A incidência da taxa é tão só a ocupação do subsolo efectuada pelas ditas condutas, sendo desprezível o que se passa dentro delas.

IMPOSTOS SOBRE O RENDIMENTO

IRS

Acórdão do STA (2.ª) de 13-02-2008, Processo n.º 0996/07

Mais Valias

A alínea b) do n.º 5 do artigo 10.º do Código do Imposto sobre o Rendimento das Pessoas Singulares apenas contempla a "aquisição a que se refere a alínea anterior" – seja, a da "propriedade de outro imóvel" ou "de terreno para construção" –, que não a "construção, ampliação ou melhoramento de outro imóvel". Não está, assim, excluído da tributação o produto da alienação de imóvel, efectuada posteriormente à construção de outro, ambos para residência permanente do sujeito passivo (ou do seu agregado familiar), alegadamente custeada com tal produto.

Acórdão do STA (2.ª) de 23-04-2008, Processo n.º 01077/07

Tributação das Ajudas de Custo

As ajudas de custo visam compensar o trabalhador por despesas efectuadas ao serviço e em favor da entidade patronal e que, por razões de conveniência, foram suportadas pelo próprio trabalhador, não constituindo uma contraprestação do trabalho realizado e daí que não sejam tributadas em sede de IRS. As ajudas de custo atribuídas ao trabalhador têm natureza remuneratória somente na parte em que excedem o limite legal anualmente fixado para os servidores do Estado, atento o disposto no artigo 2.º, n.º 3 do CIRS. Recai sobre a Administração Tributária, como pressuposto da norma de tributação, o ónus da prova de tal excesso, bem como de que as verbas auferidas pelo trabalhador a título de ajudas de custo não se destinavam a cobrir o acréscimo de despesa por ele suportada em resultado da deslocação da sua residência habitual.

Acórdão do STA (2.ª) de 30-04-2008, Processo n.º 067/08

Tributação de Juros de Mora no Pagamento de Indemnização por Acidente de Viação

Por força das disposições combinadas dos artigos 5.º, n.º 2, alínea g) e 12.º do CIRS deve entender-se que os juros de mora não são tributáveis em IRS quando forem atribuídos no âmbito de uma indemnização devida por responsabilidade civil extracontratual e na medida em que se destinem a compensar os danos decorrentes da desvalorização monetária ocorrida entre o surgimento da lesão e o efectivo ressarcimento desta. Ao invés, tais juros já serão tributáveis se o valor da indemnização for corrigido monetariamente de acordo com a evolução dos preços no consumidor e, no que se refere aos danos não patrimoniais, forem calculados de forma actualizada.

IRC

Acórdão do STA (2.ª) de 02-04-2008, Processo n.º 0807/07

Princípio da Especialização dos Exercícios

O princípio da especialização dos exercícios visa tributar a riqueza gerada em cada exercício e daí que os respectivos proveitos e custos sejam contabilizados à medida que sejam obtidos e suportados, e não à medida que o respectivo recebimento ou pagamento ocorram. Contudo esse princípio deve tendencialmente conformar-se e ser interpretado de acordo com o princípio da justiça, com conformação constitucional e legal (artigos 266.º, n.º 2 da CRP e 55.º da LGT), por forma a permitir a imputação a um exercício de custos referentes a exercícios anteriores, desde que não resulte de omissões voluntárias e intencionais, com vista a operar a transferência de resultados entre exercícios. É o que acontece quando constituída uma provisão para crédito vencido, por lapso de contabilização, o sujeito passivo efectiva as reposições devidas pelos pagamentos parciais entretanto feitos, apenas e pela totalidade em determinado exercício e não, como era devido, de forma discriminada nos exercícios correspondentes em que esses pagamentos foram concretizados. Não se extraindo do probatório, embora alegado, que a recorrente tenha reflectidos os proveitos num único exercício, impõe-se a baixa dos autos à instância para ampliação da matéria de facto (artigos 729.º, n.º 3 e 730.º, n.º 1 do CPC).

Acórdão do STA (2.ª) de 13-02-2008, Processo n.º 0798/07

Tributação dos Custos e Nexo de Causalidade

Para os custos poderem ser considerados, para além de se comprovar a sua efectiva existência, impõe-se igualmente comprovar a sua indispensabilidade e o nexo causal com os ganhos sujeitos a imposto. Preenchem tais requisitos os custos, correlacionados com a actividade de uma sociedade, que não tem quadro de pessoal administrativo, e se vê obrigada a socorrer-se dos quadros de uma outra sociedade, a quem paga para o exercício de determinadas funções necessárias ao exercício da sua actividade. Isto mesmo que os custos sejam fixos. E não obsta à sua indispensabilidade o facto dos seus proveitos, no exercício em causa, serem de mera aplicação de capitais disponíveis em operações de tesouraria.

IMPOSTOS SOBRE A DESPESA

IVA

Acórdão do STA (2.ª) de 12-03-2008, Processo n.º 0880/07

Tributação da Indemnização devida pela Rescisão de Contrato de Cessão de Exploração de Estabelecimento Comercial

A indemnização recebida pelo impugnante como contrapartida pela rescisão bilateral de um contrato de cessão de exploração de estabelecimento comercial, está sujeita a IVA, nos termos do disposto no artº 4º, nº 1 do Código do Imposto sobre o Valor Acrescentado.

Acórdão do STA (2.ª) de 7-05-2008, Processo n.º 0200/08

Responsabilidade da sociedade-mãe por dívida de IVA de sucursal

A atribuição de personalidade tributária a um "estabelecimento estável" sem personalidade jurídica não tem quaisquer consequências ao nível do património da sociedade-mãe, pois todos os bens que forem afectos à actividade desse estabelecimento estável, continuam a pertencer à sociedade que o criou. Assim, nas relações com terceiros, não há qualquer efeito patrimonial derivado da criação de um estabelecimento estável sem personalidade jurídica, podendo, por isso, quaisquer credores que se relacionaram directamente com a sociedade-mãe satisfazer os seus créditos coercivamente sobre bens que estejam afectos ao estabelecimento estável, bem como os que se relacionaram directamente com este cobrar coercivamente os seus créditos sobre bens que estejam afectos à actividade da sociedade-mãe ou a outros estabelecimentos estáveis sem personalidade jurídica que aquela tenha criado. Assim, a sociedade-mãe de sucursal contra quem foi inicialmente dirigida a execução é responsável pelo pagamento das dívidas fiscais derivadas da actividade desta.

IMPOSTOS SOBRE O PATRIMÓNIO

CONTRIBUIÇÃO AUTÁRQUICA/IMI

Acórdão do STA (2.ª) de 20-02-2008, Processo n.º 0765/07

Tributação de Terreno para Construção

Constando do título aquisitivo que os terrenos transaccionados são para construção, devem estes ser considerados prédios urbanos, por força desta destinação subjectiva, nos termos do disposto no artº 6º, nºs 1 e 3 do Código da Contribuição Autárquica. Caso assim se não entenda, devem esses terrenos ser considerados na categoria de "outros", por não se encontrarem abrangidos pelo disposto no artº 3º, nº 2 daquele diploma legal e, como tal, também sujeitos a contribuição autárquica nos termos legais supra referidas.

Acórdão do STA (2.ª) de 16-04-2008, Processo n.º 04/08

Avaliação de Imóvel

A exigência de esgotamento dos meios administrativos de revisão dos actos de fixação de valores patrimoniais através de avaliação directa apenas é de fazer quando o interessado discordar do resultado da avaliação, como decorre dos próprios termos do artigo 76.º, n.º 1 do Código do IMI. Se o contribuinte entende que a primeira avaliação não está suficientemente fundamentada e pretende impugná-la, invocando vício de falta de fundamentação, não é necessário requerer a segunda avaliação para deduzir impugnação judicial com esse fundamento.

PROCEDIMENTO E PROCESSO TRIBUTÁRIO

Acórdão do STA (2.ª) de 23-04-2008, Processo n.º 0133/08

Compensação

O artigo 89.º do CPPT deve ser interpretado de forma a não se admitir a declaração de compensação de dívidas de tributos por iniciativa da administração tributária enquanto não decorrerem os prazos legais de impugnação contenciosa ou administrativa do acto de liquidação da dívida em causa, sob pena de violação dos princípios da igualdade e do direito a uma tutela jurisdicional efectiva (artigos 13.º, 20.º, e 268.º, n.º 4 da CRP).

Acórdão do STA (2.ª) de 30-04-2008, Processo n.º 030/08

Acção para reconhecimento de um direito ou interesse legítimo em matéria tributária

A acção para reconhecimento de um direito ou interesse legítimo em matéria tributária prevista no artigo 145.º do CPPT é, dos meios processuais possíveis, o mais adequado para assegurar uma tutela, eficaz e efectiva da pretensão de um gerente de obter declaração judicial de que se encontra extinta por compensação a dívida da sociedade em que se baseia a acusação contra si formulada da prática de um crime de abuso de confiança fiscal na forma continuada.

Acórdão do STA (2.ª) de 30-04-2008, Processo n.º 0117/08

Falta de notificação da venda a credor reclamante com garantia real

O n.º 4 do artigo 886.º-A do CPC, em que se prevê a notificação da decisão sobre a venda prevista nos seus números 1 e 2 aos credores reclamantes de créditos com garantia sobre os bens a vender é subsidiariamente aplicável ao processo de execução fiscal. A omissão de notificação daquele despacho a credor reclamante de crédito com garantia real sobre o bem a vender, através de propostas em carta fechada, constitui nulidade processual que justifica a anulação da venda, nos termos dos artigos 201.º, n.º 1 e 909.º, n.º 1, alínea c) do CPC, aplicáveis por força do disposto na alínea c) do n.º 1 do artigo 257.º do CPPT.

Acórdão do STA (2.ª) de 7-05-2008, Processo n.º 0787/07

Levantamento da garantia prestada para suspender a execução

Sem violação de princípio legal ou constitucional algum, a garantia prestada para suspender a execução fiscal nos termos do artigo 183.º-A do CPPT – não caducada à data de 1 de Janeiro de 2007-, só poderá ser levantada oficiosamente ou a requerimento de quem a haja prestado, logo que no processo que a determinou tenha transitado em julgado decisão favorável ao garantido ou haja pagamento da dívida.

Acórdão do STA (2.ª) de 7-05-2008, Processo n.º 057/08

Interrupção da prescrição
Uma vez cessado o efeito do primeiro facto interruptivo, nada impede que esse mesmo efeito seja atribuído à eclosão de nova causa de interrupção da prescrição das estabelecidas no n.º 1 do artigo 49.º da LGT. Cujo elenco é taxativo.

INFRACÇÕES TRIBUTÁRIAS

CRIMES

Acórdão do STJ de 09-04-2008, Processo n.º 07P4080 (Fixação de jurisprudência)

Abuso de Confiança Fiscal
«A exigência prevista na alínea b) do n.º 4 do artigo 105.º do RGIT, na redacção introduzida pela Lei 53-A/2006, configura uma nova condição objectiva de punibilidade que, nos termos do artigo 2.º.n.º 4 do Código Penal, é aplicável aos factos ocorridos antes da sua entrada em vigor. Em consequência, e tendo sido cumprida a obrigação de declaração, deve o agente ser notificado nos termos e para os efeitos do referido normativo (alínea b) do n.º 4 do art. 105.º do RGIT)»

CONTRA-ORDENAÇÕES

Acórdão do STA (2.ª) de 02-04-2008, Processo n.º 0889/07

Montante de redução da coima variável
Nos termos do artigo 31.º, n.º 1 do RGIT, o montante mínimo da coima variável a considerar para efeitos de redução da coima prevista

na alínea b) do n.º 1 do seu artigo 29.º é de 10% da prestação tributária devida, quando a arguida é pessoa colectiva.

Acórdão do STA (2.ª) de 16-04-2008, Processo n.º 0994/07

Ilegitimidade do executado por reversão para recorrer

O gerente executado por reversão não tem legitimidade para interpor, por si, no processo de contra-ordenação fiscal, recurso jurisdicional da decisão de aplicação de coima à sociedade originária executada, pois o direito de audiência e de defesa apenas é assegurado ao arguido. O responsável subsidiário, uma vez revertida a execução por coima, poderá deduzir oposição à execução fiscal e em tal sede questionar a constitucionalidade das normas que prevêem a responsabilidade subsidiária dos gerentes em relação ao pagamento de coimas aplicadas à sociedade.

Acórdão do STA (2.ª) de 16-04-2008, Processo n.º 044/08

Dispensa da coima

A exigência cumulativa feita na alínea a) do n.º 1 do artigo 32.º do RGIT de que a prática da contra-ordenação fiscal não ocasione prejuízo efectivo à receita tributária reporta-se a situações em que não chegou a produzir-se prejuízo antes da regularização da falta.

ANA LEAL/ ISABEL MARQUES DA SILVA

RECENSÕES

Good Capitalism/ Bad Capitalism and the Economics of Growth and Prosperity

WILLIAM J. BAUMOL
ROBERT E. LITAN
CARL J. SCHRAMM

Yale University Press
New Haven & London, 2007

Carl Schramm, cuja presença na Conferência Portugal/EU – Estados Unidos constitui um natural motivo de orgulho para o IDEFF, é o co-autor, com William Baumol e Robert Litan, de *Good Capitalism/ Bad Capitalism and the Economics of Growth and Prosperity*, uma importante reflexão sobre a natureza do capitalismo, os seus problemas actuais e desafios do futuro, permitindo uma análise mais fina de uma matéria onde abundam as sobre simplificações.

O fio condutor destes autores, com percursos académicos e profissionais muito diferenciados é a Fundação Kaufman, de que Schramm é presidente e Litan vice-presidente, sendo Baumol o director do Berkeley Center for Entrepeneurial Studies da Universidade de Nova Iorque, instituição auxiliada pela Fundação, que tem desenvolvido uma especial atenção ao empreendedorismo, apoiando quer estudos científicos, quer iniciativas empresariais inovadoras. Não admira, pois, que a investigação parta da consideração do capitalismo como sistema económico ideal, pelo menos numa das suas maneiras de funcionamento e se alargue pela importância da inovação.

O inevitável uso do neologismo "empreendedorismo" parece ter feito carreira em Portugal, de tal maneira que até a Universidade de Lisboa promove um fórum consagrado ao tema, confirmando que o comentário de Georges Bush de que "the thing that's wrong with the french is that they don't have a word for entrepeneur" (esquecido que a origem da palavra se encontra no "entreprendre" da língua galesa) poderia ser dirigido ao português. Mas, nestes tempos de globalização, as palavras como as ideias quando não existem importam-se e, se a ideia for boa, não será a dificuldade linguística que se lhe oporá.

A noção de empreendedorismo é de difícil caracterização, ainda que se possa dizer que estão aqui abrangidas ideias novas e produtivas, novas combinações de ideias já existentes e novas maneiras de as apresentar ou, como Schumpeter colocaria a questão, um processo que abrange novos produtos, novos métodos de produção, novos mercados e novas formas de organização. Schumpeter é, aliás, o pai intelectual da ideia, expressa na sua genial teoria da destruição criativa que envolve a necessidade, para que exista progresso económico, de substituição do "antigo" pelo "novo", concepção que motivou, até há pouco, escasso interesse da literatura económica. **A ligação** do "empreendedorismo" ao risco foi especialmente desenvolvida por Frank Knight e Peter Drucker que defendem que só quando se está disposto a colocar em questão a estabilidade financeira e profissional estamos em presença de empreendedores.

Conhecidas as preocupações mais recentes dos autores ou o seu passado enquanto economistas, especialmente significativo em Baumol e na teoria dos "mercados contestáveis", é natural que o "empreendedorismo" seja essencial à sua análise e, de facto, assim sucede, ainda que ressalvada a convicção de que a existência de empreendedores constitui condição única de progresso.

O livro parte de dois pontos básicos de análise: um primeiro que é a verificação, usual na tradição económica europeia, da existência, de diferentes tipos de capitalismo e um segundo que consiste na crítica às visões simplistas que consideraram a "queda do muro de Berlim como o triunfo definitivo do capitalismo e da democracia e até como o fim da história".

No que respeita aos diferentes tipos de capitalismo, Baumol, Litan e Schram, identificam quatro modelos fundamentais: o capitalismo orientado pelo Estado, basicamente protagonizado pelas economias asiáticas em que o governo determina o que produzir, controla o crédito e decide acerca das exportações; o capitalismo oligárquico, característico de regiões da América latina e de países árabes, em que o poder e a riqueza são controlados por poucas pessoas, que se concentram não em enriquecer o povo, mas sim em enriquecer-se a si mesmos; o capitalismo das grandes empresas que se pode tornar "esclerótico, relutante à inovação e resistente à mudança" e, finalmente, o capitalismo empreendedor, em que pequenas e inovadoras empresas têm um papel determinante.

Um dos aspectos mais sedutores do livro é justamente a apreciação comparada das diferentes soluções económicas, a forma mais interessante de estudar problemas comuns a economias em diferentes estádios de desenvolvimento. **A consequência** extrema dessa aproximação seria, de resto, a consideração do desenvolvimento apenas numa perspectiva, terminando com a tradicional dicotomia das políticas de desenvolvimento dirigidas aos Estados mais pobres e as políticas dos Estados ricos. Impõe-se, no entanto, acentuar que essa pista não foi seguida pelos autores.

Uma brilhante, ainda que sintética análise dos problemas de África, em que o estudo dos "Estados patrimoniais" não foi aprofundado, leva a concluir pela justificação da ajuda externa que, para além da lógica económica, poderá tornar a vida das populações mais suportável, mas que terá de se orientar predominantemente para a criação de condições institucionais. O aspecto mais interessante é aqui o relevo dado à importância do desenvolvimento do espírito empresarial, ligado às experiências do micro-crédito que geram todavia dúvidas quanto à sua capacidade para, uma vez criadas pequenas empresas em determinadas áreas, os novos agentes que vão entrar no mercado não se limitem a replicar o modelo ganhador, excluindo a inovação e não facilitando a fusão empresarial, que poderia permitir um reforço da inovação.

De qualquer forma, é no essencial para os países desenvolvidos que o livro se orienta, ainda que um leitor europeu possa tender a sentir alguma frustração pela ausência de estudo sobre experiências como as dos países nórdicos, com elevados índices de qualidade de vida e capazes, particularmente no caso finlandês, de fomentar a inovação a partir de uma significativa intervenção pública, tal como o demonstra a brilhante análise de Manuel Castels e Pekka Himanen em *The Information Society and the Welfare State*.

No essencial, os autores defendem que as condições ideais para a afirmação do capitalismo resultam da conjugação de dois dos modelos apresentados: o do empreendedorismo e os das grandes firmas, uma vez que só estas últimas podem potenciar a inovação às suas últimas consequências.

Quatro elementos surgem, assim, como necessários à garantia do desenvolvimento económico: tornar fácil iniciar um negócio e facilitar a sua liquidação, assegurando um sistema financeiro que funcione razoavelmente e um mercado de trabalho flexível; estabelecer uma clara protecção da propriedade e dos direitos contratuais, garantindo também um sistema de patentes; assegurar que as instituições governamentais se foquem na dicotomia crescimento/distribuição, criando condições para uma vida melhor no longo prazo; disponibilidade pelo governo dos instrumentos de incentivo, assentes numa boa legislação *anti-trust* e na abertura comercial.

Uma parte significativa do estudo é consagrada às razões que levaram a que a América se tenha mantido como a principal potência mundial ao longo do último século e que, no essencial, se prendem com a exemplar fusão entre o empreendedorismo e o capitalismo de grandes empresas. Como sublinhou, o *The Economist*, em recensão ao livro, a América ainda veste a coroa, mas os autores manifestando optimismo quanto ao futuro dessa situação, numa apreciação bem mais optimista do que a de outros economistas e instituições, não deixam de expressar dúvidas e preocupações. Por isso consideram que há que celebrar as razões para ser optimistas e chamar a atenção para os riscos.

Para que nos juntemos a essa celebração contribui decisivamente o equilíbrio dos autores que não sendo insensíveis a algumas reivindicações dos sectores mais fundamentalistas da liberdade de mercado, tais como o desmantelamento aduaneiro, a redução dos custos do trabalho e dos custos de protecção da propriedade, não deixam de defender a protecção contra riscos empresaria e a garantia de um sistema de saúde e se se opõem aos impostos pesados sobre os rendimentos médios e baixos não se preocupam quanto aos mais elevados, provavelmente por considerarem que esse não é o domínio por excelência do empreendedorismo.

Numa obra de extrema clareza, só acessível a quem domina a matéria com especial profundidade, Baumol, Litan e Schramm desafiam e estimulam o leitor, que será conduzido a repensar muitos dos seus posicionamentos. Como não aderir a uma perspectiva que afasta a questão do desenvolvimento do fatalismo cultural e geográfico de David Landes, no "The Wealth and Poverty of the Nations". Que melhor se poderá esperar de um livro?

Eduardo Paz Ferreira

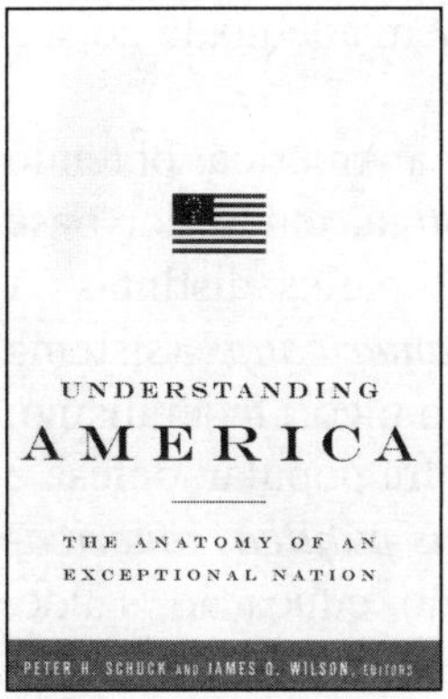

Understanding America.
The anatomy of an exceptional nation

PETER H. SCHUCK
JAMES Q. WILSON (org.)

Public Affairs, New York, 2008.

Para alguns, os Americanos são, de facto, excepcionais: excepcionalmente vulgares, materialistas, imperialistas, inábeis, insensíveis e egocêntricos!

Mas então, se é assim, sustentam outros, como compreender que, sendo os Americanos vulgares, a sua música, os seus livros e os seus filmes dominem o mercado cultural global? Por outro lado, sendo materialistas, como entender que os seus produtos – tais como os *blue jeans*, *iPods* e computadores – sejam consumidos em todos os países do Mundo? E que, parecendo imperialistas, grande parte das pessoas na Europa, no Kuwait, em Taiwan, em Israel e no Iraque queiram assegurar-se de que, em caso de necessidade, as forças armadas americanas estarão disponíveis para os ajudar?

Foi para dar resposta a estas e outras questões que esta obra colectiva foi idealizada e concebida, para a qual foram chamados especialistas consagrados em diversas áreas, a fim de, sem preconceitos, exporem claramente, embora de um modo tão uniforme quanto possível, o que pensam sobre o País – a sua cultura, os seus valores, as suas instituições, as suas políticas, o seu papel no Mundo e o seu futuro.

O título da obra é, sem dúvida, impressivo e bem adequado ao seu conteúdo.

A sua leitura permitirá ao leitor compreender a América, obtendo elementos suficientes para estabelecer a sua anatomia, tendo por base a análise dos principais aspectos tratados em três partes distintas. A primeira incide sobre as *instituições e a cultura americanas* (sistema político, burocracia, sistema legal, sistema económico, federalismo, política cultural, meios de comunicação social, cultura popular, defesa e religião); a segunda dedica-se á análise das *políticas públicas americanas* em domínios essenciais (v.g., família, imigração, educação, saúde, justiça e droga); por último, na terceira parte, apresenta-se a visão de um Jornalista europeu sobre a América, o alemão JOSEF JOFFE, e uma síntese conclusiva elaborada pelos Organizadores PETER SCHUCK e JAMES WILSON, baseada nos contributos dos vários Autores que colaboraram na sua realização e nas suas próprias reflexões sobre as matérias tratadas.

E é nesta base que PETER SCHUCK e JAMES WILSON, tal como ALEXIS DE TOCQUEVILLE, igualmente consideram a América *excepcional*, procurando agrupar as suas conclusões em sete domínios: cultura (onde põem em relevo o patriotismo, o individualismo, a religiosidade e o espírito empreendedor), constitucionalismo (as bases e valores constitucionais, incluindo o federalismo americano e sua formação "de baixo para cima"), a economia, a diversidade social, a sociedade civil, o Estado social e a demografia.

A ideia subjacente à concretização desta obra colectiva é, pois, de louvar, pela *motivação* que encerra, pela *forma* como está estruturada e pela *finalidade* que pretende atingir, que nos parece inteiramente conseguida na forma e no conteúdo.

Interessante é, por exemplo, a análise feita sobre o sistema político por NELSON W. POLSBY, onde salienta o peso crescente do Presidente dos E.U.A.; a competição entre a Presidência e o Congresso a propósito da influência sobre o sistema; a singularidade do poder legislativo (em contacto com os diversos grupos de interesses); a existência de um sistema de 100 partidos, que consagra nos diversos Estados uma flexibilidade que permite melhorar e reforçar a legitimidade e tornar fiável a representação cívica; o funcionamento do sistema judicial e a credibilidade do sistema de recurso que estreitam e reforçam os elos entre os cidadãos e as instituições políticas e o entrosamento entre a rede dos decisores políticos e os meios de comunicação social que facilita a circulação dos sinais emitidos entre eles.

Com informação abundante e rica, a partir de uma atitude serenamente objectiva, aliada a uma análise qualificada e cuidada, pode dizer-se que *Understanding America* constitui um retrato relativamente abrangente e completo deste País a que não podemos ficar indiferentes!

Guilherme d'Oliveira Martins

José F. F. Tavares

US Taxation of Foreign Income

GARY CLYDE HUFBAUER
ARIEL ASSA

Peterson Institute for International Economics,
Washington DC, 2007

Gary Clyde Hufbauer é Reginald Jones Senior Fellow desde 1992, foi o Professor *Marcus Wallenberg* de Diplomacia Financeira Internacional na Universidade de Georgetown (1981-85), director do Instituto de Direito Internacional da Universidade de Georgetown (1979-81), secretário assistente de comércio internacional e de política de investimento do Tesouro Americano (1977-79) e director do Grupo de Fiscal Internacional do Tesouro Americano (1974-76). É autor de diversos títulos em Comércio, Investimento e Tributação Internacional.

Ariel Assa é consultor fiscal da JP Morgan Chase & Co. em Nova Iorque. Foi advogado de sociedades de advogados em Nova Iorque e em Telaviv, trabalhou na Autoridade Tributária de Rendimento de Israel (1994-99) e foi professor-assistente em diversos cursos de Direito Fiscal na Universidade de Tel Aviv (1996-2001). Licenciou-se em Direito e em Contabilidade na Universidade de Tel Aviv, onde também obteve o grau de MBA e obteve o grau de LLM em tributação no Law Center da Universidade de Georgetown (2002).

Em *US Taxation of Foreign Income*, os autores explicam, criticamente, a evolução nos Estados Unidos do regime de tributação do rendimento com fonte no estrangeiro (ao nível do imposto de sociedades) e propõem o princípio da territorialidade como princípio exclusivo de tributação desse rendimento, desde que se trate de rendimento de investimento activo, enquanto os rendimentos de investimento passivo (juros e dividendos relativos a participações minoritárias) deverão sujeitar-se à tributação exclusiva da residência e os rendimentos de fontes móveis (tais como royalties e honorários) a uma tributação cumulativa da fonte e da residência. Esta proposta aparece no quadro dos desafios que se colocam à economia americana, nomeadamente, tendo em conta a importância das actividades ligadas à tecnologia de ponta, o interesse em não prejudicar a exportação de capital investido nessas tecnologias e simultaneamente em atrair a localização da sede e direcção efectiva das multinacionais (V. o capítulo introdutório). Além disso, ela não se centra na receita de imposto de sociedades dos Estados Unidos, e nos objectivos internos de crescimento económico e justiça fiscal, como é tradicional, mas na óptica do Direito Fiscal Internacional ("das consequência internacionais da tributação do rendimento empresarial") (V. o capítulo 2). Ao longo do livro, são ponderados os interesses do sujeito passivo perante uma tributação interestadual neutra, e os interesses do Estado exportador e importador de capital.

O livro divide-se em seis capítulos e dezasseis anexos, e condes) e propõem o princípio da territorialidade como princípio exclusivo de tributação desse rendimento, desde que se trate de rendimento de investimento activo, enquanto os rendimentos de investimento passivo (juros e dividendos relativos a participações minoritárias) deverão sujeitar-se à tributação exclusiva da residência e os rendimentos de fontes móveis (tais como royalties e honorários) a uma tributação cumulativa da fonte e da residência. Esta proposta aparece no quadro dos desafios que se colocam à economia americana, nomeadamente, tendo em conta a importância das actividades ligadas à tecnologia de ponta, o interesse em não prejudicar a exportação de capital investido nessas tecnologias e simultaneamente em atrair a localização da sede e direcção efectiva das multinacionais (V. o capítulo introdutório). Além disso, ela não se centra na receita de imposto de sociedades dos Estados Unidos, e nos objectivos internos de crescimento económico e justiça fiscal, como é tradicional, mas na óptica do Direito Fiscal Internacional ("das consequência internacionais da tributação do rendimento empresarial") (V. o capítulo 2). Ao longo do livro, são ponderados os interesses do sujeito passivo perante uma tributação interestadual neutra, e os interesses do Estado exportador e importador de capital.

O livro divide-se em seis capítulos e dezasseis anexos, e contém ainda cerca de quatro dezenas de quadros com informação sobre diversos aspectos de relevância para a tributação de rendimentos transfronteiriços, nomeadamente, estatísticas do investimento americano no estrangeiro, de rendimentos importados e rendimentos exportados, de retenções na fonte sobre rendimentos exportados, de percentagem da receita de imposto sobre sociedades no produto interno bruto, informação acerca de impostos sobre rendimentos importados e rendimentos exportados, operações de afiliadas estrangeiras de sociedades americanas, atenuação da dupla tributação de dividendos nos países da OCDE.

No capítulo introdutório, os autores analisam a internacionalização da economia americana, confrontando-a com os desafios que resultam da concorrência com as potências emergentes, tais como o Brazil, Rússia, China e Índia. É-nos dito, sem surpresa, que a economia americana está mais exposta ao comércio internacional, e que o capital e mercados de tecnologia estão mais interligados do que em décadas anteriores. Neste contexto, a tributação de actividades ligadas à alta tecnologia aparece com um aspecto central, bem como a localização da direcção efectiva das multinacionais, e, por outro lado, os défices comerciais e relativos a activos detidos por estrangeiros não devem ser esquecidos pela política fiscal, pois é preferível que a dívida americana relativa ao investimento estrangeiro diga respeito à detenção de capital do que de obrigações e outros instrumentos de dívida.

No capítulo segundo, os autores explicam que nos Estados Unidos o imposto sobre o rendimento das sociedades domina a atenção, quando se trata de avaliar a tributação de factos plurilocalizados, e que a discussão sobre as consequências da tributação do rendimento plurilocalizado (por exemplo, a dupla tributação) na competitividade das empresas tem sido secundarizada. Nos capítulos seguintes – 3, 4 e 5 – são analisadas as doutrinas americanas tradicionais relativas à tributação do rendimento plurilocalizado, na perspectiva da neutralidade na exportação do capital; da neutralidade na importação do capital; da neutralidade quanto à detenção do capital. São também apresentadas as justificações e as vantagens da tributação exclusiva na residência do rendimento de investimento indirecto ou de *portfolio,* de modo a atrair investimento efectivo, incentivando ao mesmo tempo a poupança. A troca de informações nesta matéria é fundamental para combater a elisão e a fraude fiscal, sendo feita referência à directiva comunitária da poupança, e ao projecto da **OCDE sobre** concorrência fiscal prejudicial, como bons exemplos da necessidade da cooperação internacional neste domínio.

Antes de apresentarem a proposta de reforma fiscal (capítulo 6), os autores dedicam o capítulo 5 ao enquadramento das multinacionais (seu aparecimento e desenvolvimento e a importância nas áreas de investigação, desenvolvimento e experimentação (*IDE*)), ao comportamento modelo que utilizam na localização de lucros e de custos, à importância das multinacionais para a economia norte-americana, aos efeitos das políticas fiscais restritivas no crescimento nacional.

É pois neste contexto que Hufbauer e Assa propõem um sistema de isenção (ou de tributação territorial) dos rendimentos de dividendos e de juros obtidos fora dos Estados Unidos – bem como de lucros de estabelecimentos estáveis e mais-valias resultantes da alienação de ramos e de afiliadas –, desde que respeitantes a participações maioritárias de sociedades americanas (capítulo 6). Coerentemente, as perdas e menos-valias das afiliadas estrangeiras não seriam dedutíveis nos Estados Unidos. Para os autores, participações maioritárias são participações de pelo menos 50%, devendo ainda a afiliada ser submetida a um teste restrito de "actividade efectiva" ou "negócio activo" (e por isso mesmo, uma percentagem de detenção baixa aumentaria o risco de que a participação fosse passiva e não activa).

Em contrapartida, os rendimentos passivos relativos a dividendos, juros e rendimentos provenientes de estabelecimentos estáveis, beneficiariam de um crédito de imposto – mas não de crédito indirecto – até ao limite de 10%.

As mais-valias resultantes da alienação de uma afiliada estrangeira (detida em mais de 50%) deveriam ser isentas nos Estados Unidos (e por isso também as menos-valias não deveriam ser consideradas), enquanto as mais-valias resultantes da alienação de outros activos estrangeiros deveriam ser totalmente tributadas nos Estados Unidos, beneficiando de um crédito de imposto.

Os autores propõem que todo o *IDE* nos Estados Unidos deve ser deduzido do rendimento empresarial com fonte nos Estados Unidos, devendo ser também dedutíveis as despesas gerais e de administração.

Por seu turno, as royalties e honorários pagos a sociedades americanas deveriam ser tributadas nos Estados Unidos, sendo porém conferido um crédito sobre o imposto pago na fonte. Há aqui o reconhecimento de que o Estado da fonte tributará estes rendimentos na fonte, sendo maior a conexão entre este tipo de rendimentos com o Estado da fonte, do que no caso dos dividendos e dos juros. Para evitar a qualificação abusiva destes rendimentos como de juros ou dividendos isentos, deverá haver um controlo acrescido por parte das autoridades tributárias.

As despesas de juros tidas por sociedades-mães americanas deverão ser atribuídas à isenção de dividendos e de juros das afiliadas estrangeiras, i.e., não deverão ser deduzidas, para não incentivar a transferência de rendimentos e respectiva isenção.

A proposta de reforma de Hufbauer e Assa, aqui apresentada nas suas linhas gerais (cf. páginas 133-140, e seguintes, do livro), pretende promover uma localização eficiente do capital, e seguir a tendência mundial da tributação de rendimentos activos na fonte. Ela pode, à primeira vista, contribuir para a concorrência fiscal entre os Estados da ordem internacional com vista à localização do investimento nos Estados de tributação mais baixa. Mas, na verdade, o controlo através do teste da "actividade efectiva" permite, se for bem aplicado, evitar as deslocalizações meramente artificiais. Por isso, o teste proposto por Hufbauer e Assa aproxima-se do teste do Tribunal de Justiça das Comunidades Europeias para o controlo do abuso (fiscal): a existência ou não de esquemas totalmente artificiais (cf. casos ICI, Lankhorst-Hohorst, Cadbury Schweppes, Thin Cap Glo, e Halifax e Part Service). Tal proposta segue ainda as preocupações de controlo de abuso por parte da OCDE, e não impede a aplicação de cláusulas antiabuso, tais como regras CFC, de subcapitalização, LOBs, algumas das quais não podem ser utilizadas no espaço da União Europeia, mas podem ser utilizadas na relação com terceiros Estados (cf. casos Thin Capitalization Glo, Lasertec, ACT Glo).

O grande mérito da proposta dos autores é o seu enquadramento e sintonia com as linhas propostas pela OCDEe pelo Tribunal de Justiça das Comunidades Europeias, em que a tributação interestadual de rendimentos empresariais, passivos e de fontes móveis é estudada no quadro das tendências que ponderam a tributação neutra do capital e simultaneamente pretendem evitar os comportamentos abusivos. A tributação internacional das empresas americanas deixa então de ser analisada à luz dos padrões internos do imposto de sociedades, para ser verdadeiramente situada no contexto do Direito Fiscal Internacional, em que divisão de receitas fiscais entre a fonte e a residência e a eliminação/atenuação da dupla tributação internacional (jurídica e económica) estão no centro das atenções. Quer pelo interesse e actualidade do tema quer pela perspectiva de abordagem, recomendamos vivamente a leitura desta monografia.

Ana Paula Dourado

Supercapitalism, the transformation of business, democracy and everyday life
ROBERT B. REICH

New York, Alfred A. Knoff, 2007

Robert Reich tem uma actividade intensa, como colunista dos mais respeitados jornais e revistas norte-americanas e comentador televisivo, **bem como de animador de** um programa semanal de comentários na rádio pública, com uma audiência de mais de cinco milhões de pessoas **ao mesmo tempo que mantém** um dos mais respeitados blogues da esquerda democrática. Espírito eclético, Reich escreveu, ainda, uma peça de teatro, *Public Esposure*, que gira em torno dos meandros nem sempre muito transparentes da actividade política.

As doze monografias da sua autoria permitem detectar uma linha de pensamento coerente, que o coloca numa posição intelectual semelhante à de John Kenneth Galbraith algumas décadas atrás. A proximidade com Galbraith resulta, ainda, do cruzamento dos temas sociais, económicos e políticos na sua obra e da tentativa de encontrar explicações globais para a sociedade e soluções para os problemas económicos e sociais. Poderá, ainda dizer-se que com Galbraith, Reich partilha as críticas de um razoável número de economistas que lhe apontam inexactidões ou sobre simplificações.

Se a obra de Robert Reich reflecte crescentemente posições liberais e expressa a dificuldade de determinados sectores intelectuais num país dominado por conservadores radicais, que ele apelida de "radcons", também a sua candidatura a governador do Estado de Massachusetts não revelou qualquer cedência, tendo apresentado uma agenda política coerente e cara à esquerda norte-americana – casamentos homossexuais, liberalização do aborto e supressão da pena de morte – que não lhe permitiu alcançar a vitória nas primárias do partido democrata.

A sua influência exerce-se, neste momento, predominantemente através do ensino e da publicação de livros, objecto de larga atenção pelos *media*, onde a sua presença é muito forte. *Supercapitalism*, por exemplo, mereceu uma atenção excepcional, ainda que recebendo algumas recensões pouco entusiásticas, com relevo para a de Tony Judt, um historiador controverso, intitulada "The Wrecking Ball of Inovation", publicada no *New York Review of Books* de 6 de Dezembro de 2007, que originou uma acesa troca de cartas entre Reich e Judt. Outras foram, no entanto, bastante mais favoráveis.

São muitas as questões levantadas no livro que merecem atenção. A primeira e fundamental prende-se com a transformação do sistema capitalista que se vem verificando a partir das última décadas do século XX – em contraste com a "not quite golden age" que se seguiu à segunda guerra mundial – primeiro em capitalismo global e depois em supercapitalismo, caracterizado por um dinamismo sem precedentes, que abre uma série de oportunidades a consumidores e investidores, ao mesmo tempo que **aumenta** a insegurança e as desigualdades. A aposta essencial consistirá, então, em encontrar uma resposta que permita evitar as consequências negativas e viabilizar, para usar as palavras de Reich, uma "democracia vibrante" e um "vibrante capitalismo".

As ligações entre democracia e capitalismo são fundamentais na obra de Reich, que assinala a sua crescente separação, apesar de uma forte corrente económica, que remonta a Adam Smith, sustentar a sua inseparabilidade. Sintomaticamente, aliás, o livro abre com a evocação da viagem ao Chile de Milton Friedman, em 1975, para transmitir as suas concepções económicas, recordando que o país permaneceria ainda em regime de ditadura durante quinze anos. Os mais recentes fenómenos de regimes que só formalmente (ou nem isso) se apresentam como democracias e onde o supercapitalismo se instalou corroboram a ideia-base de Reich de que capitalismo e democracia devem ser rigorosamente separados.

Como sustenta o autor, o capitalismo tem funcionado de forma totalmente eficiente, potenciando a inovação, facilitando a concorrência e assegurando uma diversificação da produção, sendo esta a sua tarefa. A resposta às crescentes desigualdades e inseguranças geradas neste processo só podem vir do funcionamento dos mecanismos políticos conducentes a determinar as regras do jogo e a forma como a sociedade expressa as suas concepções, quanto àquilo que representa o bem público. Ora o que sucedeu foi que, enquanto o supercapitalismo melhorou a situação de consumidores e investidores, as nossas capacidades de cidadãos perderam terreno.

Tal situação terá resultado, na opinião de Reich, da apropriação da política pelas forças económicas, através dos mecanismos de lobbying e de financiamento de campanhas políticas, o que torna absolutamente fundamental uma reforma radical nos mecanismos de financiamento político.

Ao fornecer aos consumidores e investidores melhores possibilidades, o supercapitalismo cumpriu as suas missões e, de alguma forma, favoreceu a generalidade da população, mas foi a democracia a não cumprir a sua tarefa, garantindo a protecção dos desfavorecidos, por força sobretudo de uma revisão profunda das regras de intervenção pública, do desmantelamento dos mecanismos de regulação da actividade económica e da fuga para conceitos como o da responsabilidade social da empresa que Reich considera totalmente enganador e perigoso. As empresas devem tratar dos seus interesses, competindo à comunidade política garantir regras de jogo justas.

Ou seja, não se trata de questionar o modelo supercapitalista, mas de assegurar que a esfera pública cumpra o seu dever, o que implica, para todos nós, a clara percepção de que somos simultaneamente consumidores, investidores (nalguns casos) e cidadãos e que se impõe um trade-off adequado dos graus de satisfação que retiramos de cada uma dessas qualidades. Há, pois, que olhar para nós quando questionamos situações a que nos pretendemos alheios, sem considerar que é nossa missão contribuir activamente para a definição das regras de jogo.

Com originalidade conclui Robert Reich, que "condenar a Wal-Mart por não dar melhores salários e benefícios de saúde aos seus trabalhadores pode ser emocionalmente gratificante, mas tem pouco a ver com as forças que impeliram a Wal-Mart a praticar salários e benefícios baixos e favorecer bons negócios para os consumidores e investidores. A Wal-Mart, como qualquer outro agente capitalista, está (...) apenas a seguir as actuais regras de jogo".

Concordando ou não com a análise de Reich, a leitura do livro é, seguramente, uma fonte de prazer intelectual e de reflexão.

Eduardo Paz Ferreira

The three trillion dollar war.
The true cost of the Iraq conflict

JOSEPH STIGLITZ
LINDA BILMES

Allen Lone, 2008

Aqueles que esperam encontrar em cada novo livro de Joseph Stiglitz a qualidade de investigação, o desassombro de análise e o forte empenhamento cívico e político que caracterizaram *Globalization and Its Discontents* e *Making Globalization Work*, não ficarão certamente desiludidos com o seu recente *The Three Trillion Dollar War. The True Cost of the Iraq Conflict*, escrito em parceria com Linda Bilmes.

Habituados a uma abordagem da invasão do Iraque que passa, sobretudo, pela utilização de argumentos falsos por partes dos decisores políticos, pelos aspectos humanitários e pela violação do direito internacional, poderão, porventura, alguns leitores surpreender-se com a ênfase económica colocada neste livro e que poderia levar a uma subalternização das restantes frentes. Nada seria, no entanto, mais errado, uma vez que o livro procura contribuir apenas para a clarificação das consequências deste conflito e para a criação de condições para que no futuro não possam ser desencadeadas guerras com a facilidade com que esta se iniciou.

Também do ponto de vista dos direitos humanos é clara a preocı pação dos autores com o elevado número de mortes do lado america e com a situação dos veteranos, em contraste com os políticos republi nos que, ainda no passado mês de Maio, se opuseram a legislação aprovada pelos democratas no sentido de melhorar a protecção dos militares. Mas também o lado iraquiano – quase sempre esquecido – não deixa de lhes merecer atenção, quer na denúncia do elevado número de mortos e deslocados ou emigrados do país que não mereceram, aliás, qualquer acolhimento por parte dos Estados Unidos, quer na deprimente conclusão de que "por muito odioso que o regime de Saddam Hussein fosse, a actual vida dos iraquianos é pior. As estradas, as escolas, os hospitais, as asas e os museus foram destruídos e os cidadãos têm um menos acesso à electricidade e à agua do que antes da guerra". Custos colaterais, como sustentou, a propósito da morte das crianças impedidas de ter medicamentos por força do embargo económico, Madeleine Albright.

Num livro de leitura simultaneamente fácil e apaixonante, Stiglitz e Bilmes aplicam à análise da guerra muito do que a recente literatura económica norte-americana tem concluído quanto aos valores económicos da morte e da doença, custos esquecidos normalmente, "os custos que o governo não paga" na expressão dos autores. Estão, então em causa custos sociais com os veteranos incapacitados física ou mentalmente e custos económicos resultantes da perda de produtividade dos jovens mortos ou feridos na guerra do Iraque e aquilo que eles não irão produzir no tempo de esperança de vida.

A guerra no Iraque foi anunciada aos americanos como uma operação de baixo custo. Donald Rumsfeld considerou os duzentos biliões de dólares de custo, avançados pelo assessor económico de Bush, Larry Lindsey (que, por isso, perderia o emprego), um balão fácil de esvaziar, situando a despesa em cinquenta biliões, enquanto que Paul Wolfowitz **proclamou** que os rendimentos do petróleo iraquiano seriam mais do que suficientes para cobrir a despesa. Cinco anos, depois o cálculo de Stieglitz e Bilmes é de três triliões de dólares, numa estimativa que consideram conservadora – que não tem sido no essencial contestada – e que não leva em consideração os custos fora dos Estados Unidos, quer no Iraque, quer nos outros países que enviaram tropas, quer naqueles que são agora duramente atingidos pelo aumento dos combustíveis.

Algumas críticas ao livro, tais como as publicadas pelo *The Economist* e pelo *Jerusalem Post*, reconhecendo embora a qualidade do livro, apontam como falha a não consideração dos benefícios obtidos com a guerra, ainda que a revista inglesa não consiga apontar mais do que a segurança resultante da confirmação da inexistência de uma ameaça nuclear.

Tal como um almoço nunca é de graça – na tantas vezes recordada expressão de Adam Smith – também recordam Stiglitz e Blimes que uma guerra nunca é de graça e que ela concretiza sempre uma escolha entre "canhões" e manteiga". Ou seja; a questão é o que teria sido possível fazer com este dinheiro: melhorar e equilibrar a segurança social durante meio século, ou auxiliar mais activamente os países em desenvolvimento seriam alternativas. A partir da definição do patamar de três triliões multiplicaram-se os cálculos e não só por parte de economistas da mesma área dos autores. Robert Hormats, vice-presidente da Goldman and Sachs, numa audição no Congresso, lembrou que o custo de um só dia de guerra poderia permitir o acesso de 58.000 crianças aos programas sociais, ou cobrir a despesa de 160 000 estudantes carenciados, ou pagar os salários de novos 11000 guardas de fronteira ou 14000 polícias.

Naturalmente que o livro não visa impedir que sejam desencadeadas guerras quando elas se tornarem necessárias e justas. Visa, isso sim, garantir a plena "accountabillity" da operação militar à semelhança de qualquer decisão económica privada. **O problema** da desigualdade da informação em economia, brilhantemente analisado por Stiglitz, em trabalhos que lhe valeram o prémio Nobel da Economia, é aqui colocado na perspectiva da decisão política e da informação disponível pelos agentes políticos e cidadãos.

É neste domínio que os autores vão apresentar uma série de propostas que, sendo muito provavelmente inexequíveis politicamente, representariam um sério contributo para um futuro melhor. A este propósito é enfatizada a necessidade de tornar transparentes os custos e as formas de financiamento e de acentuar os poderes parlamentares, repondo o sistema de *cheks and balances*, posto seriamente em causa pela Administração Bush, bem como sublinhado que, após um período de urgência inicial, se torna necessário seguir os procedimentos e regras orçamentais normais.

Fundamental é a forma de financiamento da guerra e, aqui, os autores aproximam-se de um ponto de vista caro aos economistas clássicos, tal com Adam Smith que não hesitou em denunciar os riscos de o financiamento dos conflitos dos conflitos militares em territórios longínquos ser feito através de empréstimos que anestesiariam as populações e as opiniões públicas. Se todos os mecanismos de ilusão financeira (para usar uma expressão devida a Amilcare Puvianni) devem ser suprimidos, este é sem dúvida um dos mais graves, porque oculta o real custo da guerra e permite até a sua transferência para gerações futuras que não participaram na decisão de guerra e poderão nem sequer **a** aprovar.

O recurso a empréstimos é particularmente censurável porque se verifica em simultâneo com uma política fiscal norteada pelo desagravamento (sobretudo dos mais ricos) forjando uma imagem de prosperidade inadequada. Como sustentam Stiglitz e Bilmes a guerra deverá necessariamente ser paga através de um agravamento fiscal.

Estamos, no entanto, longe, em todos os sentidos, da honestidade intelectual e coragem política de Roosevelt ao anunciar, em 1942, a intervenção americana, explicitando que ela "iria requerer, claro está, não só abandono do luxo, mas de muitos outros confortos pessoais". As guerras do século XXI são aparentemente diferentes. Timothy Egan, no New York Times recordou, aliás, recentemente que em matéria de sacrifícios o único e especialmente estranho foi o da renúncia de Bush em jogar ao golfe porque não gostaria de dar essa imagem às mães dos soldados mortos.

O problema é seguramente de pessoas e de administrações, mas não o é somente e, por isso, é fundamental criar condições para que no futuro as coisas sejam diferentes ou, como se conclui a fechar o livro, " Going to war is not to be undertaken lightly. It is an act that should be undertaken with greater sobriety, greater solemnity, greater care, and grater reserve than any other. Stripped of the relentless media and government fanfare, the nationalist flag waving, the reckless bravado, war is about men and women brutally killing and maiming other men and women. The costs live on long after the last shot has been fired".

Eduardo Paz Ferreira

Fiscalidade

MANUEL HENRIQUE DE FREITAS PEREIRA

2.ª edição, Almedina, Coimbra, 2007

Nesta 2.ª edição de Fiscalidade, que surge menos de dois anos após a 1.ª edição, Freitas Pereira procede a uma actualização do seu livro, sendo a estrutura mantida na quase totalidade, como o autor bem vinca na nota prévia.

O livro é composto de três partes, correspondendo a primeira à *Teoria Geral do Imposto*, uma segunda ao *Direito Fiscal* e uma última tendo como título *Os Impostos, a Economia e a Gestão*, sendo que a primeira e segunda partes correspondem, *grosso modo*, às matérias mais usualmente tratadas nos manuais fiscais, ao passo que a terceira parte é verdadeiramente inovadora, correspondendo a uma interessantíssima abordagem jurídico-económica do fenómeno do planeamento fiscal.

Na primeira parte, a par das costumadas distinções, próprias de um manual, entre o imposto (e particularidades estruturais deste) e as demais figuras tributárias, bem como das classificações entre impostos, podem encontrar-se ainda dois Capítulos relativamente inovadores (pelo menos, no tipo de tratamento que lhe é concedido).

Destaque-se desde logo, um muito interessante Capítulo 5 sobre os *Princípios* económicos clássicos que devem estruturar *a Tributação* e o *Sistema Fiscal* – a equidade, a eficiência e a simplicidade – e onde pontificam ideias, sempre actuais, que parecem andar arredadas da mente do legislador fiscal, e de que salientamos, por exemplo, a de que "(...) *quanto mais o imposto for neutro menores serão as distorções que provoca e mais reduzida é a carga excedentária.*"

Segue-se um denso Capítulo 6 com uma análise transversal do conceito de *Base Tributável* que analisa, detalhadamente, a incidência dos vários impostos sobre o rendimento, o património e a despesa, assim repondo alguma sistematização na abundante legislação que, cada vez mais, vai ocultando o objecto (inicial) dos vários impostos nacionais.

Numa extensa segunda parte, vamos encontrar as problemáticas gerais do Direito Fiscal.

Matérias como a das *Relações do Direito Fiscal* com os demais ramos do Direito, as *Fontes do Direito Fiscal*, a *Interpretação e Integração de Lacunas*, a *Aplicação da Lei Fiscal no Espaço* e *no Tempo* ou a *Relação Jurídico-Fiscal* vêem aqui um exaustivo tratamento.

De entre estas, permitimo-nos realçar a profundidade com que o autor trabalha, simultaneamente e de modo desenvolvido, matérias muito díspares, inclusivamente, matérias fiscais cuja abordagem exige uma metodologia exclusivamente jurídica. É o caso da análise muito minuciosa de regimes procedimentais e processuais extensos, como sejam o dos direitos materiais do contribuinte (consagrados, avulsamente, na Lei Geral Tributária e/ou no Código de Procedimento e Processo Tributário), ou o dos meios de defesa do contribuinte, no caso de contestação de um acto tributário (vias administrativas e judiciais); mas é, ainda, o caso das matérias por vezes muito técnicas da fiscalidade internacional – com uma descrição precisa das soluções normativas das Convenções de Dupla Tributação ou dos métodos de eliminação da dupla tributação – ou das questões (rotuladas habitualmente de eminentemente jurídicas) sobre a aplicação da lei fiscal no tempo ou mesmo da hermenêutica fiscal.

Igual destaque merece, por fim, a sua abordagem, num tom clássico, da teoria geral da relação tributária, que vai abranger os problemas do sujeito passivo e os da obrigação fiscal (incluindo formas de extinção e garantias da mesma).

Na última parte do livro, que não encontra paralelo – ao menos, com uma metodologia idêntica – nos manuais de Direito Fiscal existentes no mercado, encontramos, em primeiro lugar, uma análise económico-normativa das matérias relativas ao peso económico da tributação e sua repartição pelo sistema fiscal (*Nível de Fiscalidade, Esforço Fiscal e Estrutura Fiscal*); encontramos aí interessantes ângulos econométricos de análise destas questões, sem prejuízo de um discurso muito claro e objectivo sobre estes, crescentemente importantes, tópicos.

Ainda na linha inovadora desta parte da obra, é de notar a incursão nas problemáticas das *Políticas Fiscais* (o que é raro em obras de Direito Fiscal, embora frequente em obras de Direito Financeiro e Finanças Públicas) e dos *Benefícios Fiscais* (com uma importante abordagem internacional colocada por estes normativos, em sede da União Europeia e mesmo da OMC a ser feita) e, por fim, o estudo da matéria fundamental do planeamento fiscal (*Gestão Fiscal, Evasão Fiscal e Fraude Fiscal*).

Realçamos, destes Capítulos da última parte, este último em particular: numa altura em que evasão fiscal, planeamento fiscal e elisão fiscal são repetidamente amalgamados e tratados quase indistintamente – desde logo, na própria lei –, o autor evidencia algumas das alternativas de planeamento fiscal que, por falta de neutralidade no tratamento pelo legislador, não podem ser consideradas comportamento abusivo do contribuinte: i.e. áreas onde, em regra, a administração fiscal não pode atacar o planeamento, por ele não ser rejeitado ou ser mesmo pretendido pelo sistema normativo; de seguida, o autor analisa a resposta dada pelo ordenamento fiscal às operações abusivas (com análise de algumas das várias normas anti-abuso), vindo a terminar com um extenso enfoque sobre uma dessas respostas legislativas, porventura a mais importante: o regime nacional dos preços de transferência.

Em conclusão, diríamos que, em nossa opinião, se deve realçar nesta obra o evidente domínio das mais diversas e complexas matérias fiscais, revelado no tratamento das diferentes áreas da tributação contemporânea – directa, indirecta ou internacional – das matérias do procedimento e do processo fiscal, e dos pressupostos económicos da própria actividade fiscal.

Trata-se, pelas razões apontadas, de uma monografia indispensável para qualquer académico ou prático do Direito Fiscal.

Ana Paula Dourado

Gustavo Lopes Courinha

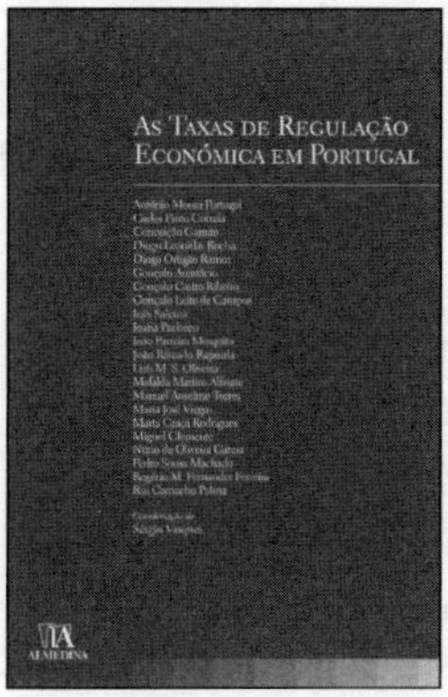

As taxas de regulação económica em Portugal
SÉRGIO VASQUES (org.)

Coimbra: Almedina 2008

A exigência fundamental do princípio da equivalência não impediu a criação e manutenção de taxas de regulação *ad valorem*, admitidas pelo Tribunal Constitucional – no acórdão n.º 256/2005, de 24 de Maio, como também nos dá conta Sérgio Vasques (p. 44).

A verdade é que a manutenção de taxas *ad valorem* extravasa o conceito de taxa, interessando o princípio da capacidade contributiva e, nessa medida, convocando o princípio da legalidade tributária.

A chave para a adequação destes tributos públicos ao princípio da equivalência encontra-se na escolha de elementos específicos capazes de revelar os custos incorridos pelas autoridades reguladoras, como nota Sérgio Vasques.

Ao longo da obra, discorre-se sobre o referido modelo de financiamento.

Tomaram a seu cargo esta delicada tarefa alguns dos melhores especialistas nas diferentes áreas de regulação.

António Moura Portugal e Maria José Viegas abordam as taxas de regulação no sector dos aeroportos; Gonçalo Leite de Campos e Miguel Clemente tratam das taxas de regulação económica nos sectores das águas e resíduos; Diogo Ortigão Ramos e Pedro Sousa Machado analisam as taxas de regulação económica no sector da comunicação social; Conceição Gamito e João Riscado Rapoula escrutinam as taxas de regulação económica no sector das comunicações electrónicas; Carlos Pinto Correia e Rui Camacho Palma reflectem sobre as taxas da Autoridade da Concorrência; Nuno de Oliveira Garcia e Inês Salema ocupam-se das taxas de regulação económica no sector da electricidade; Luís M.S. Oliveira cuida das taxas de regulação económica no sector ferroviário; Gonçalo Anastácio e Joana Pacheco escrevem sobre as taxas de regulação económica no sector do gás natural; Diogo Leónidas Rocha, Marta Graça Rodrigues e Gonçalo Castro Ribeiro visam as taxas de regulação económica no mercado de capitais; Manuel Anselmo Torres e Mafalda Martins Alfaiate analisam as taxas de regulação económica no sector da saúde e, por último, Rogério M. Fernandes Ferreira e João R. B. Parreira Mesquita elaboram sobre as taxas de regulação económica no sector dos seguros.

Sendo uma obra colectiva, é natural a existência de algumas assimetrias de estrutura e de método, tanto mais que a análise compreende praticamente todos os sectores económicos regulados (ficam de fora um ou outro, como o sector bancário ou o imobiliário).

A natureza da obra apenas reforça os seus méritos. Ela permite não só aceder a um conhecimento plural das questões como a uma panorâmica da actividade reguladora exercida no nosso país que constitui um considerável repositório de dados.

Registe-se, por último, que o trabalho exprime o esforço comum de académicos e não académicos, representando, nessa medida, a ultrapassagem de barreiras nem sempre fáceis de transpor.

O diálogo entre o pensamento científico e a *praxis* é seguramente um dos maiores desafios que se colocam a todos os que põem o seu labor ao serviço do Direito.

Neste caso, o mérito deve-se a Sérgio Vasques que, na sequência das provas de doutoramento que realizou com esperado e assinalável êxito, confirmou o espírito inquieto e persistente que deve constituir imagem de marca dos académicos.

Nuno Cunha Rodrigues

CRÓNICA DE ACTUALIDADE

PONTO DE SITUAÇÃO DOS TRABALHOS NA UNIÃO EUROPEIA E NA OCDE – PRINCIPAIS INICIATIVAS ENTRE 1 DE JANEIRO E 15 DE MAIO DE 2008

Brigas Afonso, Clotilde Palma e Manuel Faustino

1. FISCALIDADE DIRECTA

1.1 A Comissão adopta, em 31.01.2008, medidas contra a Bélgica por não ter adoptado medidas nacionais de execução para a Directiva 90/434/CEE relativa ao regime fiscal comum aplicável às fusões, cisões, entradas de activos e permutas de acções.

A Comissão europeia enviou à Bélgica um pedido formal para transpor para a sua legislação interna a directiva de 2005 que modificou a directiva «fusões» e para informar as medidas nacionais de execução. O pedido foi efectuado sob a forma de um «parecer fundamentado», segunda etapa do procedimento de infracção previsto no artigo 226.º do Tratado CE. Se a Bélgica não modificar a sua legislação interna no sentido de se conformar com este parecer fundamentado, a Comissão pode decidir remeter o processo para o tribunal de Justiça das Comunidades Europeias.

1.2 Tributação dos dividendos à saída: a Comissão adopta, em 31.01. 2008, medidas contra a Alemanha, a Estónia e a República Checa.

A Comissão europeia enviou à Alemanha e à Estónia pedidos de informação, sob a forma de notificação (primeira etapa do procedimento de infracção previsto pelo artigo 226.º do Tratado CE) respeitantes às regras em vigor nestes dois países, em cujos termos os dividendos (e no caso da Alemanha também os juros) atribuídos aos fundos de pensões estrangeiros podem estar sujeitos a uma tributação mais elevada que os dividendos (e os juros) atribuídos aos fundos de pensões nacionais. Igualmente dirigiu uma notificação à República Checa respeitante às regras em vigor naquele país, segundo as quais os dividendos atribuídos às empresas estrangeiras são sujeitos a uma tributação mais elevada do que os atribuídos às empresas locais. A Alemanha, a Estónia e a República Checa são convidadas a responder no prazo de dois meses.

1.3 A comissão solicita à Alemanha, em 31.01.2008, que acabe com as regras discriminatórias aplicáveis aos contribuintes não residentes (nomeadamente artistas, desportistas e jornalistas).

A Comissão pediu formalmente à Alemanha, enviando-lhe um parecer fundamentado complementar em conformidade com o artigo 226.º do Tratado CE, para modificar o seu sistema de retenção na fonte aplicado ao rendimento de algumas categorias de contribuintes não residentes, nomeadamente os artistas, os jornalistas e os desportistas. Na sequência do parecer fundamentado enviado em Março de 2007 (ver IP/07/413), a Alemanha introduziu em Abril de 2007 uma possibilidade limitada (as despesas dedutíveis não podem exceder 50% do rendimento) de dedução de despesas gerais ao rendimento bruto e passou a retenção de 25% para 40% nos casos em que as despesas gerais pudessem ser deduzidas. Por outro lado, aos contribuintes residentes alemães de categorias similares é permitido declararem anualmente o seu rendimento líquido (levando em linha de conta a dedução das despesas gerais). A Comissão considera que a nova possibilidade limitada de dedução das despesas gerais e o aumento da taxa de retenção na fonte são incompatíveis com o princípio da liberdade de prestação de serviços no mercado interno.

1.4 Procedimento de infracção contra a Alemanha, em 31.01.2008, acusada pelas suas regras discriminatórias em matéria de amortização dos edifícios situados no estrangeiro.

A Comissão pediu formalmente à Alemanha para modificar a sua legislação relativa às amortizações degressivas pelo uso de edifícios. De acordo com a legislação alemã, a amortização efectuada segundo o método degressivo apenas se aplica aos edifícios situados na Alemanha. A Comissão entende que esta limitação é incompatível com o princípio da livre circulação de capitais no mercado interno. O pedido é feito sob a forma de parecer fundamentado, segunda etapa do procedimento de infracção previsto no artigo 226.º do Tratado CE. Se o Estado membro visado não modificar a sua legislação a fim de se conformar com este parecer, a Comissão pode decidir remeter o processo para o Tribunal de Justiça das Comunidades Europeias.

1.5 Comissão recorre, em 31.01.2008, ao Tribunal de Justiça devido à legislação de amnistia fiscal discriminatório aprovada por Portugal em 2005.

A Comissão Europeia decidiu apresentar queixa contra Portugal junto do Tribunal de Justiça das Comunidades Europeias devido à sua legislação de amnistia fiscal de 2005, que permitiu a regularização de investimentos em obrigações do Estado português a uma taxa de penalização preferencial de 2,5% (em vez de 5% para quaisquer outros elementos patrimoniais). A Comissão «considera que a amnistia fiscal não respeita a livre circulação de capitais, ao dissuadir a regularização de elementos patrimoniais de outros tipos que não obrigações do Estado português.

1.6 Ajuda Estatal: A Comissão aprova, em 13.02.2008, a isenção do Imposto de Sociedades para promover a I+D.

A Comissão Europeia, em virtude das normas do Tratado CE relativas às ajudas de Estado, autorizou a Espanha a conceder uma isenção do imposto de sociedades aplicável aos proveitos provenientes de patentes, desenhos, modelos, planos e fórmulas e processos secretos. A Comissão decidiu que a referida isenção é uma medida de carácter geral e não se destina a uma categoria específica de empresa ou região, pelo que não constitui uma ajuda estatal. Esta decisão foi tomada na sequência de Espanha ter notificado, em Agosto de 2007, uma proposta para conceder uma isenção de 50% aplicável aos proveitos provenientes de patentes, desenhos, modelos, planos e fórmulas e processos secretos.

1.7 Tributação dos dividendos e juros atribuídos ao estrangeiro: a Comissão toma, em 28.02.2008, medidas contra a Lituânia e a Letónia.

A Comissão Europeia dirigiu à Lituânia um parecer fundamentado (segunda etapa do procedimento de infracção previsto no artigo 226. º do Tratado CE) sobre a regulamentação lituana segundo a qual os juros pagos às sociedades, fundos de investimento e fundos de pensões estrangeiros são mais gravosamente tributados que os juros pagos a beneficiários nacionais comparáveis. Por outro lado, dirigiu à Letónia, sob a forma de notificação (primeira etapa do procedimento de infracção previsto no artigo 226.º do Tratado CE) um pedido de esclarecimentos no que diz respeito às disposições que o país aplica aos dividendos atribuídos às pessoas singulares não residentes, dividendos esses que podem ser submetidos a uma tributação mais elevada que os dividendos atribuídos aos residentes. A Lituânia e a Letónia são convidadas a responder no prazo de dois meses.

1.8 A Comissão pede à Bélgica, em 28.02.2008, que termine com o tratamento discriminatório que incide sobre as creches estrangeiras e sobre os artistas e desportistas estrangeiros.

A Comissão Europeia pediu formalmente à Bélgica para acabar com dois casos de discriminação fiscal. O primeiro caso diz respeito à dedutibilidade fiscal no imposto sobre o rendimento dos encargos com creches. Apenas podem beneficiar actualmente deste desagravamento os agregados cujos filhos frequentem creches belgas. Não podem beneficiar as crianças que frequentem creches estrangeiras. O segundo caso é relativo aos artistas e desportistas estrangeiros. A aplicação da legislação fiscal belga pode traduzir-se num nível de tributação mais elevado para os artistas e desportistas estrangeiros do que para os artistas e desportistas residentes na Bélgica. Os pedidos apresentam-se sob a forma de parecer fundamentado, nos termos do artigo 226.º do Tratado CE. Se a Bélgica não responder satisfatoriamente a estes pareceres fundamentados no prazo de dois meses, a Comissão poderá recorrer ao Tribunal de Justiça. Processo idêntico (artistas e desportistas) decorre contra a Alemanha, como aqui já se noticiou – IP/08/144.

1.9 Imposto de sociedades: a Comissão pede a Espanha, em 28.02.2008 a modificação de algumas normas contra práticas abusivas que considera discriminatórias.

A Comissão Europeia enviou a Espanha um pedido formal para modificar algumas normas discriminatórias em matéria de luta contra práticas abusivas no âmbito do imposto de sociedades, em virtude das quais o rendimento auferido em determinados Estados membros ou territórios da EU está sujeito a tributação mais elevado do que o rendimento obtido em Espanha. A Comissão considera essas normas incompatíveis com as liberdades consagradas no Tratado CE. O seu medido adoptou a forma de parecer fundamentado, segunda fase do procedimento de infracção previsto no artigo 226.º do Tratado. Se a Espanha não modificar a sua legislação no prazo de dois meses, a Comissão poderá levar o caso ao Tribunal de Justiça

1.10 A Comissão solicita a Portugal, em 28.02.2008, que acabe com a discriminação contra os investimentos efectuados no estrangeiro.

A Comissão Europeia enviou a Portugal um pedido formal de alteração da legislação relativa às regras de tributação aplicáveis aos investimentos efectuados por instituições financeiras estabelecidas fora de Portugal. Em alguns casos, os rendimentos resultantes destes investimentos podem ser objecto de uma tributação superior à que incide sobre os rendimentos dos investimentos efectuados em Portugal. A Comissão considera estas regras incompatíveis com o Tratado CE, que garante a livre circulação de capitais. O pedido foi efectuado na forma de um parecer fundamentado, nos termos do artigo 226.º do Tratado CE. Se Portugal não der um seguimento satisfatório ao parecer fundamentado no prazo de dois meses, a Comissão poderá remeter o caso para o Tribunal de Justiça.

1.11 Ajudas de Estado: a Comissão impõe, em 12.03.2008, à Itália a recuperação de uma ajuda fiscal ilegal de 123 milhões de € de 9 bancos privatizados.

A Comissão Europeia encerrou o inquérito, instaurado em aplicação das regras do Tratado CE relativas às ajudas de Estado, respeitante a uma disposição da Lei n.º 350/2003, o artigo 2.º, parágrafo 26, que permitia a antigos bancos públicos liberar as mais-valias latentes geradas no decurso da sua privatização, até então «congeladas» como reservas de capital, pagando um imposto nominal de 9%, em vez do imposto normal de sociedades de 37,25%. Além disso, a lei permitia ainda o pagamento do imposto em 3 prestações (50% em 2004, 25% em 2005 e 25% em 2006), sem juros. O inquérito, aberto em Maio de 2007 (ver IP/07/737) revelou que este regime fiscal favorecia um grupo restrito de bancos italianos sem justificação objectiva à luz do regime fiscal aplicável às reestruturações empresariais na Itália. Para eliminar a distorção de concorrência que daí resulta, o Estado italiano deve recuperar a ajuda atribuída ilegalmente junto dos seus beneficiários. Em vista das circunstâncias do caso, a Comissão limitou a recuperação da ajuda à diferença entre o imposto efectivamente pago e o que os bancos deveriam ter entregue se eles tivessem aplicado o regime geral de reavaliação fiscal previsto naquela mesma Lei n.º 350/2003. A ajuda a recuperar é estimada em 123 milhões de euros, a repartir pelas nove instituições beneficiárias.

1.12 Ajudas de Estado: a Comissão autoriza, em 12.03.2008, um regime fiscal francês de redução do ISF para favorecer o investimento nas PME.

A Comissão decidiu não levantar objecções em virtude das regras do Tratado CE sobre as ajudas de Estado em virtude do regime francês de redução sujeitos passivos do Imposto de Solidariedade sobre a Fortuna (ISF) que investem em PME. A redução de ISF será condicionada pelos investimentos nas PME. Esta redução faz parte de um pacote fiscal aprovado pela França em Agosto de 2007. Inclui uma redução do ISF, limitada a 50.000 euros por ano pelos investimentos efectuados directa ou indirectamente nas PME. A redução do ISF é proporcional aos investimentos realizados e varia segundo as modalidades de investimento e comporta uma redução proporcionalmente menos elevada pelos investimentos efectuados através dos fundos de investimento. Trata-se de um regime que visa, além dos investidores normais, desenvolver a actividade dos «investidores providenciais (também denominados «business angels»» em França.

1.13 A Comissão pede à Hungria, em 03.04.2008, para pôr fim às suas práticas discriminatórias em matéria de incentivo fiscal no domínio da investigação e do desenvolvimento.

A Comissão Europeia pediu oficialmente à Hungria para modificar a sua regulamentação fiscal que apenas os contribuintes que exerçam actividades de investigação e desenvolvimento em locais situados na Hungria possam beneficiar de um incentivo fiscal. As disposições em causa são incompatíveis com a livre prestação de serviços garantida pelo artigo 49.º do Tratado CE e pelo artigo 36.º do Acordo EEE. O pedido foi feito sob a forma de parecer fundamentado (segunda etapa do procedimento de infracção previsto no artigo 226.º do Tratado CE). Se o Estado membro não responder satisfatoriamente ao parecer fundamentado no prazo de dois meses, a Comissão poderá decidir recorrer ao Tribunal de Justiça das Comunidades Europeias.

1.14 Ajudas de Estado: a Comissão instaura, em 17.04.2008, um inquérito sobre as vantagens fiscais em favor do produtor de aço Dunaferr.

A Comissão Europeia instaurou um inquérito, para aplicação das regras do Tratado CE, a propósito de uma ajuda de Estado acordada pela Hungria com a Dunaferr, o principal produtor de aço da Hungria, que faz parte do grupo Donbass/Duferco. A Comissão analisará se esta subvenção é conforme com as regras comunitárias sobre as ajudas de Estado que proíbem as ajudas ao investimento no domínio dos produtos siderúrgicos. A instauração do inquérito permite às partes interessadas apresentar as suas observações sobre a medida em causa..

1.15 Tributação dos dividendos: Comissão toma, em 06.05.2006, medidas contra a Bulgária, a Espanha, Portugal e a Roménia, e arquiva procedimento contra o Luxemburgo.

A Comissão Europeia enviou pareceres fundamentados (segunda etapa do procedimento por infracção previsto no artigo 226.° do Tratado CE) a Espanha e a Portugal, pondo em causa as respectivas normas que permitem que os dividendos distribuídos a fundos de pensões estrangeiros sejam objecto de uma tributação mais gravosa do que os dividendos distribuídos a fundos de pensões nacionais. Além disso, enviou pedidos de informação, sob a forma de notificações para cumprir (primeira etapa do procedimento por infracção), à Bulgária a respeito de normas que consagram a possibilidade de tributar de forma mais pesada os dividendos entrados distribuídos a sociedades do que os dividendos internos; enviou outros pedidos de informação, sob a forma de notificações para cumprir, à Roménia e à Bulgária sobre as normas que permitem uma tributação mais gravosa dos dividendos saídos distribuídos a sociedades do que a dos dividendos internos. Os quatro Estados membros em causa são instados a responder no prazo de dois meses. Simultaneamente, a Comissão arquivou o procedimento que tinha aberto contra o Luxemburgo por tributação mais elevada dos dividendos saídos distribuídos a sociedades, dado aquele país ter suprimido a referida medida discriminatória.

1.16 TAX FORUM 2008 – Política fiscal: uma abordagem europeia para aumentar o crescimento e a competitividade.

Realizou-se nos dias 7 e 8 de Abril, no Edifício Charlemagne, o Tax Fórum 2008 onde o objectivo foi discutir a fiscalidade ao serviço do crescimento e da competitividade. Promovida pelo Comissário Europeu da Fiscalidade e da União Aduaneira, Láslo Kovács, a conferência de 2008, prosseguindo o que é já uma tradição, reuniu em Bruxelas personalidades do mundo politico, peritos dos meios económicos interessados e representantes da sociedade civil europeia e outros, cuja finalidade é a de favorecer a discussão sobre diferentes temas de interesse geral e político.

Pode encontrar-se mais informação disponível sobre este evento, designadamente textos e apresentações da maior parte das comunicações que foram efectuadas, em: http://ec.europa.eu/taxation_customs/taxation/gen_info/tax_conferences/tax_forum/index_en.htm

1.17 Tributação da poupança – Desenvolvimentos no período em análise

a) No ECOFIN de 4 de Março de 2008 [7192/08 (Presse 61)], a Comissão expôs ao Conselho os progressos efectuados nos contactos com alguns países e territórios terceiros tendo em vista a adopção por estes de medidas equivalentes às que são aplicadas na UE. Recorde-se que com a entrada em vigor nos 27 países da União das medidas preconizadas pela Directiva 2003/48/CE, o mesmo sucedeu em 5 Estados europeus terceiros e em dez territórios associados ou dependentes de Estados membros. Nas conclusões adoptadas em Outubro de 2006, o Conselho pediu à Comissão para começar contactos exploratórios com Hong Kong, Macau e Singapura. O ECOFIN de 4 de Março de 2008 reiterou o apoio a esse tipo de contactos, no sentido da sua concretização em acordos com um numeroso grupo de países terceiros. Ao mesmo tempo chamou a atenção para acelerar a preparação do relatório sobre a implementação da Directiva 2003/48/EC desde a sua entrada em vigor em 1 de Julho de 2005, de forma a tê-lo pronto em Maio.

b) Em 29 de Abril de 2008, o Staff da Comissão publicou o Documento de Trabalho «Aperfeiçoar a actual cobertura da Directiva 2003/48/CE, do Conselho, sobre a tributação do rendimento da poupança» [SEC(2008)559].

c) No Conselho ECOFIN de 14 de Maio, e depois de tomar conhecimento do documento de trabalho apresentado pelos serviços da Comissão, o Conselho adoptou as seguintes conclusões: «O Conselho solicita à Comissão que apresente o Relatório previsto no artigo 18.º da Directiva sobre a tributação dos rendimentos da poupança sob a forma de juros o mais tardar até 30 de Setembro de 2008, acompanhado de propostas específicas baseados no Relatório. Solicita-se aos Estados membros que forneçam à Comissão os dados estatísticos e de outra natureza necessários».

1.18 Taxation Papers – Documentos de Trabalho

Está disponível em Documentos de Trabalho sobre Fiscalidade o Documento de Trabalho n.º 11, de Novembro de 2007, intitulado «Corporate tax policy and incorporation in the EU», porRuud A. de Mooij e Gaëtan Nicodème

1.19 OCDE – Actualização de 2008 da Convenção Modelo

Decorre até ao final do mês de Maio a discussão pública do draft do conteúdo da actualização de 2008 da Convenção Modelo da OCDE (CMOCDE), sublinhando-se aqui que a última teve lugar em 2005.

1.20 OCDE – Fórum da Administração Tributária

Teve lugar em 10 e 11 de Janeiro de 2008, na Cidade do Cabo, desta vez com representação portuguesa, a 4.ª Reunião do Fórum OCDE da Administração Tributária. O Comunicado final reflecte as preocupações que dominaram o Fórum e que se centraram em três áreas:

- *As tendências globais no mundo empresarial e as repercussões para as administrações fiscais;*
- *As conclusões e recomendações de uma Análise do Papel dos Intermediários Fiscais*[1] *que se havia iniciado no Fórum de Seul;*
- *A análise de formas concretas de ajudar as Administrações Tributárias africanas a desenvolver a sua capacidade de cobrar os impostos nacionais necessários para cumprir os Objectivos de Desenvolvimento do Milénio.*

1.21 50.º Aniversário da Convenção Modelo da OCDE

Estão abertas as inscrições para a Conferência com que a OCDE vai comemorar, em 8 e 9 de Setembro, o 50.º Aniversário da Convenção Modelo da OCDE, a ter lugar em Paris, no Novo Centro de Conferências da OCDE e com um programa verdadeiramente aliciante. Todas as informações sobre estes evento, que exige inscrição prévia, podem ser obtidas em http://www.oecd.org/document/13/0,3343,en_21571361_40047302_40139149_1_1_1_1,00.html

1.22 OCDE – Estudos de Política Fiscal

A Colecção Estudos de Política Fiscal da OCDE foi enriquecida com o Volume 17, que tem por título: Tax Effects on Foreing Direct Investment: Recent Evidence and Policy Analysis

---

[1] *Étude du role des intermediares fiscaux* – Relatório preparado por um grupo de trabalho constituído por representantes do Tesouro Britânico e do Secretariado da OCDE, no quadro da Declaração de Seul de 2006.

2. IMPOSTO SOBRE O VALOR ACRESCENTADO

2.1 Pedido para alteração das regras espanholas de permuta de imóveis

A Comissão a 03.04.2008 decidiu solicitar a Espanha para alterara as suas práticas administrativas no tocante à tributação em IVA das permutas de imóveis (IP/08/513).

2.2 Fraude – Propostas de Directiva e de Regulamento

A Comissão a 17.03.2008 aprovou uma proposta de Directiva e de Regulamento que alteram a Directiva IVA e o Regulamento sobre a cooperação administrativa (COM (2008) 147 final) de forma a acelerar as partir de 2010 a recolha e a troca de informações sobre operações intracomunitárias para permitir detectar mais facilmente a fraude carrossel (IP/08/454).

2.3 Taxas reduzidas

A 06.03.2008, a Comissão apresentou um documento de consulta sobre o reexame da legislação das taxas reduzidas de IVA (TAXUD/D1/24232).

2.4 Comissão solicita à Polónia que altere regras de localização

A Comissão a 28.02.2008 solicitou à Polónia, Países Baixos, Portugal, França, Itália, Finlândia, Grécia e República Checa, sob a forma de parecer fundamentado, para alterarem a respectiva legislação relativa à aplicação da legislação do regime especial das agências de viagens (IP/08/333).

2.5 Comissão solicita à Polónia, Países Baixos, Portugal, França, Itália, Finlândia, Grécia e República Checa

A Comissão a 28.02.2008 solicitou à Polónia que alterasse a sua legislação no que respeita às regras de localização das prestações de serviços (IP/08/335).

2.6 Comunicação sobre a fraude

A 22.02.2008, a Comissão Europeia apresentou uma Comunicação relativa a medidas para combater a fraude, concretamente, a tributação das transmissões intracomunitárias e a aplicação de um mecanismo generalizado de reverse charge (COM/2008/109).

3. IMPOSTOS ESPECIAIS DE CONSUMO HARMONIZADOS, IMPOSTO SOBRE VEÍCULOS E UNIÃO ADUANEIRA

3.1. A Comissão Europeia inicia, a 06.05.2008, um procedimento de infracção contra Espanha, tendo como objecto a aplicação de um IEC não harmonizado sobre os produtos petrolíferos e energéticos.

A Comissão Europeia notificou formalmente Espanha considerando que o imposto especial sobre as vendas a retalho de certos hidrocarbonetos ("Impuesto Especial sobre as Ventas Minoristas de Determinados Hidrocarburos") não respeita a legislação comunitária. A notificação adoptou a forma de um parecer fundamentado, o que constitui a segunda fase do procedimento de infracção previsto no artigo 226.º do Tratado. Se Espanha não responder de forma satisfatória ao pedido fundamentado no prazo de dois meses, a Comissão Europeia poderá submeter o caso ao TJCE (IP/08/436).

3.2. As Administrações Aduaneiras Comunitárias decidem, a 30.04. 2008, reforçar a cooperação com outras entidades no domínio da protecção contra os produtos perigosos importados.

As Administrações Aduaneiras Comunitárias, incluindo a Croácia, Turquia, Noruega, Suiça e os Estados Unidos decidiram reforçar a cooperação entre si e com as restantes entidades competentes, em matéria de protecção contra a importação de produtos perigosos, num seminário financiado pela Comissão e organizado pelo Ministério Austríaco das

Finanças, que se realizou nos dias 8, 9 e 10 de Abril de 2008 em Saalfelden (Áustria).

3.3. O TJCE considera, a 08.04.2008, que a tributação diferenciada da cerveja e do vinho na Suécia, não contraria o direito comunitário.

Por acórdão de 8/4/2008 (Caso C-167/05 – Comissão contra o Reino da Suécia) o TJCE considerou que a tributação diferenciada da cerveja e do vinho na Suécia, não contraria o direito comunitário. Tendo em conta a diferença de preço de um litro de cerveja e de um litro de vinho, o Tribunal considerou que a diferença dos IEC´s não é suficiente para influenciar o comportamento dos consumidores.

3.4. A Comissão Europeia pede a Malta, a 03.04.2008, que modifique as disposições fiscais relativas ao imposto sobre veículos, dado que são discriminatórias relativamente aos veículos usados adquiridos noutros Estados-Membros.

A Comissão Europeia pediu formalmente a Malta que modifique a respectiva legislação relativa ao imposto sobre veículos por considerar que contém disposições que discriminam os veículos usados, adquiridos noutros Estados-Membros. O pedido mencionado adoptou a forma de um parecer fundamentado. Procedimentos de infracção semelhantes foram instaurados contra o Chipre, a Hungria, a Polónia e a Roménia (IP/08/511).

3.5. A Comissão lança, a 02.04.2008, um debate sobre as perspectivas de evolução das alfândegas, a partir de 2013.

A Comissão Europeia adoptou uma comunicação tendo em vista a elaboração de uma estratégia de evolução da União Aduaneira a longo prazo. Na comunicação, são referidos os objectivos estratégicos em matéria aduaneira, tais como as alfândegas electrónicas e a modernização do Código Aduaneiro Comunitário e propõe, para realização destes objectivos, uma abordagem coordenada dos métodos de trabalho de todas as alfandegas comunitárias (IP 08/492).

3.6. A Comissão Europeia autoriza a Eslováquia, a 02.04.2008, a conceder um benefício fiscal aos transportes ferroviários e aos transportes fluviais

A Comissão Europeia decidiu não levantar objecções às reduções e isenções de IEC´s introduzidas pela Eslováquia a favor dos transportes ferroviários e fluviais. Estas medidas visam reduzir os custos externos no sector dos transportes (IP/08/496).

3.7. A Comissão e as Alfândegas e Serviços de Fronteiras Americanos adoptam, a 27.03.2008, um documento que visa o reconhecimento mútuo dos programas de partenariado no domínio comercial

O Director-Geral da Fiscalidade e União Aduaneira e o Director-Geral Adjunto das Alfândegas e Serviços de Fronteiras Americanos adoptaram um documento que visa o reconhecimento mútuo de programas de partenariado no domínio comercial, estabelecido pelo Comité Misto CE/Estados Unidos. A decisão foi tomada por ocasião da 9.ª reunião do referido Comité.

Os programas de segurança aduaneira foram instituídos pelos Estados Unidos e pela União Aduaneira tendo em vista a elaboração e a implementação de medidas que reforçam a segurança da cadeia logística internacional. Estes programas procuram conciliar a necessidade de reforçar os controlos e a facilitação das trocas. Os operadores que observem os condicionalismos de segurança adquirem o estatuto de "operador económico autorizado", sendo recompensados pelas medidas de simplificação dos controlos adoptadas quer pela EU, quer pelos Estados Unidos.

3.8. A Comissão Europeia autoriza a Itália, em 12.03.2008, a conceder um benefício fiscal com o objectivo de promover a utilização de biodiesel, com base nas disposições do Tratado relativas às ajudas de estado

A Comissão Europeia autorizou a Itália, com base nas disposições do Tratado relativas às ajudas de estado, a conceder um benefício fiscal

com o objectivo de promover a produção e a utilização de biodiesel. A medida aprovada modifica e prolonga um regime anteriormente aprovado e cria a obrigação de aprovisionamento de biocarburantes. A coexistência da obrigação de aprovisionamento associada ao benefício fiscal constitui uma novidade em Itália[2]*, sendo ainda impossível de prever, no estádio actual, as repercussões no mercado. Apesar destas incertezas, não existe qualquer risco de sobrecompensação, na medida em que o benefício fiscal apenas se aplica a uma pequena parte do biodiesel introduzido no mercado e apenas cobre uma parte da diferença de custos de produção. Assim, a ajuda foi considerada compatível com o mercado único (IP/08/436).*

[2] Em Portugal o benefício fiscal concedido aos biocarburantes sempre esteve associado à obrigação de constituição de reservas estratégicas, tal como acontece com os carburantes de origem fóssil.

A PROPÓSITO DO "DIA DA LIBERTAÇÃO DOS IMPOSTOS"

Quando este número da Revista começar a ser distribuído terá ocorrido já o dia da libertação do sector público, fixado pelo estudo de uma equipa da Faculdade da Economia, liderada pelo Professor António Pinto Barbosa, em conjugação com a Associação Empresarias Portuguesa. Um pouco antes – 19 de Maio – tinha já ocorrido o dia da libertação dos impostos. A diferença entre as datas justifica-se pelo facto de a primeira levar em conta os impostos implícitos no endividamento.

O amplamente merecido prestígio de António Pinto Barbosa, no meio universitário e da economia pública em geral, justifica uma especial atenção a este estudo, que constitui um excelente exemplo de uma abordagem com o possível rigor de análise num tema que muitas vezes é tratado a nível panfletário. Isto, naturalmente, sem esquecer a forma sedutora em que é envolvido um tema que tem bem pouca sedução a oferecer.

A tentativa de determinar o dia de libertação dos impostos, parte naturalmente de uma concepção crítica quanto ao peso da carga fiscal, reflectindo o mal-estar que é sentido, em especial, pelos empresários portugueses. Nem por isso deixa de levantar questões relevantes quanto às fissuras existentes no pacto fiscal entre o Estado e os seus cidadãos.

Ainda que não existam entre nós movimentos organizados de contestação do peso dos impostos com a importância de que se revestem noutros países, designadamente nos Estados Unidos, e que um poujadismo fiscal português não pareça estar no horizonte, é visível algum grau de alergia fiscal, potenciado pelas constantes notícias críticas sobre actuações da Administração Fiscal, vistas como prepotentes.

Fundamental nesta matéria é, em qualquer caso, a apreciação que os cidadãos fazem da utilização dos seus impostos e dos benefícios recebidos do funcionamento do Estado. Por isso convém que o Governo e o Parlamento sejam especialmente claros a justificar as suas opções e empenhados na transparência da Administração Pública.

As alternativas que têm surgido em matéria de política fiscal e orçamental são, muitas vezes, escassamente fundamentadas e, outras, prejudicadas por enviesamentos políticos. A margem de manobra dos decisores é, por outro lado, escassa.

Não se poderá, também, esquecer que, se são muitos os pedidos de descida da carga fiscal, não são menores as solicitações para que o Estado intervenha nas mais variadas áreas: melhorando o serviço nacional de saúde e o sistema escolar, atribuindo subsídios às mais variadas actividades, sem que haja um percepção do carácter contraditório dessas pressões, tantas vezes provenientes dos mesmos agentes económicos.

O estudo contém, a par da confirmação de dados relevantes, designadamente em matéria de distribuição da carga fiscal por categorias de impostos, informação que não deixa de ser surpreendente no plano comparado, já que revela que, em Portugal, o dia da libertação dos impostos ocorre mais cedo do que na generalidade dos outros países. Antes de nós ficam apenas a Irlanda e a Grécia e, na área euro, os nossos 137 dias deixam-nos em posição airosa quando comparados com os 151 de média da zona euro.

Eduardo Paz Ferreira

ACORDOS PRÉVIOS SOBRE PREÇOS DE TRANSFERÊNCIA – ALGUNS COMENTÁRIOS AO PROJECTO DE PORTARIA

Paula Rosado Pereira

Assistente da Faculdade de Direito da Universidade de Lisboa
Advogada especialista em Direito Fiscal

A possibilidade de os sujeitos passivos solicitarem à DGCI a celebração de acordos prévios sobre preços de transferência (APPT) encontra-se prevista no artigo 128.°-A do Código do Imposto sobre o Rendimento das Pessoas Colectivas (IRC) – disposição legal introduzida pela Lei nº67-A/2007, de 31 de Dezembro (Lei do Orçamento do Estado para 2008). Os APPT destinam-se a garantir ao sujeito passivo a aceitação, pela Administração Fiscal, do método ou métodos a utilizar na determinação dos preços de transferência nas operações com entidades relacionadas[1], durante determinado período de tempo.

Todavia, a aplicação efectiva deste instrumento depende ainda de regulamentação quanto aos requisitos e condições para a formulação do pedido de APPT, bem como quanto aos procedimentos, informações e documentação relacionados com a sua celebração. A Portaria do Ministro das Finanças que irá regulamentar estes aspectos encontra-se actualmente em preparação.

O Projecto de Portaria[2] prevê a existência de APPT unilaterais (celebrados entre um ou vários sujeitos passivos de IRC e a administra-

---

[1] Entidades com as quais o sujeito passivo esteja em situação de relações especiais, nos termos do nº 4 do artigo 58º do Código do IRC.

[2] Ao longo do presente texto, reportamo-nos ao conteúdo do anteprojecto de Portaria que foi facultado pela Secretaria de Estado dos Assuntos Fiscais, em finais de Abril de 2008, a profissionais da área fiscal para obtenção de comentários e sugestões. Trata-se, aliás, de uma prática merecedora de aplauso, ao possibilitar o envolvimento dos agentes económicos e dos profissionais da área na regulamentação de regimes fiscais que os afectam quotidianamente.

ção fiscal portuguesa) e bilaterais ou multilaterais (envolvendo também a administração fiscal do país ou países de residência / estabelecimento das entidades relacionadas que intervenham nas operações objecto do APPT). O APPT bilateral ou multilateral é celebrado no âmbito do procedimento amigável previsto nas convenções sobre dupla tributação que tenham uma disposição idêntica à do artigo 25.° do Modelo de Convenção Fiscal da OCDE.

Consideramos ser de aplaudir a consagração, no âmbito do artigo 128º-A do Código do IRC, dos APPT bilaterais ou multilaterais. Com efeito, este tipo de acordo apresenta consideráveis vantagens, em comparação com os APPT unilaterais. Por um lado, garantem ao sujeito passivo uma maior certeza e segurança jurídica relativamente aos métodos de preços de transferência adoptados, reduzindo o risco de correcção dos valores no outro país envolvido e de ocorrência de dupla tributação económica internacional[3]. Por outro lado, os APPT bilaterais ou multilaterais têm, normalmente, maiores probabilidades de atingirem uma solução equitativa para todas as partes envolvidas, uma vez que abarcam o conjunto das empresas e das administrações fiscais afectadas.

Todavia, ocorrendo a não aceitação pelas autoridades competentes do outro ou outros Estados (o que impossibilita a celebração de um acordo prévio bilateral ou multilateral), consideramos que seria fundamental que o Projecto de Portaria previsse a possibilidade de conversão, por opção do sujeito passivo interessado, do pedido de acordo prévio bilateral ou multilateral num pedido de acordo prévio unilateral. Tal conversão deveria implicar o aproveitamento da informação já prestada pelo sujeito passivo na fase preliminar do processo do APPT e da análise já efectuada pela DGCI – o que deveria implicar uma redução do prazo previsto para a passagem à fase seguinte do processo de APPT.

De facto, para o sujeito passivo poderá ser preferível, em certo tipo de situações, celebrar um acordo prévio unilateral (mesmo continuando sujeito a correcções da iniciativa das autoridades competentes de outro

[3] A dupla tributação económica internacional resulta, no contexto em que nos situamos, das correcções efectuadas pelas autoridades fiscais de um país, relativamente aos preços de transferência utilizados por uma empresa em operações com entidades relacionadas, e da inexistência de correcção simétrica efectuada no outro país.

Estado) do que prescindir totalmente do mecanismo do acordo prévio. Ora, se tal for o caso, não faz sentido que o processo de acordo unilateral comece do zero, com repetição, em grande medida, do que já havia sido feito no âmbito do processo de acordo bilateral ou multilateral.

Uma questão que se tem revelado sensível, nos diversos países que têm adoptado o mecanismo dos APPT, tem a ver com o volume de informação que é exigido ao sujeito passivo, e cuja organização pode revelar-se extremamente onerosa, sobretudo para empresa de menor dimensão e capacidade económica. Note-se, a este propósito, que o Projecto de Portaria optou por exigir o mesmo acervo de informação, independentemente da dimensão do sujeito passivo ou do volume de negócios em causa.

Outra questão também melindrosa prende-se com a utilização da informação facultada pelo sujeito passivo à administração fiscal para efeitos do APPT.

O Projecto de Portaria determina a prestação de informações pelo sujeito passivo à administração fiscal em diversos momentos:

i) No âmbito da apresentação do pedido de avaliação preliminar[4], o qual se destina a permitir que a administração fiscal proceda a uma primeira análise quanto à viabilidade e conveniência da celebração do APPT, bem como aos termos e condições dessa celebração. Durante a fase preliminar do processo, o sujeito passivo deve, ainda, fornecer outras informações ou documentação que lhe sejam solicitadas.

ii) Aquando da apresentação da proposta de acordo, a qual deve conter os elementos referidos no Anexo I à Portaria e ser acompanhada pelos documentos indicados no Anexo II. No prazo de 60 dias de que dispõem para comunicar ao sujeito passivo a aceitação ou recusa da proposta de acordo, os serviços competentes da DGCI podem solicitar a prestação de informações ou documentos complementares.

[4] No pedido de avaliação preliminar, o sujeito passivo deve incluir a caracterização da actividade exercida e das operações com entidades relacionadas que pretende incluir no APPT, a identificação dessas entidades relacionadas e a descrição da proposta de metodologia que pretende apresentar.

iii) Na fase da avaliação da proposta pela administração fiscal, durante a qual o sujeito passivo deve facultar toda a documentação, contabilística ou extra-contabilística, que permita compreender a política de preços de transferência adoptada ou que contribua para o esclarecimento das questões suscitadas. Poderão, igualmente, ser promovidas reuniões presenciais da administração fiscal com representantes do sujeito passivo e das outras entidades envolvidas, para obtenção de esclarecimentos.

Face ao manancial de informação e de documentos facultados pelo sujeito passivo à administração fiscal durante as diversas fases do processo de APPT, deveria, em defesa das garantias dos contribuintes, clarificar-se que tipo de uso pode a DGCI dar, fora do processo de acordo, a tais elementos. Designadamente, poderão a informação e os documentos facultados pelo sujeito passivo durante o aludido processo de APPT ser utilizados para efeitos de uma inspecção tributária que ultrapasse o âmbito da política dos preços de transferência? Ficarão tais elementos na disponibilidade da administração fiscal, por exemplo para efeitos de inspecção, mesmo que seja recusada pela DGCI a proposta de acordo?

A questão é tanto mais pertinente quanto, nos termos do Projecto de Portaria, é a Direcção de Serviços de Inspecção Tributária dos Serviços Centrais da DGCI a entidade competente para fazer a avaliação preliminar e a negociação dos APPT, bem como a preparação do projecto de decisão final.

O Projecto de Portaria é omisso a este respeito. Prevê apenas, num artigo cuja epígrafe é "Conteúdo da proposta", um compromisso de "*não divulgar a terceiros, com excepção da autoridade competente que seja parte no acordo, a informação transmitida e a respeitar todas as normas relativas ao sigilo fiscal e profissional relativamente aos dados financeiros, comerciais, técnicos e fiscais que lhe sejam disponibilizados no quadro do acordo*". Mas mesmo relativamente ao sigilo face a terceiros, parece-nos que a inclusão desta disposição num artigo dedicado ao conteúdo da proposta não é o enquadramento mais adequado, assumindo-se – pois, se assim não fosse, a aludida protecção de sigilo resultaria inoperante e arbitrária – que o aludido compromisso de não divulgação da informação visa abarcar não só a informação que foi facultada pelo sujeito passivo enquanto parte do conteúdo da proposta em si, mas também a que for facultada durante a fase preliminar do processo e durante a fase de avaliação da proposta.

Para além das fases de desenvolvimento do processo conducente ao APPT, o Projecto de Portaria regula ainda diversos aspectos relacionados com a conclusão, resolução e revisão do acordo. O prazo de validade do acordo não pode exceder três anos, mas este pode ser objecto de renovação.

A celebração do APPT pressupõe o pagamento de um valor de emolumentos que depende do escalão em que se integre o volume de negócios do sujeito passivo. Prevê-se a obrigação de o sujeito passivo efectuar o pagamento dos emolumentos no prazo máximo de 15 dias após a aceitação da proposta de APPT pela administração fiscal. Todavia, atentos os valores de emolumentos em causa e antevendo alguma dificuldade financeira dos sujeitos passivos interessados, pensamos que seria mais adequado flexibilizar-se o pagamentos dos emolumentos – por exemplo, permitindo o pagamento em duas prestações, a primeira no prazo máximo de 15 dias após a aceitação da proposta e a segunda no prazo de três meses após a aceitação da proposta.

Em suma, os APPT têm potencialidades para se tornarem num importante auxiliar das empresas na determinação dos preços de transferência a aplicar, contribuindo para evitar incertezas e para minimizar o risco de ajustamentos e correcções fiscais nesta área, bem como para reduzir a ocorrência de dupla tributação económica internacional (nas operações com entidades residentes ou estabelecidas noutros países). Trata-se também de um desafio, pois, dependendo da forma como se processe a sua aplicação prática, este instrumento poderá contribuir (ou não) para um ambiente de maior diálogo e colaboração entre empresas e administração fiscal.

RESPONSABILIDADE SUBSIDIÁRIA – ARTIGO 24.º DA LEI GERAL TRIBUTÁRIA

– Ofício-Circulado n.º 60058, de 17-04-2008 (Direcção de Serviços de Justiça Tributária)

Isabel Marques da Silva

Versa o presente *Ofício-Circulado* sobre matéria de enorme relevância. A responsabilidade tributária subsidiária é figura que tem no direito português larga tradição, que desde sempre suscitou o interesse da doutrina e que é de inegável importância prática, mercê do número muito significativo de reversões de execuções fiscais contra responsáveis subsidiários. Embora não seja legislativamente tratada como tal, pode nela ver-se uma importante garantia do credor tributário, "privilegiado" também por esta via – a de poder exigir o imposto a quem não é o titular da capacidade contributiva que fundamento o imposto por via mais expedita que a ao alcance da generalidade dos credores e sobretudo com base numa presunção de culpa na violação de deveres que cabe ao responsável subsidiário ilidir.

A Lei Geral Tributária (LGT) veio introduzir na matéria algumas novidades, umas substanciais, outras procedimentais, que surgem finalmente reflectidas nas instruções aos serviços constantes do presente *Ofício-Circulado*.

Assim, no que respeita ao respectivo regime substantivo, reconhece-se que o n.º 1 do artigo 24.º da LGT contém dois regimes diferenciados quanto ao facto gerador de responsabilidade, seus pressupostos e ónus da prova, havendo apenas presunção de culpa na falta de pagamento em relação às dívidas tributárias cujo prazo legal de pagamento ou entrega tenho terminado no período do exercício do cargo (alínea b) do n.º 1, do artigo 24.º da LGT) e cabendo à Administração fiscal a prova da culpa na insuficiência do património da sociedade relativamente às demais dívidas tributárias que possam ser exigidas ao responsável subsidiário (as previstas na alínea a) do n.º 1 do artigo 24.º da LGT) – cfr. os pontos

2.2 e 2.3 do *Ofício*. Reconhece-se também a novidade do pressuposto de responsabilidade (que não da inversão do ónus da prova) previsto na alínea b) do artigo 24.º da LGT e determina-se em conformidade que a sua aplicação se limita às situações ocorridas após a entrada em vigor da LGT (cfr. o ponto 3 do *Ofício)*. O *Ofício* versa igualmente sobre o elenco dos responsáveis, matéria na qual o regime da LGT já sofreu alterações durante o seu período de vigência, havendo que distinguir, no que respeita às pessoas que exercem funções de gestão, o regime anterior e posterior à Lei n.º 30-G/2000, de 29 de Dezembro (que alargou, para o futuro, o elenco dos responsáveis subsidiários previstos no n.º 1 do artigo 24.º da LGT) – pontos 1.1 e 2.1 do *Ofício*. Já no que respeita à responsabilidade dos membros dos órgãos de fiscalização, revisores oficiais de contas e técnicos oficiais de contas, prevista nos números 2 e 3 do artigo 24.º da LGT, que pressupõe sempre o incumprimento culposo de deveres inerentes às suas funções, assume-se que a demonstração da culpa destes profissionais cabe sempre à Administração fiscal, que a tem de fundamentar em elementos concretos carreados para o processo e a quem cabe igualmente provar a existência de um nexo de causalidade adequada entre a violação do dever destes profissionais e o dano resultante do incumprimento (ponto 5 do *Ofício*).

Uma importante garantia procedimental dos responsáveis subsidiários expressamente instituída com a LGT é a audiência prévia necessária destes em momento anterior à reversão (artigo 23.º, n.º 4 e 60.º da LGT). A audiência prévia não pode, contudo, consubstanciar-se num mero rito legalmente imposto, que importa cumprir apenas para salvaguarda da legalidade do acto de reversão mas da qual não se retiram quaisquer consequências, designadamente não operando a reversão quando fique demonstrado o não exercício de funções ou a cessação destas, a ausência de culpa ou mesmo a prescrição da dívida. Jurisprudência recente tem, aliás, reagido – e bem – ao cumprimento meramente aparente do dever de audição prévia, anulando por falta ou insuficiência de fundamentação os actos de reversão assim efectuados (cfr. os recentes Acórdãos do TCA-Norte de 27-03-2008, proc. n.º 1884/04-PORTO e de 8-05-2008, proc. n.º 1376/04.6BEPRT). Daí que as instruções constantes do ponto 4 do *Ofício* no sentido de uma obrigação de pronúncia expressa sobre os argumentos e factos aduzidos em sede de audição bem como de fundamentação adequada dos despachos de reversão sejam de aplaudir, pois destinam-se a obstar a reversões inúteis, que se traduzem em desperdício de recursos para a Administração e incómodos evitáveis para os contribuintes.

Uma Administração fiscal moderna implica necessariamente o cumprimento escrupuloso dos deveres que a lei impõe em ordem a assegurar efectivamente aos contribuintes, na prática quotidiana da gestão dos impostos e não apenas em casos especiais, os direitos que lhes são constitucionalmente garantidos.

Este *Ofício-Circulado*, que substitui o anterior *ofício* sobre a matéria (Ofício-Circulado n.º 60.043, de 25-1-2005), tem subjacente a preocupação de "dar ao processo de reversão uma maior probabilidade de êxito". Na medida em que tal êxito seja o resultado de um cumprimento mais escrupuloso dos deveres que à Administração fiscal cabem, será êxito com o qual todos nos congratularemos.

CONCURSO DE CONTRA-ORDENAÇÕES TRIBUTÁRIAS

– Ofício-Circulado n.º 60059, de 30-04-2008 (Direcção de Serviços de Justiça Tributária)

Isabel Marques da Silva

O presente *Ofício-Circulado* vem revogar anterior entendimento da administração tributária - igualmente constante de *Ofício-Circulado (ofício-circulado* n.º 60028/03, de 12 de Maio, da mesma Direcção de Serviços) -, sobre a punição do concurso de contra-ordenações. Aí se estabelecia que, sendo várias as contra-ordenações em concurso, quer ideal, quer real, haveria lugar a uma única decisão administrativa, para aplicação de uma coima única, determinada nos termos do artigo 19.º do Decreto-Lei n.º 433/82, de 27 de Outubro, considerado como subsidiariamente aplicável em tais casos por força do artigo 3.º alínea b) do Regime Geral das Infracções Tributárias (RGIT).

A interpretação administrativa constante do *ofício* ora revogado, não obstante ser mais favorável aos infractores, desenhava-se manifestamente *contra legem,* pois o artigo 25.º do RGIT estabelece desde a sua versão originária que "as sanções aplicadas às contra-ordenações em concurso são sempre cumuladas materialmente", ou seja, estipula a regra do cúmulo material de sanções. Assim, havendo no RGIT norma expressa sobre a punição do concurso de contra-ordenações, não tinha sentido o recurso a direito que é apenas subsidiariamente aplicável e que estabelece, aliás, regra diametralmente oposta àquela que o artigo 25.º do RGIT prescreve. Assim, a regra do cúmulo jurídico das coimas aplicáveis às contra-ordenações em concurso, decorrente do artigo 19.º do Decreto-Lei n.º 433/82, de 27 de Outubro, nos termos da qual às várias contra-ordenações em concurso é aplicada uma única coima, tendo esta como limite mínimo a mais elevada das coimas concretamente aplicadas às várias contra-ordenações e como limite máximo o resultado da soma das coimas concretamente aplicadas às infracções em concurso, sem que possa exceder o dobro do limite máximo mais elevado das contra-ordenações em concurso, é inaplicável ao concurso de contra-ordenações tributárias, em razão da existência de norma especial, e mais gravosa na perspectiva do infractor, constante do artigo 25.º do RGIT.

Este entendimento, *ab initio* perfilhado na doutrina, tem sido o acolhido pela mais recente jurisprudência dos Tribunais Centrais Administrativos (vejam-se, a título de exemplo, os Acórdãos do TCA-Norte de 24-10-2007, proc. n.º 588/06.2BEBRG e do TCA-SUL de 27-11-2007, proc. n.º 1804/07). E terá sido esta nova e reiterada orientação jurisprudencial o motivo determinante do novo entendimento sufragado pela Administração tributária no presente *Ofício*.

NA "ÚLTIMA AULA" DE SÉRVULO CORREIA: A ARTE DO BEM E DO JUSTO

O absurdo da imposição legislativa da jubilação dos professores universitários aos setenta anos tornou-se bem evidente quando atingiu José Manuel Sérvulo Correia, nome maior da Universidade Portuguesa e da Faculdade de Direito de Lisboa, que tanto deu à sua Escola sem nunca pedir ou dela esperar nada, mas grangeando profundo respeito e admiração de colegas, antigos e actuais alunos e funcionários não docentes.

Sérvulo Correia continuará a nosso lado e, seguramente, a Faculdade ainda muito beneficiará da sua sabedoria. A *Revista de Finanças Públicas e Direito Fiscal* têm a honra de contar com o seu brilhantismo no Conselho Científico e o IDEFF o privilégio de o ter como docente.

Num texto de fino recorte literário lido na cerimónia organizada pela Faculdade, Sérvulo Correia evocou, com a sua habitual humildade e o pudor que o caracteriza, os mais importantes passos da sua via e as personalidades que o foram marcando e que se integram, em muitos casos, no património afectivo e científico que todos transportamos. Não hesitou, também, em recordar episódios da sua vida pessoal e, como o fez, permita-me que, ainda que para tanto não tenha sido mandatado, lhe manifeste a concordância de todos os seus amigos quanto à inteligência da proposta feita a Cheryl Roup e a felicidade da resposta.

Do seu testemunho de vida, que em breve será publicado pela *Revista da Faculdade de Direito de Lisboa*, impressionam particularmente a serenidade, o apaziguamento interior e a ausência de qualquer mágoa ou rancor.

De outro ponto de vista, trata-se de um retrato geracional de rara felicidade. O mundo em que se formou culturalmente Sérvulo Correia e a Faculdade que frequentou na década de cinquenta, em bem pouco se aproximam da onda de modernidade e contestação que os anos sessenta trouxeram e que culminariam no 25 de Abril. Sérvulo Correia esteve, no entanto, longe de ficar parado no tempo e abraçou com discrição mas entusiasmo as evoluções. Ainda hoje perscruta o futuro com uma curiosidade e abertura exemplares. Formado num quadro intelectual e num tempo muito diverso sempre, nas questões essenciais, me encontrei ao seu lado.

Nunca Sérvulo Correia se escusou a dar testemunho cívico e o seu empenho político na democracia portuguesa, com as suas passagens pela Assembleia e pelo Governo, tornaram-no credor da gratidão de todos nós. Um pouco mais afastado da actividade política imediata, todos sabemos que ele será sempre daqueles que responderão presente se e quando for necessário.

O trabalho desenvolvido como advogado e parcerista granjeou-lhe um enorme prestígio e garantiu que a sociedade civil pudesse aproveitar mais amplamente do seu profundo saber. Lapidarmente, Gomes Canotilho, outra grande figura do Direito Português, em relatório a propósito da sua candidatura a catedrático, escreveu "A primeira nota que se deve registar é de que se trata de um verdadeiro "Vollprofessor", isto é, de um professor completo. Vejamos porquê. Em primeiro lugar, o percurso científico oferece a sustentabilidade e a credibilidade necessária a quem, nos termos estatutários, deve demonstrar qualidades de investigação para alcançar aos mais altos graus da carreira académica"..

Quanto ao seu trabalho académico é melhor dar de novo a palavra a Gomes Canotilho: "Desde cedo, o Professor José Manuel Sérvulo Correia descobriu que a legitimação de saberes e de competências não passa apenas por uma peregrinação académica em torno de relatórios de conteúdos e de métodos. A sociedade civil convoca os "Scholars" no sentido de colocarem as suas qualificações ao serviço da vida e da dinâmica económica e social. Basta ter em consideração a sua intensa actividade na advocacia (numa firma por ela fundada e a que discretamente se refere) em domínios particularmente exigentes, e a sua reconhecida sabedoria nos domínios da parcerística e consultadoria, para obtermos a certificação da sua legitimação pela própria sociedade civil".

Aluno de Sérvulo Correia, trinta e cinco anos atrás, dele conservo uma memória de profundo respeito e consideração que o convívio que, como colega, viria a desenvolver mais tarde, apenas reforçou. Para um estudante desse período o aspecto, porventura, mais impressionante do ensino de Sérvulo Correia foi o de ter logrado transformar duas disciplinas – Direito Corporativo e Direito Ultramarino – especialmente pouco amadas em estimulantes cursos que funcionaram como introdução à matéria da segurança social e direito do trabalho, uma, e como aprofundamento do direito internacional público que André Gonçalves Pereira leccionara no ano anterior, outra. A sua tolerância em relação às convicções e opiniões dos alunos, mesmo quando muito diversas das suas, são uma lição para todos nós.

Sérvulo Correia teve, entre muitas outras, a felicidade de Gomes Canotilho ter sido chamado a apreciar o seu curriculum. Não encontraria forma mais feliz para concluir o presente texto que o modo como o Professor de Coimbra concluiu o relatório "Verifiquei que para o candidato o direito é a arte do bem e do justo". Assim é.

Eduardo Paz Ferreira

LANÇAMENTO DA REVISTA DE FINANÇAS PÚBLICAS E DIREITO FISCAL

Ao som de Vivaldi e de Piazzolla foi lançado o primeiro número de Primavera da Revista de Finanças Públicas e Direito Fiscal. Mais de 300 pessoas participaram neste evento e assistiram ao concerto da orquestra de câmara inteiramente constituída por mulheres – as Vivaldianas. Às Quatro Estações de Vivaldi seguiram-se as de Piazzolla.

O vice-reitor da Universidade de Lisboa, António Vallêra, e o presidente e vice-presidente do conselho científico da FDUL, respectivamente Marcelo Rebelo de Sousa e Augusto Silva Dias acompanharam Eduardo Paz Ferreira, director da Revista e Presidente do IDEFF, que marcou o início da sessão com a seguinte intervenção:

Estamos hoje aqui para o lançamento da Revista de Finanças Públicas e Direito Fiscal naquilo que entendo como um momento de empenho, amizade e confraternização. A generosidade com que o nosso convite foi acolhido constitui, para mim, um motivo de orgulho e felicidade, ao mesmo tempo que reforça a minha convicção de que a Revista era necessária à Universidade e à sociedade portuguesa.

A Revista é, de facto, expressão de uma Universidade que se renova nos seus métodos e abre espaço para um relacionamento diferente com os mais relevantes parceiros económicos e sociais, ao serviço da comum ideia de desenvolvimento e modernidade no quadro de uma globalização do saber e da economia que – goste-se ou não – está aí e coloca dificuldades, mas abre também possibilidades novas.

Na pessoa do professor António Vallêra gostaria, aliás, de saudar a equipa reitoral que tem sabido, em tempos difíceis, conduzir com firmeza a reforma da Universidade, procurando defender as áreas das humanidades e das ciências sociais, sem esquecer a sua contribuição decisiva para o progresso da comunidade.

Ao Professor Marcelo Rebelo de Sousa, presidente do Conselho Científico da Faculdade devo, para além do apoio e estímulo recebido, a presença nesta sessão e as palavras gentis, amigas e, como sempre, brilhantes.

O projecto editorial insere-se numa linha de continuidade com aquilo que tem sido o rumo do IDEFF, associando académicos e profissionais à reflexão sobre questões económicas, financeiras e fiscais. Muitos dos que connosco têm colaborado aprofundam agora essa colaboração. Outros honram-nos com a adesão ao projecto editorial da Revista. Com eles procuraremos construir um espaço de debate independente e qualificado. A confiança que nos manifestaram constitui-nos numa obrigação que tudo faremos para honrar

Permitam-me que insista no projecto editorial para salientar a sua novidade, enquanto revista consagrada simultaneamente ao estudo das finanças públicas e do direito fiscal. Independentemente de qualquer teorização científica sobre a autonomia dos dois ramos da ciência, estou convicto de que só a investigação nestas duas áreas permite uma clara compreensão do fenómeno financeiro e uma adequada percepção do relacionamento entre o Estado e os seus cidadãos, em que assenta o sistema político. A presença nos nossos órgãos de um conjunto de personalidades oriundas de outras áreas do saber ajuda a essa aproximação.

A Revista de Finanças Públicas e Direito Fiscal constitui um espaço de debate e intervenção, não no sentido de se assumir como um instrumento de um projecto político ou ideológico, mas no de ambicionar aprofundar as grandes questões da cidadania fiscal, ainda que tenha perfeita consciência de que as ciências económicas e sociais nunca são neutras e que, por trás delas, se perfila sempre uma dada opção ideológica.

Entre as pessoas que nos honram com a sua colaboração permito-me destacar Vito Tanzi, figura maior das finanças públicas e presidente honorário do Instituto de Finanças Públicas, e Michel Bouvier, director da *Revue Française de Finances Publiques* – revista irmã e inspirador. A eles se junta um conjunto de fiscalistas e financeiros nacionais da mais alta qualidade.

Agradeço penhoradamente a todos os que aceitaram integrar a comissão de redacção e os conselhos científico e consultivo, bem como à sub-directora, professora Ana Paula Dourado. Também aos que nos apoiaram de diversa formas e – *last but not least* – ao engenheiro Carlos Pinto e à Dr.ª Paula Valente, da Almedina, cuja ajuda e empenho foram decisivos.

A todo os presentes quero manifestar o meu agradecimento. Olhando a sala vejo amigos e pessoas que admiro profundamente. Com eles me cruzei nos mais diversos momentos da minha vida. Com eles muito aprendi e muito do que me ensinaram ajudou a definir a minha personalidade e a minha carreira.

Verifico com especial agrado a presença de tantas pessoas ligadas à Faculdade. Uns que nela leccionam e trabalham ainda, outros que o fizeram em diferentes momentos. A Faculdade é a nossa comum *alma mater*. Alguns sentem-se mais próximos outros menos. Alguns consideram-se bem tratados, outros não tanto, mas todos sabemos que andámos nestes corredores ou, pelo menos, em parte deles, nestas salas de aulas e nestes espaços de convívio. Estudámos, discutimos ideias, confrontámos projectos, construímos amizades e hoje aqui estamos, de novo.

Vai seguir-se o concerto anunciado. Com ele – e através dele – reforçamos o nosso entendimento da Revista como um acto de cultura. A Primavera, que já por aí andou e agora desapareceu, aconselhou-nos a começar com as primaveras de Vivaldi e Piazzolla e, pois que a saída da Revista acompanhará o ritmo das estações, como não seguir ouvindo as outras estações desses dois geniais músicos e delas conservando uma doce memória para acompanhar o nosso trabalho, nos longos e quentes dias, como naquelas em que a luz se vai mais cedo e o frio chega.

Às Vivaldianas – agrupamento integrado por intérpretes de excepção – quero manifestar a nossa honra em tê-las aqui hoje e o nosso agradecimento pela forma como conseguiram gerir uma sobrecarregada agenda por forma a proporcionar-nos momentos de vivo prazer. Ao professor David Duarte, a minha gratidão por todo o apoio e entusiasmo na organização do concerto.

Iniciamos, hoje, uma aventura que os cépticos pensaram que nunca seria possível. Creio poder falar por todos nós ao afirmar que o fazemos com o sentido de cumprir o nosso dever para com as instituições em que trabalhamos e para a comunidade científica e cívica em que nos inserimos. Ao longo dos meses de intenso trabalho, animou-nos a convicção, partilhada com um dos mais inspiracionais políticos das últimas décadas, de que sim, nós podemos ou, nestes tempos de conversão ao inglês: *Yes we can.*

O IDEFF NA GUINÉ-BISSAU

Em colaboração com o Instituto para a Cooperação Jurídica da FDL, o IDEFF tem desenvolvido um intenso intercâmbio com países da lusofonia, sendo de evidenciar os cursos já realizados em Cabo-Verde. No âmbito da nossa actividade, deslocou-se, em finais de Maio, à Guiné-Bissau uma delegação do Instituto constituída pelos Mestres Guilherme d`Oliveira Martins e Nuno Cunha Rodrigues.

A referida delegação participou na conferência internacional intitulada "A boa governação e despesas do Estado", realizada no Anfiteatro da Faculdade de Direito de Bissau nos dias 26 e 27 de Maio de 2008, em co-organização com o PAOSED (Programa de Apoio aos Órgãos de Soberania e Estado de Direito), e com o apoio do Tribunal de Contas da República Portuguesa, da FDUL e do Instituto de Direito Económico, Financeiro e Fiscal da FDUL.

Foram oradores o Professor Doutor Francisco José Fadul, Presidente do Tribunal de Contas da Guiné-Bissau, o Dr. Luis Manuel Cabral; Procurador Geral da República da Guiné-Bissau, o Juiz-Conselheiro António José Mira Crespo, do Tribunal de Contas de Portugal, o Juiz-Conselheiro Firmino Moreira, do Tribunal de Contas da Guiné-Bissau, os Mestres João Mendes Pereira, Eugénio Moreira e Manuela Mendes, Regentes da Faculdade de Direito de Bissau e os Mestres Guilherme d`Oliveira Martins e Nuno Cunha Rodrigues, Assistentes da Faculdade de Direito da Universidade de Lisboa.

O Mestre Guilherme d`Oliveira Martins apresentou uma comunicação subordinada ao tema "Estado Fiscal e Estado Patrimonial" e o Mestre Nuno Cunha Rodrigues falou sobre "Boa governação e despesa pública".

A delegação do IDEFF efectuou igualmente acções de formação junto de quadros técnicos do Tribunal de Contas da Guiné-Bissau, da Inspecção-Geral de Finanças da Guiné-Bissau e do Ministério da Justiça da Guiné-Bissau, nomeadamente sobre enquadramento orçamental, contratação pública, direito da concorrência e parcerias público-privadas.

O IDEFF, correspondeu, assim, ao apelo da Faculdade de Direito de Bissau e, em particular, do Assessor Científico, Professor Doutor

Fernando Loureiro Bastos, a quem deixamos uma palavra de especial estímulo pelo excelente trabalho realizado. Na Faculdade de Direito de Bissau ficou a figurar uma placa alusiva ao apoio concedido pelo IDEFF à remodelação do anfiteatro e, seguramente, na recordação de todos, a imagem de competência e dedicação dos nossos dois docentes.

PÓS GRADUAÇÕES DO IDEF

Direito Fiscal, Gestão e Finanças do Sector Público e Concorrência e Regulação são as áreas temáticas das pós-graduações do IDEFF para 2008-2009, na sequência de um trabalho que trouxe até nós, nos últimos anos, largas centenas de alunos interessados em valorizar os respectivos curricula, aprofundar conhecimentos e reflectir sobre a sua actividade profissional.

A todos eles o IDEFF tem procurado proporcionar modernidade, inovação e rigor científico, assentes num grupo de docentes da mais elevada qualidade. No novo ano lectivo assim será também e, por isso, temos o prazer de vos convidar a juntarem-se a nós. Para além dos cursos de pós-graduação, os alunos terão acesso ao conjunto de iniciativas do Instituto em condições preferenciais.

Na área do Direito Fiscal oferecemos duas pós-graduações. Numa primeira visa-se o aprofundamento dos conhecimentos adquiridos na licenciatura e a análise das diferentes figuras tributárias, aproximando a teoria da prática e proporcionando, por esta via, uma transição mais fácil para o mercado profissional. A segunda – pós-graduação avançada em Direito Fiscal – é consagrada ao tema do planeamento fiscal, num momento em que esta área se encontra em plena evolução.

No domínio da Gestão e Finanças do Sector Público serão analisadas, por qualificados especialistas, as principais transformações nessa área em profunda mutação. Seminários sobre o Direito e Economia da Saúde Pública e as Parcerias Público-Privadas completarão a formação geral.

A pós-graduação em Concorrência e Regulação proporciona uma formação sólida em duas áreas fundamentais da actividade económica dos nossos dias.

A todos desejamos boas-vindas.

Mais informações estão disponíveis em ideff@fd.ul.pt

IDEFF ORGANIZA CONFERÊNCIA INTERNACIONALSOBRE AS RELAÇÕES ECONÓMICAS PORTUGAL//UNIÃO EUROPEIA – ESTADOS UNIDOS DA AMÉRICA

Num ano de actividade especialmente frutuosa para o IDEFF, a grande **Conferência Internacional sobre as Relações Económicas Portugal/União Europeia – Estados Unidos da América**, que decorre no momento em que este número da Revista é posto à venda, constitui um acontecimento especialmente marcante, ao proporcionar um *forum* de debate sobre algumas das mais importantes questões económico-sociais dos nossos dias.

Com um programa que se estende ao longo de cinco dias, dividido em onze sessões e duas mesas redondas, a conferência junta, em Lisboa, figuras altamente qualificadas dos meios universitário e profissional norte-americano, que debaterão com um conjunto igualmente qualificado de personalidades europeias, entre as quais avultam, naturalmente, as portuguesas, o relacionamento bilateral, na perspectiva de um mundo em transformação.

Quando se torna evidente a falácia da teoria do "fim da história" e assenta a poeira do século passado, deixando antever os novos problemas com que, de um lado e outro do Atlântico, nos iremos debater, o confronto de experiências e percursos diferenciados constitui seguramente uma das melhores vias para preparar respostas novas para problemas que, se é certo que não são inteiramente novos, assumem novos contornos.

A primeira sessão – consagrada aos problemas da sociedade de informação e às suas consequências sobre as modalidades de intervenção pública e o Estado de bem-estar – constitui uma reflexão de grande fôlego, orientada por Doug Roshental com a sua sensibilidade e experiência neste domínio, que se projectará sobre toda a conferência. Esta reflexão é, ainda, prolongada no segundo painel, que tem por objecto o confronto de modelos económico sociais. Irão os modelos norte-americano e europeu convergir ou continuarão por caminhos diferentes?

Num momento em que é grande a expectativa quanto ao futuro das relações entre a União Europeia e os Estados Unidos na era post Bush as recentes iniciativas neste domínio estarão em posição de centralidade, como necessário pano de fundo para a análise de todo o relacionamento económico.

O tratamento jurisdicional da litigiosidade económica nos tribunais da União, dos Estados membros e dos Estados Unidos constitui, igualmente, um pressuposto para o estudo da questões de investimento e comércio, que ocuparão um outro painel em que, naturalmente, a sombra da Organização Mundial de Comércio será omnipresente.

A expressão da globalização nos mercados financeiros, em que com inusitada frequência se vem registando a necessidade de encontrar respostas concertadas e eficazes a crises de uma amplitude pouco habitual, será igualmente uma matéria em foco na conferência. Outro tema igualmente posto em evidência nos últimos tempos – o da necessidade de transparência na vida empresarial, será alvo de atenção especial. Para as questões de regulação e concorrência foi, igualmente, reservado um painel, em que a convergência/divergência das políticas europeias e norte-americanas é especialmente abordada.

As finanças públicas –centro de viva controvérsia nos nossos dias – estão naturalmente presentes, num debate em que a sustentabilidade da segurança social, o défice orçamental norte-americano e o pacto de estabilidade são marcos de referência. À sessão consagrada às finanças públicas juntam-se duas sobre fiscalidade: na primeira aprecia-se as questões da dupla tributação, enquanto que na segunda se reflecte sobre os caminhos do futuro: continuidade ou transformação das políticas fiscais.

No último dia, um grupo de figuras marcantes da vida política e económica nacional, junta-se em mesas redondas, que constituem a forma ideal de concluir a conferência.

Para os que estiveram directamente ligados à organização deste evento, tratou-se de uma experiência inesquecível em que só o trabalho árduo de longos meses permitiu juntar o conjunto de personalidades que darão corpo a este encontro. Aos nossos patrocinadores e apoiantes, que nos honraram com a sua confiança, aqui renovamos os nossos agradecimentos.

Em breve será publicado pela Livraria Almedina e por uma editora estrangeira o conjunto das intervenções na conferência.

Revista de Finanças Públicas e Direito Fiscal

REGRAS EDITORIAIS

A revista será construída a partir dos contributos de diversas personalidades que serão convidadas a escrever artigos, comentar jurisprudência e elaborar recensões críticas, segundo critérios temáticos ou de actualidade. Os contributos resultarão, ainda, da apresentação espontânea de textos para apreciação. Será estimulada, em especial, a publicação de textos de novos autores.

Os artigos não devem exceder os 50 mil caracteres (incluindo espaços e notas de rodapé) e devem conter um resumo (*abstract*) em Português, e Inglês (até 400 caracteres incluindo espaços), bem como três palavras chave. Os artigos podem ser publicados em Português, Inglês, Francês e Espanhol.

Uma foto do(s) autor(es), a preto e branco, e uma pequena biografia devem acompanhar o artigo para publicação.

Todas as outras ilustrações, gráficos, quadros, fotos deverão ser, também, entregues pelo autor aquando da entrega do artigo.

Os artigos, comentários de jurisprudência e recensões devem ser originais e não submetidos a outras publicações, devendo estar formatados em word.

Os comentários de jurisprudência não devem exceder os 20 mil caracteres e as recensões 7500 caracteres (incluindo espaços) .

Os artigos deverão ser enviados por email para sarapina@netcabo.pt

No caso de colaborações não solicitadas os autores devem remeter os seus nomes completos e um breve *curriculum vitae.* Nestes casos os artigos serão submetidos à avaliação imparcial por especialista(s) e a decisão final da publicação será tomada pela Comissão de Redacção, tendo em conta o parecer. As referências ao longo do artigo seguem as normas harvard e a bibliografia é apresentada, no final do texto, da seguinte forma:

Livro: APELIDO, Nome dos autor(es) – *Título do livro*. Edição. Local de Publicação: Editor, Ano.

Capítulo de livro: APELIDO, Nome dos autor(es) – «Título da contribuição/capítulo». In *Título do livro*. Local de Publicação: Editor, Ano. Páginas.

Artigo de revista: APELIDO, Nome dos autor(es) – «Título do artigo». In *Título da revista*. Local de Publicação. ISSN. V., N.º, Ano e Páginas.

Websites: APELIDO, Nome dos autor(es) – *Título do documento.* [Consultado em: data de consulta]. Disponível em: endereço na Internet.